Universale Economica Feltrinelli

ANDREA G. PINKETTS

IL SENSO DELLA FRASE

Feltrinelli

Prima edizione nell'"Universale Economica" maggio 1995
Quinta edizione novembre 2000

ISBN 88-07-81336-X

Per te nonna
ruvida e tenera
adesso che a novanta anni
sei costretta a bere con la cannuccia
(se non altro bevi) vino.
Per te che mi trovi bellissimo
anche se preferiresti il nonno
o Clark Gable.
Per te chi mi accompagnavi ai giardini pubblici
ora che hai un po' paura di accedere
al tuo giardino privato.
Non preoccuparti. Stavolta ti accompagno io.

* La sera stessa alla Cascina dei gatti è stato rinvenuto il cadavere del manovale 69enne Ersilio Capranica straziato dai ratti.

Dino Buzzati

* Vedeste voi la bella Ines?

Thomas Hood

* No

Andrea G. Pinketts

PREHISTORIA

La Dea bendata era nuda, ubriaca, e neanche tanto fortunata.
La Dea ebbe un'idea
Un'idea orrenda
La Dea sciolse la benda.

L'ex Dea bendata si scoprì nuda, ubriaca e neanche tanto fortunata.
Gli specchi lo dissero agli occhi,
Occhi chiari da educanda,
Educanda senza benda.

L'ex Dea bendata
Più nuda, meno ubriaca e ancora meno fortunata,
Notò una piscina nella stanza.
Ci si infilò per esser meno nuda
Giacché era già meno ubriaca e ancora meno fortunata.

L'ex Dea bendata dalla vasca si guardò in giro
E vide chi l'aveva vista,
Osservò chi l'aveva osservata
Ex Dea decisamente sfortunata.

L'ex Dea bendata desiderò essere ancora sbronza, al peggio drogata,
Ma un po' più fortunata.
Chiuse gli occhi da educanda
Rimpiangendo la sua benda.

Fu qui che la benda fece una cosa orrenda:
Tradì l'ex Dea in ammollo
Stringendola sul collo.
L'ex Dea, strangolata,
Tentò un grido, un suono, una risata,
Desiderando almeno un'altra morte.

Il desiderio suo fu così forte
Che venne accontentata.
Alla benda, sul più bello,
Subentrò il coltello.

L'ex Dea bendata, semistrangolata,
Ora pugnalata,
Pregò per quella morte rimandata
Che iniziava troppe volte, ma non veniva mai:

La preghiera esaudita
Dell'ex Dea bendata
Si specchiò nell'acqua, e di riflesso,
Lei bevve da ogni buco
Bocca, naso, culo, sesso.

L'ex Dea bendata
Morì annegata.
E a parte due ferite di coltello
Profonde, lunghe come tacchi a spillo,
A parte qualche segno sulla gola,

L'ex Dea bendata si ammazzò da sola.

Parte Prima
GLI ERRORI

1.

Non so sciare, non so giocare a tennis, nuoto così così, ma ho il "senso della frase". Il senso della frase è Privilegio poiché, se lo possiedi, permette a una tua bugia di essere, se non creduta, almeno apprezzata. Nel caso poi, una volta tanto, tu ti decida a dire la verità, quella vera, quella che puzza perché non si lava con gli eufemismi, quella brutta perché non si ritocca né si abbellisce con la chirurgia estetica del ricordo, nel caso tu dica la verità, la verità pelosa, la verità arrapata, se possiedi il senso della frase la verità avrà l'aspetto un po' puttanesco eppure di classe di una bella menzogna.

Il senso della frase è il sesso della frase, il suono della frase, il significato della frase. Il senso della frase battezza la frase, la estremizza e anche se la degrada col turpiloquio, la promuove comunque rendendola, alla fin fine, definitiva. Il senso della frase è il punto d'arrivo del concetto espresso quando la frase è ancora nell'utero. È il punto di non ritorno. Un "punto e basta". Un punto esclamativo ma, soprattutto, 666 punti esclamativi.

Diabolico senso della frase, io ti possiedo e ti amo. Fiato alle trombe di Eustachio, rimbombino le tube di Fallopio. Così è e così è stato.

Non so se si nasca con il senso della frase. Di sicuro ci si muore.

C'erano tante storie, tante donne, tante botte, tanti whisky come nei dischi di Fred Buscaglione, ma soprattutto tante frasi. Qualche frase si cristallizzava, altre si atomizzavano in parole. Parole cariche di germi del senso della frase. Le nostre parole, le parole di noi amici, non erano gergo. Erano liturgia. Le usavamo come scudo per difenderci da quelli che dicevano solo "cazzo", "cioè" e "voglio dire". Avevamo già sopraffatto gli "al limite" e "nella misura in cui", stracciato gli "a livello". Non che noi non dicessimo mai "cazzo". Anzi. Ma non lo dicevamo sempre. Lo usavamo nelle conversazioni solo se ci girava l'uzzolo, se ci girava il cazzo. Uno tra i più importanti contributi al nostro vocabolario, è di paternità di Pogo il dritto: Duilio Pogliaghi per l'anagrafe. Duilio, per i suoi genitori in buona salute, ma Pogo il dritto per il resto del mondo.

Pogo il dritto ha coniato il verbo "sifonare". L'evento si svolse a Cattolica, una cittadina della Riviera Adriatica citata nell'*Inferno* di Dante. Pogo il dritto mi ci aveva accompagnato col suo taxi giallo che aveva appena barattato in cambio della sua laurea in architettura. Spendevamo le nostre sere al Rose and Crown, un ibrido tra un pub e una balera, con tanto di orchestrina dal vivo e grassi tedeschi in pista sull'aria di "Rosamunda... Rosamunda".

Io, forte della certezza di essere Lazzaro Santandrea e di avere il senso della frase, restavo al tavolo coi miei nobili pensieri su cosa fare della mia vita dopo che ero stato, di volta in volta, intervistatore di vallette tivù per un settimanale specializzato, scrittore di tesi di laurea altrui, istruttore di arti marziali, cantante di voce roca e poca in un piano bar, estremista, innamorato, proprietario di un locale notturno fallito prima che ci mettessero una bomba, detective privato di licenza che, del resto, non avevo mai avuto, fotomodello, ereditiero agli sgoccioli, scrittore underground, cacciatore di taglie e di dote. I cacciatori di taglie e i cacciatori di dote hanno almeno due punti in comune: per fare questi lavori bisogna avere il pelo sullo stomaco e si incontrano comunque brutti ceffi. Pasquale la biglia, pluriricercato, ha la stessa avvenenza di Lucantonia Cerumi-Equini contessa di Qualcosa o di Qualcos'altro.

Ma non è di me che volevo parlare. Infatti non parlavo. Mi limitavo, instupidito da "Rosamunda Rosamunda che magnifica serata...” e da troppi boccali di birra, a coltivare una sorta di nostalgia dell'anima di tua sorella e a guardare Pogo il dritto in azione cercando di oggettivarlo, fingendo di ignorare che lo conoscevo dalla prima liceo. L'uomo che fingevo di non conoscere era alto un metro e ottantuno. Aveva un viso puntuto da cane da caccia, capelli alle spalle e sulla testa una sorta di nido arruffato, una piazzetta come a Capri. L'uomo, nonostante fosse estate, sulla camiciola hawaiana aveva indossato un gilet verdone da cacciatore con tanto di cartucciera provvisoriamente vuota. Calzava stivali camperos in finta lucertola ed esibiva, pendula dalle labbra, una sigaretta che, fossi stato un indovino, avrei riconosciuto per una Stop. Senza filtro.

All'altro capo del bancone una donna. Età: cinquanta e qualche dozzina di mesi, capelli biondo platino. Camice bianco aperto, occhi di triglia e zampe di gallina sotto gli occhi. Si chiamava Silvana e faceva lì la stagione. Era un tipo solare nonostante lavorasse di notte. Aperta come un camice, il suo. La sera prima le avevo ordinato una birra e mentre me la spillava, aveva chiesto: “Di che segno sei, bel moraccione?”

“Leone.”

“Gran chiavatore,” aveva constatato.

Inorgoglito dal fatto di essere stato riconosciuto, ero passato alla mia birra, quando un tale, venuto dopo di me, alla stessa domanda aveva risposto: “Bilancia”.

“Gran scopatore,” aveva sentenziato Silvana.

Mi ero incaponito e, appoggiato al banco, mi ero riproposto di non andarmene di lì senza aver accertato se nello Zodiaco non ci fosse un segno poco propenso al talamo, un “ciula-no”. Non c'era. Mi ero sorbito un Capricorno “bel forcatore”, un Toro, nomen omen, “gran ciulatore”, per non parlare dei Gemelli con attributi conseguentemente raddoppiati. Per questo motivo osservavo Pogo il dritto fare il farfallone amoroso. La faccia rossa e gonfia con qualche foruncolo epatico che lui avrebbe attribuito al “cioccolato” di cui peraltro non faceva uso. Quando Pogo il dritto tornò al tavolo con un sorrisone, prima che aprisse bocca gli domandai a bruciapelo: “Di che segno sei?”

Dopo una settimana di "Rosamunda", non potendone più tornai a Milano. Pogo si trattenne a Cattolica. Era fatto così: un monomaniaco. Quando si fissava su qualcosa che fosse un luogo, un ristorante, una persona, una città, l'oggetto della sua mania diventava una sorta di Terrasanta in cui portare in pellegrinaggio anche amici non consenzienti.

Alle sei del mattino il telefono interruppe il mio sonno dell'ingiusto. "Sì?" risposi con voce prontissima frutto di allenamenti, prima di sollevare il ricevitore.

"Lazzaro, mi sono 'sifonato' la Silvana."

Pogo aveva, tra le altre, due caratteristiche: la sua voce era perennemente impastata e pastosa come se le parole gli uscissero per gargarismo. La seconda caratteristica è l'uso delle virgolette. Pogo fa sentire certe parole, le isola, biascicandole col dovuto rispetto al fulcro della frase. Per cui: "Lazzaro mi sono 'sifonato' la Silvana", in realtà suonò: "Lazzaro mi sono... (pausa per il fiato) 'sciifonato'... (pausa per degustare il 'sifonato') la Silvana".

La brutale realtà: Pogo il dritto, segno zodiacale Pesci, e quindi gran chiavatore, alla chiusura del Rose and Crown aveva convinto la Silvana a seguirlo per un bicchiere della staffa all'Hotel Napoleon. Il portiere di notte, un rimbambito che avevo personalmente schiaffeggiato durante la mia permanenza, aveva chiesto i documenti alla signora. Silvana, che barava sull'età, si era rifiutata e Pogo, arruffatamente cavalleresco, aveva sollevato l'individuo dall'incarico chiudendolo, a chiave, fuori dall'hotel. Dopodiché, senza cattive intenzioni, aveva scortato la Silvana sino alla propria stanza perché si rinfrescasse. Silvana aveva equivocato e si era fatta il bidet. Durante l'operazione si era peritata di chiedere a Pogo: "Dì Pogo, mò di che segno sei che non lo ricordo mica". Morale: Pogo si era sifonato la Silvana. La Silvana quindi era diventata, per noi della cerchia di Pogo, un ricordo collettivo come il diluvio universale.

Ma ciò che era rimasto di quella nottata, va riassunto nell'espressione 'sifonare' che era venuta arricchendosi di vari significati. Dall'originario "mi sono 'sifonato' la Silvana", che rimanda al pene e allo schizzare di spermatozoi irriverenti, si è passati al "sono sifonato", che sta per "sono ubriaco fradicio", per poi complicarsi nel "ti vedo sifonatissimo", che si traduce con "ti vedo in forma smagliante". Variazioni sul tema? Non mancavano.

Ora, l'abuso dell'espressione può apparire lesivo nei confronti delle parole che sostituisce ed annulla. Non è così. Il termine 'sifonato' è polivalente, ma in fondo è solo e disarmato di fronte alle parole che rimpiazza, le quali, se si mettessero d'accordo, potrebbero con un "coup de theatre" ribaltare la situazione e sifonarsi il sifonato.

"Non so sciare, non so giocare a tennis, nuoto così così ma ho il senso della frase" dissi proponendo un brindisi ai presenti e all'inizio di questa storia. I presenti erano Pogo il dritto, che sia pure in modo superficiale conoscete già, ed Enrico Cargne, detto Carne per la mole. Era il più giovane di noi. Poco più che ventenne ma con una faccia da putto incorniciata da una folta capigliatura e da una barba biondiccia che lo facevano apparire come un Bacco giovane. Carne aveva la bocca piena, e parlava con la bocca piena. Pontificava come sua abitudine, pontificava su qualsiasi argomento. L'ignoranza dello specifico nell'argomento trattato non impediva a Carne di sputare sentenze e mollica e pezzi di prosciutto.

Era un giorno tristissimo. Il mio non trentesimo compleanno. Chiunque altro avrebbe festeggiato il proprio compleanno nell'anniversario della propria nascita. Io mi ero rifiutato di aspettare la condanna a morte biologica che avrebbe certificato che anch'io invecchiavo. Così avevo deciso di festeggiare i trenta con un mese di anticipo per prevenire il tempo e non arrendermi a lui. Eravamo nel salotto buono di casa Pogliaghi, un trilocale più servizi in via Bartolomeo d'Alviano. Un pomeriggio tristissimo, e Milano se vuole è più decadente di Venezia, nella celletta di un appartamento medio-borghese, le tapparelle abbassate, papà e mamma Pogo in un'altra stanza, un tavolo messo all'angolo colmo di salatini, dava l'idea di una festa di onomastico di dodicenni. Mancavano le dodicenni da limonare e i mangiadischi che ormai appartenevano all'archeologia.

A denunciare l'età dei partecipanti al banchetto, Pogo aveva già trent'anni da qualche mese, era l'assenza di bottiglie di Fanta e di Coca (Cola) formato famiglia. Sostituite da vini e liquori. Del resto, anche a dodici anni Pogo ed io la Coca-Cola la prendevamo solo col rum. Eravamo in tre. Ripeto, solo in tre. I superstiti. Antonello Caroli, trentasette anni, comparsa, aspirante attore, si era finalmente deciso ad abbandonare Milano per Cinecittà nella non sopita speranza di fare del cinema. Vanni Santolo, trentenne, schizofrenico dai diciotto, girovagava per la città parlando da solo. Carne era l'obesa mascotte di un gruppo diviso.

Cosa avevamo in comune? Tutti vivevamo ancora con la mamma e nessuno di noi era omosessuale. Una torta di compleanno sanciva il ricercato squallore di quel pomeriggio. Carne, instupidito dall'alcol ingurgitato dal matinée, Pogo assordato dall'impianto stereo, ed io che cercavo l'esatta ubicazione delle mie malinconie per piangerci su. Carne pontificava inascoltato: "La fine del comunismo...". Pogo mi guardò e disse: "Lazzaro, ti vedo sifonato (Lazzaro, ti vedo sbronzo)".

"Macché, sono sifonatissimo (Macché, sono in piena forma)".

Carne, sputando una tartina, sentenziò: "Mi avete sifonato. Mi ascoltate o no, pezzi di strùdel". Carne era onnivoro.

Pogo, che aveva bevuto anche lui mica da ridere, si inalberò: "Lazzaro, mi scoccia che mi rubi i termini. 'Sifonato' l'ho inventato io, babbo di minchia".

La mia ubriaca malinconia diventò lucida rabbia. "Ah, io ti sifono i termini, Giuda. Pogo, ricordati che il tuo nome l'ho inventato io. Pogo da Pogliaghi. E Pogo il dritto da Togo il dritto, quel biscotto degli anni settanta. In due parole, Pogo, ti ho inventato io. Senza di me tu non esisti."

Carne intervenne a fare da paciere cercando di sovrastare la musica. "Dai, non fate così, perdio."

Lo guardammo, tacemmo per qualche insostenibile secondo. Per rompere il gelo del ghiaccio dell'anima proposi un ultimo brindisi. Brindammo e mi sedetti. Il mio deretano annaspò nel vuoto. Non c'erano sedie. Piombai su un enorme spigoloso portapiante. Non ruppi il gelo, mi ruppi il culo. Un dolore sordo. Tanto da non sentire il mio urlo. Qualcosa si era rotto comunque.

Finimmo la sera nella mansarda di Vito Carta detto Cartavito. Vito vive con Doni, la modella dei suoi servizi fotografici. Un ascensore in un vecchio palazzo di via Meda, un odore di piscio di gatto in cortile, giustificato dal piscio di un gatto. Vito ci propose le diapositive che ritraevano Doni. Doni non voleva.

"Ma è nudo artistico," protestò Vito. Doni fu irremovibile e dopo la prima diapositiva che ritraeva il piede sinistro di Doni con unghie laccate di rosso, Vito si arrese e ci propinò centocinquanta bellissime diapositive che avevano per soggetto la Thailandia, questa sconosciuta. Vito era un grande fotografo, ma noi eravamo un pessimo pubblico. Carne si alzò e mellifluo e solenne iniziò a pontificare con Doni. Pogo si era addormentato. Quanto a me, l'alcol stava cessando il suo effetto anestetico. Era l'ora in cui di solito mi faccio abbastanza schifo. Raccolsi una manciata di freccette da tiro al bersaglio lasciate accanto a un bersaglio inutilizzato. Mirai al sederone di Carne centrandolo. La freccetta colpì la ciccia e cadde al suolo. Così con la seconda e la terza. La bevuta e lo strato di grasso proteggevano Carne dal dolore. Infatti, ignaro e imperturbabile, Carne seguitava a pontificare in perenne stato pontificio.

Il gioco divenne noioso. La giornata era stata uno schifo. La Thailandia miniaturizzata dalle diapositive non mi interessava più. Mi addormentai. Vito mi riaccompagnò a casa in macchina raccontandomi cose che non ricordo.

Arrivò il giorno dopo. Venne con la voce di Carne al telofono: "Lazzaro. Ieri notte sono tornato a casa. Mi stavo mettendo il pigiama quando ho scoperto di avere le mutande tutte insanguinate. Che cazzo hai combinato?"

Riattaccai. Telefonò l'agenzia di modelli a cui prestavo la mia provvisorietà. C'era un provino. Declinai simulando un raffreddore. Telefonò anche uno che aveva sbagliato numero. Il sonno era perso.

In cucina affrontai mia madre. Mi squadrò con quella disapprovazione che più che al disprezzo somiglia alla fiducia tradita. Non avevo voglia di discutere e sorrisi. "Vatti a lavare i denti. È un consiglio." Mi lavai i denti dicendo allo specchio: "Tra un mese avrai trent'anni. Fai qualcosa". Feci qualcosa: mi tagliai i baffi. Bella conquista. Cercavo di accettare il fatto che avrei compiuto trent'anni e senza baffi, al contrario, sembravo più giovane. Avevo fatto l'ennesimo passo indietro.

La voce di mia madre, addolcita dalla mancanza di peli sulle mie labbra e quindi dalla presunta innocenza ritrovata, mi ricordò: "Oggi devi accompagnare la nonna ai giardini pubblici".

La cosa funzionava così: quand'ero piccolo, mia nonna, un essere primordiale sceso dalle montagne del Trentino a cui volevo un mare di bene, mi portava ai giardini pubblici, allo zoo, traumatizzando la tata, una giovane e popputa schwester tedesca che ai giardini di corso Indipendenza si incontrava col fidanzato parrucchiere. Ora mia nonna aveva ottantacinque anni e mi ero fatto un punto d'onore di restituirle il favore "portandola" ai giardini pubblici ogni giovedì, anche contro la sua volontà. Per di più negli ultimi tempi, una specie di maniaco si accaniva sulle ottuagenarie lasciandole in fin di vita dopo uno stupro.

Abbracciata mia madre, da piazza Bolivar raggiunsi via Washington dove abitava mia nonna. Abbracciai anche mia nonna, le offrii un grappino al bar all'angolo e con un taxi raggiungemmo i giardini pubblici. L'età aveva trasformato mia nonna, che da giovane, a sentir lei, era stata bellissima, in una specie di Braccio di ferro disegnato da Segar. Mi piaceva mia nonna. Era buona di indole, ma fondamentalmente egoista. Proprio come me. Si rifiutava di parlare italiano e si esprimeva in un ibrido tra il trentino della prima guerra mondiale e un suo personalissimo idioma.

La stavo tenendo sottobraccio mentre mi raccontava la sua versione, riveduta e corretta alla grappa, del nostro albero genealogico, quando la mia spina dorsale si trasformò in un'arpa suonata da un virtuoso. Un dolore indicibile. Crollai al suolo. Il coccige, probabilmente fratturato la sera prima, ora che l'alcol aveva definitivamente abbandonato le postazioni anestetiche, aveva ceduto.

Mia nonna si precipitò, incurante di maniaci ammazzavecchie e degli acciacchi dell'età, sino al Bar Bianco; trangugiò un grappino e chiamò il pronto soccorso. Quando gli infermieri nerboruti mi caricarono su una barella, mia nonna riassunse l'episodio in un: "Xe suceso che lo stavo portando ai giardini...". Aveva voluto l'ultima parola.

Frattura del coccige. Antidolorifici; iniezioni; letto. La stanza piena di libri letti. Letto. Libri letti. Il senso della frase. Il dolore, con l'antidolorifico diventava sopportabile. L'onore era ferito. Una cosa è rompersi un braccio sciando, ma io non sapevo sciare. Avevo il senso della frase, e mi ero rotto il culo. Quando Carne lo seppe, memore delle freccette, del sangue e delle mutande, mi telefonò faceto: "Chi di culo ferisce, di culo perisce".

L'inattività mi aveva però portato un dono: la coscienza del sedere. Sino ad allora, in ventinove avventurosi anni, avevo vissuto con l'incoscienza del sedere. Per me il sedere era sempre quello altrui, una protuberanza femminile che *sotto* (oh quanto) lineava delle figure di donna. Il mio sedere non lo avevo mai preso in considerazione. La mia vita in piedi si era sempre svolta tempestosamente, autodistruttivamente anche con l'incoscienza del sedersi. Quando mi sedevo non pensavo alla porzione di me, volgarmente le chiappe, che si appoggiavano a qualcosa. Mi ero sempre limitato a pensare a un me già seduto. Un me guerresco, belluino, con la più totale incoscienza del sedere.

La coscienza del sedere era un'altra cosa. L'avevo ottenuta solo da sdraiato. Rimpiangevo il mio sedere e il poter star seduto. Cercavo dei motivi di rimpianto? Avevo auspicato di dare forma alle mie malinconie? Ora c'ero riuscito. Avevo qualcosa da rimpiangere, qualcosa che aveva una sua nobiltà capovolta. L'altra faccia del pianeta delle scimmie. Avevo un sedere. Di più, avevo un culo. E una vita spesa, come in una favola di Fedro, guardando il culo degli altri senza accorgermi del mio: il sedere del vicino è sempre più verde. C'erano voluti gli anni novanta e la fine del secolo perché mi accorgessi del mio sedere. Eppure avevo preso tanta gente a calci in culo.

Il telefono accanto al letto taceva. Nessuno mi chiamava. Probabilmente tutti pensavano che fossi in Thailandia, sulle diapositive di Vito. Cominciai a usare io il telefono. I primi tre giorni chiamai ragazze che frequentavo in quel periodo: "Ciao Lazzaro, volevo chiamarti io. Cosa ci fai in casa a quest'ora?...".

"Sai, l'altra sera ero a una festa di non compleanno a casa di amici. Mi sono seduto nel vuoto e mi sono rotto il ..."

Risate di solito. O peggio: "Vuoi che venga a trovarti?".

"No Grazie. Verrò io quando mi si sarà riassestato l'equilibrio."

"Lo hai mai avuto?"

"Sì, ma l'ho appena scoperto."

Quelle telefonate mi avvilivano. Ero costretto a ripetere a persone diverse un frusto copione: "Ciao Lazzaro, volevo chiamarti io..." "Mi sono rotto il culo". Così, anziché chiamare le ragazze del presente, grazie a vecchie agende cominciai a chiamare le ragazze del passato. Qualcuna, scoprii, si era sposata. "Ma come, non lo sai? Letizia si è sposata due anni fa e ha già un bel bambino." Altre avevano cambiato numero di telefono e la Sip non era né abilitata, né autorizzata a rintracciarle. La coscienza del sedere mi dava la misura di quanto tempo fosse passato. Il massimo del minimo arrivò quando chiamai Flavia. Flavia era una ragazza di una bellezza insultante. Me l'ero persa per strada anni prima. Flavia era piena di vita, spiritosa, aerodinamica, con malizie vitali. Faceva la modella. Un fuscello con seno e coscienza del sedere. Un inno vivente.

"Buon giorno. Sono Lazzaro Santandrea. Potrei parlare con Flavia per favore?"

"Come, non ha saputo?"

"Cosa?"
"Flavia è morta."
Il silenzio del mio gelo imbarazzato. "No, mi spiace."
"Era per lavoro?"
Certo che era per lavoro, quel lavoro che la manteneva bella e viva nella mia memoria e nelle vecchie foto. "Sì, è per lavoro. Come... come è successo?"
"Una leucemia fulminante."
E allora il pensiero tornò a Paola che un giorno d'estate, senza apparenti motivi, si era gettata dal Duomo. A Monica... che si era ammazzata con gas, barbiturici e con le vene tagliate per essere sicura di non fallire. Ogniqualvolta pensavo a Paola e al suo tuffo dal Duomo, le mie reazioni erano scoramento e rimpianto, ma quando pensavo a Monica la colpa si insinuava guizzando come agile mostro marino.

Avevo conosciuto Monica al buio: faceva l'entraîneuse in un night. Io, che mi ero perso per motivi anagrafici i night del mito degli anni sessanta, in pieni anni ottanta, in una sera di vagabondaggio esplorativo avevo deciso di scoprire cosa rimanesse dell'oro e dello strip. Il night anni ottanta era più deprimente di un oratorio il lunedì pomeriggio. Il deserto dei tartari. Escludendo i camerieri, eravamo in sedici. Io e quindici entraîneuse. Le ragazze, anche nella penombra, erano appetibili come formaggi coi vermi. A qualcuno piace, a me no. Gustose come lumache: a qualcuno piacciono, a me no. Venivano dall'America Latina e dai paesi dell'Est, erano probabilmente mamme e casalinghe frustrate dalla vita e frustate dai mariti. Offrire loro una consumazione significava sganciare ventimila lire per un finto sorriso. Forse anche la loro età d'oro era stata negli anni sessanta.

Erano in perfetta simbiosi col locale. Un carro funebre che volevano spacciare per un camper, la mala, lì, era la malasuerte non la malavita. Depressi involucri di cellulite che attendevano un qualsiasi rappresentante di giocattoli di Norimberga che fosse a Milano per la Fiera, e abbastanza ubriaco da stazionare lì.

Monica, in miniabito leopardato, era giovane, un tantino volgare per un paio di rotolini di grasso, ma nella penombra bellissima. E poi allegra, comunicativa, a dispetto della cornice in cui posava a femmina fatale. Il giorno dopo la rividi alla luce. Se la sera precedente aveva tentato di sembrare un leopardo, in pieno pomeriggio non nascondeva di somigliare a un porcellino, quelli con la fessura nella schiena per i risparmi dei bambini. Cercai di dissimulare la delusione e lei finse di crederci. Diventammo amici. La sentivo tutti i giorni, cercando di vederla in pubblico il meno possibile. Mi vergognavo di lei, come ora che vi racconto di lei mi vergogno di me.

Sparì poi, per qualche settimana. La davo per dispersa quando mi telefonò dal reparto neurologico del Fatebenefratelli, dove era ricoverata per aver tentato il suicidio. Andai a trovarla. Era estate e lei era nuda sotto il lenzuolo. "Perché?" le chiesi.

"Boh" rispose lei e sorrise.

Le dissi che sembrava un salvadanaio e le chiesi dove fosse la fessura. Equivocò e sollevò il lenzuolo. Non sapevo cosa fare. Fortunatamente passò una suora. "Mi dai un bacio?" chiese Monica, non la suora.

"Non qui," risposi ipocrita.

"Dove, allora?"

"Boh." Non la baciai mai più. Non l'avevo mai baciata, ma forse quella volta avrei dovuto farlo. Uscì dall'ospedale e mi chiamò qualche volta. Prendevo tempo... rimandavo o facevo rispondere da mia madre: "Lazzaro è fuori". Me la dimenticai per qualche mese fin quando su un quotidiano scoprii che si era ammazzata in un alberghetto di via Torino. Non lo fece per me. Lo fece per "boh", ma io non avevo fatto nulla per impedirglielo.

Era morta sola, come un salvadanaio vuoto.

Dopo qualche giorno di antidolorifici fui in grado di camminare, di fare flessioni e capriole. Solo che non ne avevo voglia. Ed è qui, forse, che comincia questa storia. Decisi di non uscire più di casa per non incontrare Flavie, Alessandre e Moniche che mi sarebbero morte intorno. Gli altri mi volevano? Che mi venissero a prendere. O a trovare. Avevo i miei libri e uno stupido televisore di fronte al letto, che usavo come posacenere e portariviste. Mia madre partì con mia nonna per portarla in Trentino a respirare.

"Ora che stai bene, Lazzaro, posso partire. Porto la nonna in montagna. Figurati che voleva andare in campeggio. Sei sicuro che non vuoi che rimandiamo la partenza fino al tuo compleanno?"

"No. Grazie. Penso che partirò anch'io per qualche giorno."

"Dove vai?"

"In campeggio."

"Ma se non sei mai andato in campeggio in vita tua?"

"Proprio per questo non voglio ridurmi all'età della nonna per poi dover rinunciare."

Mia madre scosse la testa. Non le aveva mai bevute. Ma aveva il senso della frase. "Tieni presente che nei sacchi a pelo non si può fumare. Lavati i denti e..."

"E..."

"Chiudi il gas."

La tentazione di suicidarmi mi passò subito: detestavo l'odore del gas. Gettarsi dal balcone sarebbe stato antiestetico. Ero abbastanza narcisista da aborrire l'immagine di me stesso spiacciccato sull'asfalto tra i curiosi che si chiedevano e si rispondevano: "Perché l'avrà fatto?".

"Boh."

Quanto alle pillole, in casa c'era di tutto, tranne quello che mi serviva. Se avessi ecceduto coi purganti, anche da morto, posto che fossi morto, mi sarei vergognato della figura di merda. Le pillole giuste erano giù in farmacia. Ma per acquistarle sarei stato costretto a uscire. E io non volevo più uscire. Volevo rimanere lì. Compii trent'anni nella più totale abulia. Una mia amica, fidanzata con un agente di Borsa, venne a trovarmi quel giorno neutro. Convinta che non mi potessi muovere per via del coccige, insistette per farmi un pompino come regalo di compleanno. Con gli occhi fissi al soffitto, totalmente sifonato, le dissi: "Sento che il coccige è nettamente migliorato...". Non rispose, è educata: al contrario del mio amico Carne, non parlava con la bocca piena.

Da immobile durai una settimana. Avendo esaurito i passatempi ne avevo inventato uno nuovo: telefonavo a sconosciuti. Se la voce mi piaceva continuavo la conversazione: "Pronto, sono Lazzaro, potrei parlare con Silvia?".

"Non c'è nessuna Silvia." Click.

"Pronto, sono Lazzaro, potrei parlare con Silvia?" Finalmente beccai una Silvia: "Silvia, sono Lazzaro".

"Lazzaro, brutto stronzo." Doveva esserci un altro Lazzaro in giro. Continuò così finché non beccai Leona. E qui, questa volta veramente, comincia questa storia.

"Pronto, sono Lazzaro, c'è Silvia per favore?"

Una voce calda, bassa, femminile come un utero, rispose: "No mi spiace, deve aver sbagliato numero".

Non potevo perderla. "No, guarda. Al massimo ho sbagliato nome, ma il numero stavolta è giusto. Non riattaccare. Io devo conoscerti. Capisci, devo conoscerti. Mi sono rotto il coccige. È un mese che sono a letto immobile e volevo parlare con Silvia perché la sua voce di solito mi tira su. Ma con la tua non c'è paragone. Non riattaccare. Parla. Ti prego. È un mese che sono immobile, dimmi qualcosa. Non riattaccare, mi chiamo Lazzaro, ricordi, dimmi – Alzati e cammina – e riprenderò a camminare."

"Alzati e cammina." Ci stava.

"Sento già un certo formicolio ai piedi. Come ti chiami?"

"Leona."

"Decisamente meglio di Silvia."

"Adulatore. A Silvia cosa avresti detto?"

"Che era decisamente meglio di Leona."

"Sei onesto."

"Non tanto. È che ho il senso della frase. Leona, mi dai il tuo numero di telefono?"

"Ma se l'hai appena fatto."

"Sì, ma pensavo fosse di Silvia."

"Preferisco se mi dai il tuo."

"Vedi, andiamo già d'accordo: anch'io preferisco se mi dai il tuo."

"No, senti, non do il mio numero agli sconosciuti."

"E a chi lo dai se no? I 'conosciuti', i 'conoscenti' hanno già il tuo numero di telefono. I numeri di telefono vanno dati proprio agli sconosciuti."

“Sai che sei un tipo interessante? Professionalmente intendo, io sono sociologa.”
“Hai studiato anche antropologia?”
“Certo.”
“Beh, io sono in via d’estinzione. Mi stavo consumando qui da solo.”
“Senti, ho già avuto brutte esperienze. Posso farti una domanda?”
“Spara.”
“Chi ha scritto la *Sinfonia Pastorale*?”
“Gide, perché?”
“Niente. È che detesto gli ignoranti.”
“Leona, sicura che non mi vuoi dare il tuo numero di telefono. Non saprei ricostruirlo.”
“No. Non do il mio numero di telefono agli sconosciuti, ma se mi dai il tuo indirizzo, ti vengo a trovare.”
Glielo diedi. “Domani alle quattro?”
“Andata.”
Ero resuscitato. Non mi sarei comunque mosso dal letto, ma Leona sarebbe venuta a letto con me. Dalla voce, dai toni, sapevo che sarebbe stata bella. Leona. Ruggivo di entusiasmo. Trent’anni e un nuovo corso. Mi stavo per imbarcare nella mia seconda adolescenza. Il funerale della prima era stato di un intollerabile autolesionismo. Ma ora... avevo un futuro. Non solo un bellissimo passato e uno schifo di presente.
Il futuro arrivò con leggero anticipo. Erano le quindici e cinquantacinque e il citofono suonò. Mi precipitai. In pigiama (nuovo). “Leona?”
“Che piano?”
“Quarto.” Mi guardai un paio di volte allo specchio strappando piena approvazione. “Dlin dlon”, disse il campanello. “Ci siamo” dissi io. Sperimentai un’andatura claudicante. L’avrei presa o per fascino o per compassione. Aprii la porta. I capelli erano a caschetto, gli occhi neri come i bottoni di un abito talare. La carnagione pallida, i lineamenti fini e fragili come quelli di una dama su un cammeo. Esile. Bella, ma quasi malata. Ofelia. Leona non era leona. Era bellissima e inquietante. Jeans stinti su lunghe gambe. Camicetta bianca. Giacca scozzese. Uno zainetto dell’Invicta

al posto della borsa. Un cucciolo al posto del leone. Non ero deluso. Ero stupito. "Ciao," dissi.

"Ciao," rispose lei. Neanche la voce sembrava da leone.

"Non restare sulla porta, entra." Entrò. Sembrava nervosa. Frugò nello zainetto tirando su col naso. Leona fredda e raffreddata.

"Vuoi un fazzoletto?" chiesi.

"No grazie." Leona muoveva la mano all'interno dello zainetto. Ne estrasse un paio di forbici. Di quelle belle, lunghe come le sue gambe. Mirò al mio collo. Schivai e le forbici mi si conficcarono nella spalla. Leona cominciò a schiumare. Il raffreddore si trasformò in un'eruzione di muco, mentre Leona, che non era Leona, chiunque fosse, cercava di strapparle dalla spalla per conficcarmele nel collo.

Colpii Leona al nasino, rompendoglielo. Il sangue si accoppiò col muco. Leona crollò al suolo. La raccolsi e perdendo sangue dalla spalla la deposi su una sedia in cucina. Poi, visto che era un tipo così fino, delicato, la legai alla sedia con una cintura di Gucci.

Frugai nello zainetto per cercarvi un portafoglio e dei documenti. Non c'era niente. Mi guardai nuovamente allo specchio. Avevo ancora le forbici conficcate nella spalla. Avevo il senso della frase, la coscienza del sedere e le forbici nella spalla.

Non c'era verso. Stare in casa mi faceva male: era ora di uscire ad affrontare il resto del mondo.

2.

Ogni giorno qualcuno scopre qualcosa. Spesso si tratta di scoperte spiacevoli come un tradimento o la realtà. Altre volte di scoperte utili come il telefono e la penicillina. Talvolta, raramente, si scoprono i colpevoli. Ma i tradimenti, la penicillina e i colpevoli, una volta scoperti diventano certezze.

Bella scoperta! Ci sono altri tipi di scoperte. Scoperte non divulgate. C'è chi scopre di avere il senso della frase, chi scopre la coscienza del sedere, e infine chi scopre la "Piaga d'autunno". La differenza tra queste ultime tre "scoperte" e le precedenti consiste nel fatto che coi tradimenti, la penicillina, i colpevoli, non è possibile scherzare. Scoperte come il senso della frase, la coscienza del sedere e persino la "Piaga d'autunno" vanno prese sottogamba. Per non morirne.

L'uomo scoprì il fuoco, ma si impose con proverbi, la saggezza dei fessi, e frasi fatte che "scherzare col fuoco" era poco conveniente. Il senso della frase, la coscienza del sedere e la piaga d'autunno ti ustionano fino a farti urlare. E allora ridi, sghignazzi in una risata di falsa allegria per coprire l'urlo. Chi scoprì la "Piaga d'autunno"? E come?

Il ragazzo non si chiamava Ivan, ma gli sarebbe piaciuto. Quando i quindicenni suoi coetanei gli chiedevano "come ti chiami?" il ragazzo rispondeva "Ivan" con tale partecipazione che quel nome, anche se non era il suo, tutto sommato se lo sarebbe meritato. Quel pomeriggio d'autunno 1970, del resto, sembrava primavera e se il ragazzo avesse potuto scegliere un titolo per il film che riteneva fosse la propria vita, la scelta sarebbe caduta su *La primavera di Ivan*. Un lungometraggio. Lungo come Ivan. Lungo come il dottor Živago.

Ivan era alto e felice mentre si recava all'appuntamento. Aveva un bel naso, gli occhi chiari, gambe lunghe, quindici anni e una reputazione di duro nel bar-tabacchi di via Millelire. Aveva mille lire in tasca e un bel bigliettone da diecimila che aveva prelevato direttamente dalla borsetta di sua madre, per le sigarette pendule che in via Millelire valevano una reputazione, per il cinema, i preservativi, il luna-park.

Ivan si sentiva bellissimo. Non lo era, come d'altro canto non si chiamava Ivan. Si sentiva il più bello del mondo, beh, non proprio il più bello del mondo, il secondo in classifica. Il primo in classifica era la ragazza con la quale Ivan aveva appuntamento a San Siro. Non allo stadio, benché fosse domenica, e nemmeno all'ippodromo, benché Ivan avesse in tasca un deca di cui voleva disfarsi al più presto.

L'appuntamento di Ivan era alto poco più di un metro e sessanta. Era grassottella con due grosse tette di cui era molto orgogliosa. Al punto di togliersi il reggiseno in ascensore, una volta uscita di casa, per lasciarle respirare sotto una camicetta color malva. Ivan e il suo appuntamento stavano per incontrarsi per motivazioni diverse ma compatibili. Ivan ricordava le tette del suo appuntamento. Le aveva già viste respirare e ora, felice come una pasqua fuori stagione, voleva praticar loro la respirazione artificiale. L'appuntamento di Ivan, invece, non andava al di là di un sano esibizionismo.

Ivan le aveva detto "Hai le tette che parlano". Lei lo aveva trovato "romantico". L'appuntamento di Ivan si chiamava Lucy, probabilmente quanto Ivan si chiamava Ivan. Due bugie convincenti e convinte valgono di più di una inaccettabile verità.

Il luogo d'incontro era una panchina della residenziale via Don Gnocchi. Lontani dal centro dove poliziotti e studenti se le stavano dando di santa ragione. O meglio, dove sia gli uni che gli altri pensavano di avere santa ragione. E i santi sono spesso martiri, raramente eroi. Lontani due anni dal Sessantotto, lontani dall'infanzia e dalla maturità. Lontani, insomma. San Siro, in fondo, è periferia. Il Duomo era lontano. Il centro era lontano. L'unico vero centro che Lucy e Ivan riconoscessero come tale, era una panchina al centro dei propri pensieri.

Quando si incontrarono, Ivan raddrizzò il busto per dare un contegno alla propria allampanata figura. Lucy inspirò per gonfiare ulteriormente le tette. "Ciao." "Ciao." Dopo i ciao Ivan riprese la propria scogliotica abituale posizione e Lucy si sgonfiò. Camminarono per un po' allineati, intimiditi, imbarazzati dai preliminari che non sapevano ancora come affrontare.

"Bella giornata."

"Già."

"Ti va di andare al cinema?" Il cinema era il luogo ideale per toccarsi.

"Come corri."

Ivan rallentò la falcata. Lucy sorrise: "Ma no, non intendevo con le gambe. È la seconda volta che ci vediamo e già mi vuoi portare al cinema".

Ivan sospirò: "Guarda che non c'è niente di male. All'Arcobaleno danno *Django sfida Sartana*".

"Non mi piacciono i western. Al Porpora c'è *Tutti insieme appassionatamente.*"

"Ah, hai guardato la pagina dei cinema, eh?"

Lucy arrossì. Non solo, aveva scelto cinema e film. Si era spinta a immaginare le mani badile di Ivan inoltrarsi sotto una corazza color malva. I tre quarti delle sue coetanee scopavano già. E fumavano. E avevano letto i *Pensieri* di Mao. Lei era decisamente in ritardo. Aveva appena finito *Piccole donne.* Ma con Ivan si sarebbe guadagnata quella fetta di vita che i suoi genitori retrogradi avevano barricato nel frigo. La vita era una torta. E qual è lo scopo delle torte, se non quello di essere mangiate? Lucy si scoprì golosa e si passò la lingua sulle labbra. Ivan equivocò.

"Benone. Andiamo a vedere tutto quello che vuoi tu. Ma andiamoci subito." Nessuno dei due avrebbe mai visto *Tutti insieme appassionatamente.*

Una macchina sportiva li accostò. "Ehi, dove andate?" Ivan riconobbe i suoi amici 'ricchi'. Avevano qualche anno più di lui, ma lo trattavano come un loro pari. Ivan ignorava che nei suoi confronti fosse possibile usare l'espressione 'prendere in giro'. Sembravano fratelli ma non lo erano. Maoisti, questo sì. Col libretto rosso come la Ferrari. "Bellina la tua amica."

Lucy si sentì lusingata e intimorita allo stesso tempo.

"Cosa stavate facendo?"

Ivan si vergognò di dire che stavano per andare al cinema. "Così... stavamo facendo una passeggiata."

"Venite con noi, c'è una festa."

"Ma siamo a piedi."

"Non preoccuparti Ivan, la festa è a casa di Paolo." Il tracagnotto che rispondeva al nome Paolo annuì. Ivan sondò con lo sguardo Lucy. Lucy aveva gonfiato le tette. Brutto segno per Ivan.

La casa di Paolo era effettivamente vicina. Cinque locali e, udite udite, due bagni. Ivan viveva in un bilocale con la madre e il fratello. Papà aveva preso il volo.

Pietro e Paolo, apostoli della "Piaga d'autunno", convinsero Lucy a ballare. Lucy era un po' intimidita ma non aveva mai visto uno stereo così bello. Quindi aprì le danze. Ivan la odiò. Odiò Pietro e Paolo e infine si odiò. Pietro lo accompagnò al mobile bar. Ivan scelse una bottiglia, si accese una sigaretta, una delle cose che gli riuscivano meglio nella vita, e incominciò a fumare. E a bere. E a bere. E a fumare. E a bere, a bere, a bere, a bere, a ber, a be, a b, a. Il suo quartultimo ricordo nitido fu Lucy che su richiesta di Pietro e Paolo cominciò a ballare senza musica. Pietro aveva spento lo stereo e Paolo ridacchiava.

Il terzultimo ricordo di Ivan: Paolo e Pietro che lo spingevano verso la porta dicendogli "Due pacchetti di Marlboro..." e un indimenticabile "tieni il resto".

Il penultimo ricordo di Ivan: un se stesso che girovagava barcollando in strade che il buio aveva privato di vita, in cerca di un tabaccaio. Ivan si appoggiava ai cancelli. Si fermava. Si dava una spinta e riprendeva a camminare. Niente luci. Niente tabaccai. Lo stomaco di Ivan gli si rivoltò contro, e un conato di vomito battezzò i jeans nuovi, sfoggiati per l'occasione. Caracollando ormai lontano dai palazzi, Ivan, cercando un punto d'appoggio, si aggrappò a una panchina. La riconobbe. Ma questa volta non era la panchina del suo sogno, era una panchina d'incubo. Ivan vomitò l'anima che gli restava sul luogo sacro. La panchina non sapeva più di Lucy. Sapeva di vomito.

L'ultimo ricordo di Ivan: un Ivan barcollante che ritrovava la strada di casa. La casa di Paolo. Citofonò. Prese l'ascensore vergognandosi delle chiazze sui pantaloni. Pietro gli aprì la porta. A Ivan sembrò meno spavaldo e piccolo, piccolissimo. Pietro era cereo. Ivan barcollò e cadde dove avrebbe dovuto esserci un tappeto persiano. Non c'era. Non c'era più. Non c'era nemmeno Lucy. Né Paolo. Paolo tornò in quel momento. Senza tappeto e senza Lucy.

E fu allora che Ivan notò il sangue per terra. Il sangue sulle mani e sui pantaloni. Pietro e Paolo gli si fecero accanto per sorreggerlo, ma una parte di Ivan, quella dell'equilibrio, si trovava esattamente dove stava Lucy. Dovunque fosse. E le lacrime di Pietro e di Paolo con le lacrime di Ivan si congiunsero alle chiazze di sangue che Ivan, nella caduta, si era guadagnato come stigmate, e alle macchie di vomito. Da tutte queste macchie, nate e morte dagli occhi, dallo stomaco e da Lucy, qualcosa di vivo prese forma. Una piaga indelebile. Una condanna oscena ed invisibile. Ivan scoprì "Piaga d'autunno".

Uscito da casa di Paolo, Ivan gettò via le diecimila lire che non aveva speso. Da quel momento smise di chiamarsi Ivan, si riappropriò del proprio nome anagrafico, e smise di giocare a flipper nel bar di via Millelire. Lucy sparì come era arrivata senza riuscire a vedere *Tutti insieme appassionatamente*. E se qualcuno denunciò la scomparsa di Lucy, Ivan non lo seppe mai visto che Lucy non si chiamava Lucy e che il suo corpo non fu mai ritrovato.

La piaga nel frattempo si era estesa sotterraneamente divorando il ragazzo che si era fatto chiamare Ivan. Il giorno in cui fu scoperta "Piaga d'autunno" morirono Lucy e Ivan. Ma Lucy, più che morire, sparì, mentre Ivan pustoloso e coperto di piaghe d'autunno continuò ad agonizzare nel corpo del ragazzo divenuto uomo. Gli si infilò nei ricordi, confondendoli. Spesso il ragazzo che si era chiamato Ivan non riusciva a ricordare gli avvenimenti di quella domenica di autunno del Settanta. L'ordine cronologico in cui si era celebrata la scomparsa di Lucy (Ivan non osava pronunciare la parola morte) sfuggì zigzagando fra le pustole del ragazzo che si era chiamato Ivan. Questi erano i momenti in cui la "Piaga d'autunno" faceva soffrire di più. Interdetto l'oblio, restava solo un claustrofobico limbo di incertezze da cui riaffiorare attonitamente incolpevole. Forse Lucy non era mai esistita, diceva la piaga. Poi mordeva Ivan all'improvviso. Perché "Piaga d'autunno" aveva i denti.

"E allora?" Gli occhi chiari e profondi della mia psicanalista mi stavano scrutando. Non si poteva fumare, eppure io fumavo un mozzicone di sigaro. Non si poteva simpatizzare tra analista e paziente fuori dallo studio, eppure io e lei stavamo simpatizzando per l'unico irrinunciabile valido motivo che ci eravamo simpatici l'un l'altro.

Aveva qualcosa più di quarant'anni, un figlio, un marito, un cane, un gatto, e un sacco di pazienti. Ma io ero il suo paziente preferito. Quando le raccontavo qualcosa e lei si illuminava certa di avermi capito, la assecondavo per non dispiacerla. Eravamo partiti col training autogeno un paio d'anni prima. Poi erano cominciate le confessioni reciproche.

Sapeva di me più di chiunque altro e meno di tutti gli altri. Aveva la verità. La verità addomesticata dalla simpatia e dal senso della frase. Ero sincero con lei solo su valori assoluti, non certo sulle piccolezze che compongono antiesteticamente la nostra vita di tutti i giorni. Le omettevo. Per restarle simpatico.

Indossava un camice bianco come quello della Silvana, la tipa di Cattolica, con la percettibile differenza che se le avessi detto che ero del segno del Leone, non avrebbe risposto "gran chiavatore" ma avrebbe scribacchiato qualcosa di illeggibile sul suo taccuino.

Mi piaceva l'idea di affittare l'interesse totale di una persona. Voleva sapere come sarebbe andata a finire. Voleva la mia guarigione da me stesso. Voleva volgere l'autodistruzione in autoconsiderazione. Voleva che abbandonassi il tragico per il comico, senza passare per la farsa. Voleva il mio bene, e più del mio danaro, la mia verità.

Una volta si offrì di pagarmi lei purché fossi sincero. Accettai. Da quel giorno in poi facemmo una volta per uno. Trovava ingiusto che a trent'anni vivessi ancora con mia madre o che avessi mille fluttuanti fidanzate. Sosteneva che io mi tenevo ben saldo a un solo cordone ombelicale, pur esplorando mille uteri. Mi immaginavo calato da un cordone ombelicale nelle profondità di un oceano di uteri. Dentro a uno scafandro preservativo. Teneva a me e, di più, teneva per me. Avrebbe tifato, quasi. Avrei potuto mentirle per sempre, ma non deluderla. Decisi di essere sincero.

"Come ha vissuto il fatto di compiere trent'anni? Cosa è cambiato in lei?"

"Da quando ho trent'anni?"

"Sì."

"Beh, non fermo più le ragazze per strada."
"No?" sembrava delusa.
"No. Aspetto che salgano sul marciapiede."
Ridendo prese appunti. La stanza era ovattata. Due stampe. Un lettino. Io e lei divisi da una scrivania affollata da fermacarte, pietre, meteoriti, pugnali, bronzi.
"Sa, vorrei raccontarle una cosa."
"Ossia?"
"Quello che è cambiato nella mia vita da quando ho compiuto trent'anni."
"È in positivo?" si illuminò.
"Così così. Ho una prigioniera."

Era prigioniera. Me l'ero tenuta in casa. Leona non mi aveva più chiamato. Mia madre era ancora via con mia nonna e io mi ero ritrovato con la ragazza che aveva tentato di uccidermi a colpi di forbici, a mia disposizione. I nostri dialoghi funzionavano così.
"Chi sei?"
"In culo."
"Senti, i tuoi saranno preoccupati. Se mi dici chi sei e perché volevi ammazzarmi, ti lascio andare a casa."
"In culo."
Il secondo giorno la nutrii e la costrinsi a lavarsi nella mia vasca da bagno perché iniziava a puzzare. "Spogliati e lavati."
"Porco."
La schiaffeggiai per la prima volta. Scoppiò a piangere. La schiaffeggiai per la seconda volta. Detesto chi piange. La nutrivo a tonno in scatola. Evitavo di darle il coltello; con la forchetta frantumava il tonno e lo mangiava a piccoli bocconi. Il terzo giorno smise di masticare. Si limitava, qualunque cosa fosse, semplicemente a ingoiare. Si comportava da animale introverso. Le prestavo le mie camicie e i pantaloni dei miei pigiama con cui, pudicamente, si vestiva sotto i miei occhi appena socchiusi. Non che fossi un guardone. Il fatto era che lei mi faceva paura e, benché nessuno di

noi due lo ammettesse, probabilmente restava lì perché non avrebbe comunque saputo dove andare.

Il terzo giorno sorrise. Tentai qualcosa ma persisteva nel silenzio. "Possibile che nessuno ti stia cercando? Che tutti ti considerino sparita?" Fu lì che sorrise.

La sparizione, l'annullamento, la tentavano. La slegavo solo quando doveva lavarsi o mangiare. Altrimenti la tenevo legata, ma mai con corde. Solo con cinture firmate. Mi abituai alla sua presenza. Non solo: mi affezionai alla sua presenza. Una mattina mi disse, parlando per la prima volta senzo il suo "in culo": "Voglio restare qui per sempre". Decisi di slegarla e di lasciarla tornare a casa del diavolo da dove sicuramente proveniva. La guardai affossata in una mia camicia scozzese, con gli occhi sgravati, e la sua fragile bellezza resa ancor più fragile da un'alimentazione a base di tonno.

"Sai una cosa? Se vuoi andartene, vai. Non sei mia prigioniera. Sono io il tuo prigioniero. È giorni che sono qui a occuparmi di te. La ferita, per tua e mia fortuna, era superficiale. Me ne fotto di chi tu sia, purché tu te ne vada definitivamente."

"Perché?" chiese con degli occhi improvvisamente dolcissimi.

"Perché io volevo restare chiuso in casa per sempre, per non uscire mai. Ora sono costretto a farlo. Non sono né un sequestratore, né un maniaco. O almeno lo sono moderatamente. Sai perché non ho chiamato la polizia quando mi hai accoltellato?"

"Erano forbici," puntualizzò.

L'inizio di una conversazione "...quando mi hai sforbiciato?! Per due essenziali motivi. Non mi piace la polizia e mi piaci tu. Ti devo delle scuse per averti legata, schiaffeggiata, trattenuta contro la tua volontà..."

"Non contro la mia volontà."

"Come?!"

"Io volevo rimanere qui."

Ci cascai. La liberai dalla cintura di Nazareno Gabrielli, che aveva sostituito Gucci e la lasciai libera. Sorrise di un sorriso cattivo, poi agguantò, pur essendo a mani nude, il tagliacarte che troneggiava sulle polveri della mia scrivania. Lo soppesò. Sorrideva. Sorrisi.

Ne valutò la potenza d'impatto. "Ti piace? Te lo regalo," dissi cercando di essere accomodante.

Accettò il dono e cercò di ricambiare restituendomelo conficcato all'altezza del cuore. Schivai e colpii. Ormai ci ero abituato. Questa volta non le ruppi il naso. Non appena si riprese scoppiò in lacrime. Mentre la rilegavo relegandola negli angoli bui della mia esistenza, mi baciò. La sua lingua entrò a tradimento nella mia bocca. Mi ritrassi in attesa di un suo morso, ma non voleva mordermi. La slegai. Mi si appiccicò addosso. Non era né previsto né giustificato, ma in qualche strano modo facemmo l'amore. Scopammo, per la precisione. Senza amore né affetto ma con due disposizioni, una legata l'altra slegata. Mi allontanai dal suo corpo. Aveva ancora i pantaloni del mio pigiama abbassati. Mi guardava con un'espressione che riassumeva il suo e il mio disprezzo nei miei confronti. "Legami," mi disse. Obbedii.

Una volta uscito dal mio fosco presente gironzolai per Milano. Ci sono giorni in cui mi sembra che Milano mi appartenga. Come se fosse legata a una sedia di cucina. Avevo fissato un appuntamento con Carne.

"Ma come, non eri paralizzato?"

"Ero, paralizzato. Vediamoci al White Bear." Il White Bear è un bar di via Vincenzo Monti. Vincenzo Monti come poeta non è mai stato un granché, ma via Vincenzo Monti è la via in cui idealmente si congiungono la vita e la morte. La vita è rappresentata dai bar in cui stazionano le modelle americane affamate di copertine e di cappuccini. La morte è nella sobrietà di via Vincenzo Monti. Case d'epoca, una caserma, e una teoria di alberi che farebbero da nobile spalla a qualsiasi funerale. Via Vincenzo Monti è un po' così: il punto d'incontro fra Eros e Thanatos.

Al White, anni prima, avevo speso intere giornate per catturare quegli sguardi vivi e quelle foglie morte. Il bar era vasto, e le pareti tappezzate dai 'composite' di modelli e modelle. Una tappezzeria umana. Foto del presente e del passato. Erano almeno un paio d'anni che non ci mettevo più piede, e si erano succedute un paio di gestioni. Ma nessuno dei nuovi proprietari aveva osato togliere le foto di bellezze del Wisconsin che adesso erano chissà dove. C'era persino una foto di Flavia che prima di morire di leucemia fulminante, aveva lasciato alla parete un proprio composite. Ma i composite erano proprio questo: la versione patinata delle foto sulle tombe. Il certificato di morte e di ibernazione della bellezza, un tempo calda, ora gelida.

Erano le sette della sera, un paio d'ore di ritardo rispetto a *las cinco de la tarde*. Niente bellezze. Nuovi baristi e nuovi proprietari per i quali ero un perfetto sconosciuto. Ma loro erano sconosciuti diversi da me. Erano quei tipi che incontri in metrò e ti salutano mentre tu non ti ricordi di loro, e allora fingi, tenti un "È da un po' che non ci vediamo" per cercare di ricostruire il passato comune. Non ci fu niente da fare. Appartengo al White Bear come i composite appesi al muro. Ma loro, gli estranei, i proprietari, non potevano saperlo. Era persino cambiata la marca di birra. Nulla di noto.

Mi sentivo come se fossi stato ibernato e una volta sciolto il ghiaccio, mi fossi ritrovato nella *mia* casa popolata da estranei. Del resto, a casa mia c'era effettivamente un'estranea anche se ci avevo appena fatto l'amore. Finalmente la porta a vetri gratificò la mia attesa con l'ingresso di una figura nota. Un metro e novanta, un viso equino, un corpo allampanato, lo spirito insidiato del blues: Antonello Caroli, capelli biondi e occhi azzurri acquosi, disperati. O forse solo rassegnati. Antonello Caroli attore, perennemente comparsa e perennemente depresso. Antonello Caroli, attore senza tramonto perché non aveva mai conosciuto l'alba. Antonello Caroli che si era ostinato a fare il cinema a Milano mentre il cinema stava a Roma, un po' come se Gesù Cristo avesse parlato dalle pagine del Corano.

E Antonello Caroli era un povero cristo. Un uomo surreale nel fisico e nell'animo. Un don Chisciotte che, per miopia, prendeva a testate i mulini a vento. Miope, presbite e poetico. Lo chiamai a gran voce per non sentirmi solo: "Ehi, Antonello". Si girò, mi vide e arrossì. "Antonello, ma non eri a Roma?"

Antonello era tutto gambe. Si accovacciò e decise di dirmi la verità: "Scusa Lazzaro, ti avevo detto di Cinecittà, ma era una balla. Non me la sono sentita di andarmene da qui. Però..." si illuminò "...ho una grande notizia".

"Quale?"

"Mi ritiro. Dal cinema, intendo." Ne parlava come se lo avesse annunciato Meliés, Lumière o Steven Spielberg.

"È che non ne posso più. Ricordi che un paio d'anni fa, grazie a un mio zio senatore ho fatto il bidello. Beh, sai perché ho accettato? Perché per me era come una 'parte'. Poi, dopo qualche mese, volcvano assumermi veramente. E lì ho mollato il colpo. Mi offri da bere?"

Assentii. Solitamente Antonello Caroli beveva caffè. Ne beveva una trentina al giorno. Per questo, forse, era sempre così nervoso. Indossava un gessato blu di un paio di misure più piccolo. Probabilmente di suo zio senatore. Antonello Caroli non nuotava nell'oro, né ci affogava. Affogava nei trenta caffè. Antonello Caroli era un affogato al caffè.

Non osai guardarlo negli occhi, gli guardavo i calzini bianchi. Tanto corti quando lui era lungo. "Caroli, m'è spiaciuto che tu non sia venuto alla festa del mio non compleanno," lo rimproverai.

"Volevo venirci, Lazzaro. Ma non ho potuto. Qualcosa è scattato in me."

"Cosa, pirlone?"

"Una 'Piaga d'autunno'."

"Ma se siamo in estate."

"Appunto. Non potevo venire d'estate con una 'Piaga d'autunno'. Ho ripreso a fare il segretario alla Contessa." La Contessa era una vecchia porca che ciononostante, o forse proprio per questo, era veramente contessa. Anni prima, Antonello Caroli attore, aveva svolto la funzione di segretario particolare della Contessa dopo aver risposto a un'inserzione su "Secondamano". La Contessa era sulla settantina pur dichiarandone trentotto. Nell'inserzione richiedeva qualcuno che sapesse un paio di lingue e che ballasse il tango. Antonello Caroli parlava una sola lingua, la sua, e si muoveva in maniera scoordinata anche quando camminava. Alla Contessa era andato bene anche così.

Caroli non si era mai sentito un mantenuto. Si era limitato, come sempre faceva, a considerare quel proprio frangente della vita come un'interpretazione. In questo modo non ne risentiva. Antonello Caroli aveva interpretato il mantenuto esattamente come avrebbe successivamente interpretato il bidello.

"Mi offri da bere o no?"

"Certo. Ho solo i soldi che mi restano. E... stranamente, stanno finendo."

"Non ci credo. Tu sei ricco."

"Cazzate. Ho sempre interpretato, come te, la parte del ricco. Ma i soldi stanno finendo. Dovrò decidermi a fare qualcosa sul serio. Purché non sia qualcosa di serio."

Caroli ne convenne. "Anch'io. Sono d'accordo. Sai perché ho smesso di fare il bidello? Era una parte che moriva lì. Mi avessero offerto di interpretare il 'Preside' almeno ogni tanto, avrei accettato, ma ti pare che un attore come me, possa fare il bidello per tutta la vita?"

"No certo." Guardavo Caroli e il suo nasone rotto da una badilata. Guardavo Caroli strizzato nel suo gessato blu, e mi faceva venire voglia di raccontargli tutto della mia prigioniera. Mi prevenne.

"Lazzaro. Ti voglio raccontare una cosa. Una cosa che non ho mai raccontato a nessuno..." se non era più onesto di me, era sicuramente più veloce "...però, mi offri da bere. Ho mille lire in tasca."

"D'accordo, cosa prendi? Il trentunesimo caffè?"

"No, Lazzaro, un whisky."

Fu lì che mi accorsi che Caroli aveva bevuto. Caroli che era quasi astemio. Un sorriso senza 'arte' né 'parte'. Caroli, con una camicia lisa quanto lui, ingollando il whisky disse:

"Anni fa, tanti anni fa, mi facevo chiamare Ivan..."

Il racconto di Caroli riempì di presenze lontane il White Bear semivuoto. Le presenze di un Caroli adolescente e di Pietro e Paolo, i due osceni apostoli di una autocrocifissione dilazionata nel tempo. Ma il racconto di Caroli riempì il White Bear anche di un'ASSENZA. Un'assenza che in un autunno lontano NON si era chiamata LUCY.

E quest'assenza era il primo sintomo della "Piaga d'autunno" contagiosa. L'Antonello Caroli che mi stava parlando non era il solito Caroli, lunare e stralunato. Questa volta c'era la luna piena e Caroli ululava d'un antico dolore non sopito.

"Vedi Antonello, ci sono almeno un paio di cose che vorrei chiederti."

"Spara."

"Non so se ti sei reso conto, ma mi hai raccontato la storia in terza persona. Mi hai detto 'Ivan era un ragazzo di quindici anni', e non avevo quindici anni e mi chiamavo Ivan, o meglio, mi hai detto che Ivan eri tu ma da quel momento in poi ne hai parlato come fosse un estraneo."

Caroli tentò un sorriso triste: "Hai ragione. È che non ho la stoffa del protagonista".

"Poi ti ho riconosciuto dal tuo racconto lirico delle tette della ragazza, ma, scusami, nella tua descrizione di Ivan accennavi a un ragazzo con un nasino..."

Caroli si tastò il nasone: "Me lo hanno rotto anni dopo con una badilata".

Non c'era nient'altro da dire se non: "Perché non me ne hai parlato prima? Non della badilata. Intendevo della 'Piaga d'autunno'".

"Perché ho cercato di non parlarne prima neanche con me. Per lo meno ad alta voce. Vedi, qualche giorno dopo quel pomeriggio, non mi ricordavo quasi più di niente. Pietro e Paolo mi hanno contattato. Non mi hanno minacciato, capisci. Non si comportavano da colpevoli. Si sono comportati da complici. Per quello che ne so, anche Ivan potrebbe aver fatto scomparire la ragazza. Non ho voluto più pensarci sino a qualche giorno fa. In fondo, scomparire non è proprio come morire, no?"

Guardandolo, ripensai alla mia ospite. Alla mia prigioniera. Anche lei probabilmente per qualcuno era scomparsa. Non volevo che la "Piaga d'autunno" infettasse anche me. Chiunque fosse la mia prigioniera, non appena tornato a casa l'avrei liberata anche contro la sua volontà. Mi sentivo osservato, e non erano i nuovi baristi. Baristi e neoproprietari del White Bear. Erano i composite. Le foto-biglietto da visita delle ragazze scomparse appese alle pareti. Già, il White Bear era proprio pieno di assenze.

Una presenza corpulenta si materializzò. Un abito bianco e la barba biondo rossiccia. Non era Gesù. Era Carne. Fosse stato Gesù avrebbe fatto giustizia tramite suo Padre, il dio biblico vendicativo, di Pietro e Paolo più giuda di Giuda. Invece era Carne, pantaloni bianchi, giacca bianca, camicia bianca.

Incredibile: non mettevo da tempo più piede al White Bear, e anziché trovarci le modelle, incontravo degli amici ai quali non avevo dato appuntamento. Carne ci salutò cerimonioso e solenne. Chiese a Caroli: "Ma non eri a Cinecittà?" e senza aspettare la risposta ordinò un panino gigante a baristi infastiditi dal fuori programma.

La "Piaga d'autunno" era interrotta. Rimandata. Io e Caroli gliene fummo tacitamente grati. Non avevo ancora notato quanto fossero rigide le sedie della nuova gestione del White Bear. Lo notò Carne non appena vi aderì col suo grosso sedere consapevole.

"Sedie da fakiro. Una volta, le sedie..."

Carne stava iniziando a pontificare. Lo interruppi prima che pontificasse l'estremo vagito della sua logorrea. "Come fai a mangiare in ogni momento? Hai il verme solitario?"

Carne sputacchiò dal suo "special". "Non ce l'ho. Lo sono. Anzi, lo siamo tutti e due."

Aveva ragione, una volta tanto. O forse, più che avere ragione non era nel torto. Un'acciuga guizzò dal panino e aderì all'altezza del cuore di Carne. Una Legion d'onore gastronomica. Carne, veloce come un ramarro, arpionò l'acciuga e se la faxò in bocca.

Provai una prepotente voglia di schiaffeggiarlo per manifestargli fisicamente il mio affetto e la mia riconoscenza. Invece parlai: "Questo posto non è più lo stesso".

Carne non riuscì a trattenersi e pontificò: "No, questo posto è lo stesso. Siamo noi che siamo cambiati".

Caroli sdrammatizzò la retorica Carnale: "...Specialmente tu, Lazzaro, ti sei tagliato i baffi".

"Il locale sta chiudendo," disse impavido uno dei camerieri.

"Perché?"

"Beh, sono le nove, e non ci sono più clienti."

"E noi tre?"

"Col dovuto rispetto, ce ne vorrebbero almeno venti."

"Nessun problema. Venti birre di cui dieci Guinness." Non era la prima volta che tenevamo un bar aperto oltre l'ora di chiusura. Ma quel giorno, benché Carne non lo sapesse, dovevamo trattenerci al White finché non fosse stata spazzata via la cappa della "Piaga d'autunno". In caso contrario non avremmo potuto metterci più piede. Carne, in quel senso era molto funzionale: il bambinone ridanciano raffigurante l'anno nuovo, il putto nudo e felice contro l'anno vecchio e cattivo. L'unica differenza, nel nostro caso, consisteva nel fatto che ciò che dovevamo bruciare non era l'anno cattivo, ma un quarto d'ora mefitico, il tempo della confessione di Caroli, il tempo di una "Piaga d'autunno". Molto meno o molto di più di mille anni.

Dopo un sonoro rutto, Carne prese la parola: "Te la ricordi, Lazzaro, la Nicky?".

"Chi è la Nicky, un'attrice?" vagheggiò Caroli.

"In un certo senso..." risposi, "...Nicky era una colonna del White Bear."

"Era bruttissima," sentenziò Carne.

"No," intervenni con la presunta maturità dei trent'anni, "più che brutta era... somigliava a quegli uccelli preistorici... come si chiamano... Aveva diciotto anni un cinque anni fa e occhiaie profondissime. Sembrava una tossicodipendente. Ma non una ragazza tossicodipendente. Sua nonna. Però se la tirava. Si aggirava tra i tavoli come se fosse stata davvero bellissima. Era di una presunzione affascinante. Conosci questo posto, no? Le modelle si mostrano l'un l'altra i book per vedere chi è più fotogenica. Nicky si comportava come se fosse stata la più bella di tutte."

"Ed era brutta," epitaffiò Carne.

"L'hai mai vista, Caroli?"

"Boh."

"Bella risposta. Se l'avessi vista e conosciuta non te la saresti dimenticata. Nicky era una bugiarda patologica."

Carne si impennò nonostante la siesta da birra: "A me, una volta, ha detto di essere la figlia di Joan Collins e di un pittore italiano".

"A me invece, un giorno ha raccontato che suo padre, a Malibu, aveva una catena d'alberghi e che sua madre..."

"Era Joan Collins?" chiese il Caroli guitto.

"No. Era stata una grande modella di nudo."

Carne si imporporò: "A me invece ha detto di essere la figlia di un diplomatico apolide. Me lo ha detto un paio di mesi dopo avermi raccontato la balla di Joan Collins. Di cui si era probabilmente dimenticata". Mi irritai.

"A me ha raccontato di essere la nipote di Arnoldo Mondadori e che presto avrebbe ereditato la casa editrice..."

Carne e io eravamo diventati due bambini. Ognuno di noi pretendeva di avere l'appannaggio della balla più grossa raccontata da Nicky. Ci sentivamo persino disposti a spararle più grosse di Nicky, quando Caroli ci batté ai punti.

"Ah, ho capito di chi parlate. Una ragazza che somigliava a un uccellaccio. Un giorno mi ha broccolato qui. Mi ha detto che faceva la modella. Mi ha perfino mostrato il suo book."

"Se lo era fatto fare spendendo una pacca di soldi. Oddio, nelle foto sembrava meno brutta."

"Già," riprese Caroli, "me la ricordo perché mi ha raccontato che il suo fidanzato era campione di surf. Morto in un incidente. È persino scoppiata a piangere."

Nicky era proprio così. Finiva per credere alle balle che raccontava.

"E venne da piangere anche a me."

Carne, fortunatamente, s'intromise col suo solito tempismo. "E ti ricordi quando girava con quella tappetta cicciottella. Quella con gli occhi azzurri slavati, spacciandola per sua sorella. Capirai, una era alta e secca e l'altra chiatta. Nicky giustificava la cosa dicendo che la madre era la stessa ma i padri diversi. La chiattona la assecondava. O credeva alle balle di Nicky e voleva approfittarne, o non ci credeva e voleva comunque approfittarne."

"Terza ipotesi: era una bugiarda patologica come Nicky. Ma con meno classe. Nicky credeva alle sue bugie. Ci piangeva su. Che fine avrà fatto?"

"Non si è più vista," rispose Carne ubriaco e pensoso.

Con l'assenza di Nicky, a quel tavolo le ragazze scomparse erano tre. Ci voleva il senso della frase per denunciarlo, la "Piaga d'autunno" per soffrire, e la coscienza del sedere per alzarsi, muoversi, e fare qualcosa.

Tornando a casa ripensai a Nicky. Se ne era andata con l'85. Nell'85. L'85 era finito e per me era finita anche Nicky. L'ultima volta che l'avevo vista era stato nell'86. Vicino alla Scala. Un posto in cui certa gente canta e altra gente va a sentirla cantare. A volte ballano. A volte suonano e basta. Ma non è mai allegro, neanche quella volta lo fu.

Nicky era a passeggio sottobraccio a un tipo giovane, nuovo e anonimo come il loden che indossava.

"Come va?" le avevo chiesto.

Nicky aveva sfoggiato un accento toscano che non aveva mai avuto: "Oh, 'un è che va male. Conosci il mio fidanzato?".

"Nicky, da quando hai l'accento toscano?"

"Ah, 'un lo sapevi. Sò toscana. La mi nonna gli è toscana. In questi ultimi mesi s! stata co' lei e allora..."

Il fidanzato si era bevuto tutto. Non avevo osato chiedere a Nicky da quanto sua nonna fosse toscana.

Arrivato a casa slegai la prigioniera. Mi sorrise. Era di buon umore. Momentaneamente. Non aveva forbici a portata di mano. "Vattene, dai." La spinsi fuori dalla porta. Suonò il campanello. Riaprii con una chiave aguzza la porta blindata. "Senti, vattene. Qualcuno ti starà cercando, no? È stato bello... anzi, è stato brutto. Mi hai fatto vergognare di me stesso... non ti ho stuprata. Mi farebbe schifo. Eravamo d'accordo, vero? Anche se non parli... Oh, senti, di' qualcosa."

La prigioniera non disse niente. Né cercò di accoltellarmi. Squillò il telefono. Risposi.

"Lazzaro, scusa se non mi sono fatta sentire prima, sono Leona. Avrei dovuto chiamarti qualche settimana fa, ma ho avuto dei problemi. Sai, mia cugina è sparita."

"Leona, che tipo è tua cugina?"

"Beh, una ragazza difficile... perché me lo chiedi?"

"Leona, se ti restituisco tua cugina, cosa mi dai in cambio?"

3.

Pogo il dritto annusava con narici frementi e stivali in finta lucertola affondati nella sabbia. La spiaggia di Cattolica era totalmente deserta, come se una "Piaga d'autunno", simile a un olocausto, ne avesse sradicato ogni forma di vita. Anche Pogo aveva la sua "Piaga d'autunno", benché non sapesse che si chiamava così. La "Piaga d'autunno" di Pogo era una sorta di inquietudine ipnotica che lo costringeva ad abbandonare Milano, col suo taxi giallo, per raggiungere Cattolica.

Da quando l'estate era finita, per ben tre volte, immotivatamente, Pogo il dritto aveva costretto il proprio passeggero pagante e occasionale, a scendere dal taxi prima che la corsa fosse terminata. Il passeggero, uno per tutti e mai tutti per uno, aveva protestato: "Ma io devo andare in via Melzi d'Eril".

"Scenda immediatamente." La risposta perentoria di Pogo in cui convivevano toni di comando divino e di minaccia umana, convincevano il passeggero dapprima recalcitrante, che fosse un avvocato o una mignotta, a eseguire, abbandonando il taxi giallo e Pogo al proprio destino. A quel punto Pogo schizzava verso l'autostrada, attirato dal canto delle sirene. Ma fuori stagione, non c'erano più sirene a Cattolica. Non c'era nemmeno la Silvana da sifonarsi. Gli alberghi, i bar, i ristoranti, erano, nella maggior parte dei casi, chiusi. Così a Pogo non rimaneva che gironzolare in riva al mare, drizzando le orecchie e fiutando i messaggi silenziosi come un cane da tartufi fiuta, appunto, tartufi.

Pogo il dritto, poi, risaliva in macchina e si precipitava al più vicino autogrill per poter bere con qualcuno e litigare con qualcun altro. Per ritornare alle proprie abitudini, insomma, fingendo di avere dimenticato il segreto, che il mare, il vento, o forse il cadavere di un gabbiano, gli avevano rivelato. Strano uomo, Pogo. Un vago alcolismo e certe fissazioni lo facevano apparire, a un osservatore superficiale, come uno strambo trentenne, signore e padrone del proprio taxi e della propria vita. Un caratterista. Una macchietta di Rorshach.

Poi, improvvisamente, nel corso di una conversazione casuale, ciò che era sembrato pittoresco, folcloristico, diveniva inquietante, e Pogo, da qualche misterioso recesso, da qualche sacca di conoscenze acquisite forse in qualche sua precedente vita, confondeva Arquà Petrarca, nei Colli Euganei, con Arqa Tagh nella catena del Kum Lun in cui si trova l'Ulugh Muz Tag coi suoi 7.723 metri d'altezza. I suoi interlocutori sbigottivano: che Pogo conoscesse tutti i nomi delle strade di Milano, era giustificato dal provvisorio ruolo di taxista, ma che Pogo annoverasse tra le informazioni in suo possesso, insospettabili, dettagliatissime notizie sulle catene montuose della Cina occidentale, sui grandi mammiferi, sulla lavorazione del vetro, sui crostacei decapodi bracuri, e su Randit Singh, il leone del Punjab, colorava il mistero di mistero.

Pogo era antico. Forse c'era sempre stato. E poteva essere pericoloso come una creatura abissale di Lovecraft. Il cliente di Pogo che gli chiedeva: "Mi potrebbe portare a Premadio. È una frazione di..." si sentiva immediatamente rispondere: "Del comune di Valdidentro. Dove c'è la centrale idroelettrica che ha, se non sbaglio, una potenza di 144 megawatt".

"È sorprendente. Come fa a saperlo?"

"Saranno cazzacci miei. Babbo di minchia."

Pogo, quel giorno a Cattolica, aveva fiutato qualcosa. L'animale da punta che era in lui rabbrividì. Non era il freddo. Era la "Piaga d'autunno" in arrivo. Pogo ignorava la confessione di Caroli avvenuta al White

Bear. Ignorava dove si trovasse Lucy a ventidue anni dalla scomparsa. Ignorava persino l'esistenza di Lucy. E non aveva mai visto né conosciuto Nicky, la bugiarda patologica di Carne. Ma a differenza di Carne, Caroli e di Lazzaro Santandrea, se l'avesse intravista anche un solo secondo, al volo, non l'avrebbe descritta, con l'ignorante approssimazione dei suoi amici, come un uccello preistorico, ma avrebbe riconosciuto in lei un *Archaeopterix foemina*, di dimensioni insolite. E ancora. Se Pogo fosse stato a conoscenza della storia della prigioniera di Lazzaro, e di sua cugina Leona, il suo brivido si sarebbe trasferito nelle regioni più profonde dell'anima.

Pogo avvertì qualcosa di tutto ciò, e alla pelle d'oca subentrò la pelle dell'orso. Quella da vendere cara. Un taxi giallo incurante dei limiti di velocità con un autista incurante dei propri limiti, sfrecciarono verso Milano.

Così conobbi Leona. L'incontro era stato preannunciato dall'incoscienza del sedere e dalla prigionia di sua cugina. Ero preparato al meglio, visto che il peggio di lei, sia pur per interposta persona, si era affacciato alla mia feritoia.

Dopo averle rispedito a casa una cugina insolitamente docile, l'avevo invitata a cena. Mi aspettavo spiegazioni, certo, ma soprattutto mi aspettavo lei. Non era la prima volta che una voce conosciuta per gioco o per caso, diveniva persona nella mia vita. Leona me l'aspettavo diversa, certo, ma non così diversa.

Mi attendeva in un barettino infilato in una viuzza. Già dai termini 'barettino' e 'viuzza' mi sarei dovuto immaginare la componente infantile di Leona. Ma Leona non sembrava infantile, strizzata in un abitino di maglina nera. Abitino, maglina, baretto, viuzza. Leona approfittava dei diminutivi per sembrare superlativa. Non era bella, ma non voleva ammetterlo e, non ammettendolo lei, non permetteva che lo ammettessero gli altri.

Una cascata di capelli rossi, una boccuccia (boccuccia, viuzza, baretto, abitino, maglina) a cuore, e un bel naso a patata. Patata, non patatina. Due gambe grosse. Due tronchi rivestiti di seta. Niente reggiseno e due capezzoli prepotenti come cappucci di penne stilografiche. Gli occhi erano enormi. Sempre sgranati. Voleva essere provocante e invece fu preoccupante. Cercai di dissimulare la delusione. Ma Leona non accettava delusioni, semplicemente perché mai più avrebbe supposto di suscitarla. Il cameriere mi strizzò l'occhio. Leona lo guardò. Fissa. Poi si passò la lingua sulle labbra.

Me ne sarei voluto andare presagendo la serata, ma Leona ordinò da bere vino bianco per tutti e due.

"Dove mi porti a cena?"

"Veramente vorrei prima sapere qualcosa a proposito di tua cugina."

"E cosa vuoi sapere? È una personalità disturbata. Non sopporta di essere meno bella di me." Leona avrebbe dato dei punti a Nicky come mentitrice: sua cugina era molto più bella di lei. In comune avevano solo le pupille dilatate. "Avrai notato che mia cugina soffre di complesso di inferiorità."

Il cameriere, sperando di non essere visto, passò un bigliettino a Leona.

"Leona, me ne vado," dissi.

"Perché?" ringhiò.

"Non mi piace il vino bianco, non mi piace questo posto, non mi piace il cameriere, ma soprattutto non mi piaci tu."

Leona aveva unghie laccate di rosso. Lunghissime. Le notai, mentre le indirizzava come frecce alla mia guancia. Doveva essere un'abitudine di famiglia. Deviai la mano artigliata e schiaffeggiai Leona. Il cameriere si precipitò: San Giorgio che salva la draghessa. Era minuto come il suo locale. Un tipetto nel baretto di una viuzza. Lo respinsi con una manata e guadagnai l'uscita.

"Addio, Leona."

"Arrivederci," disse lei.

Non chiedetemi perché cominciai a uscire con Leona. Non lo so. Il giorno dopo non mi aspettavo certo che mi chiamasse. Invece al telefono mi chiese, come se nulla fosse successo: "Dove mi porti stasera?".

"A che ora passo a prenderti?" riuscii a rispondere. Da quando mi avevano ritirato la patente mi muovevo in taxi o a piedi. Pogo e il suo taxi erano a Cattolica, quindi mi incamminai verso l'antro della Leona. Una costruzione signorile dei primi anni sessanta, in via Gustavo Modena. Quelle case che ti sembra di avere già visto, con quei citofoni che ti sembra di avere già suonato.

"Come mi sta?" mi disse Leona alludendo a un abito pressoché identico a quello della sera precedente.

"Ha un'aria familiare."

"Infatti. Volevo solo metterti alla prova. Hai fatto caso a come mi fascia?"

Ero irritato con lei e con me stesso per essere lì. "Ti sei cambiata le mutande?"

"Vuoi vederle?"

"Lascia stare."

Quella sera scoprii che Leona era sì una sociologa, ma una sociologa ninfomane. Ora è abbastanza normale per una sociologa socializzare, ma Leona passava il segno. Non si poteva lasciarla sola cinque minuti per andare in bagno a trasformare una birra in pipì, che te la ritrovavi con occhi allusivi fissati nei bulbi di uno sconosciuto arrapato. Se la pipì si prolungava, Leona riusciva a scambiare il numero di telefono con l'occasionale dirimpettaio. Camminando con lei, ogni tanto venivo interrotto da un: "Fermati. Hai visto come mi ha guardata quel tale? E tu non fai qualcosa?".

Non consumammo mai, se non vino bianco. Leona, dopo aver chiesto con voce arrochita "Dimmi che mi desideri" in piena piazza del Duomo, con tanto di piccioni, turisti giapponesi, e senegalesi che vendevano oggettistica senza mercato, si rituffava vogliosa tra gli sguardi della folla. Non voleva fare l'amore. Ma esser desiderata, sì. Una volta ottenuto il desiderio – mi aveva confidato – si faceva penetrare passivamente, rifugiandosi in una frigidità che la conservava vergine e impermeabile a falli di carne, di gomma, di terracotta.

Un pomeriggio mi invitò a casa sua per un tè. Non mi importava nulla né del tè né di lei, ma ci andai. Perché? "Boh." Ma "boh" era il motivo per cui Monica, la mia amica entraîneuse, si era uccisa.

Al citofono rispose la cameriera: "Leona è occupata".

"Le vada a chiedere se posso salire un secondo." Attesi. Non avevo niente da fare. Mi ero scordato della "Piaga d'autunno" di Caroli, dimenticato le antiche bugie di Nicky. Non vedevo né Pogo né Carne da giorni. Non andavo ai 'provini', né scrivevo racconti. Ero stato semplicemente troppo occupato nel cercare di capire Leona. Non ne ero innamorato. Tutto sommato non mi era nemmeno simpatica. E allora, perché "boh"? Forse perché era strana. Come Pogo, come Carne, come Caroli, come mia nonna, come Nicky, come me. Come la psicologa di cui avevo saltato l'ultimo appuntamento senza nemmeno avvertire.

La cameriera disse al citofono: "Leona dice che può salire".

La porta era aperta. La cameriera, una filippina giallognola, si fece rossa dicendo: "Leona è di là".

Di là, significava una stanza in cui Leona, completamente nuda, giaceva su un divano letto dormeuse con gli occhi incollati a uno schermo gigante su cui si consumava un incontro di boxe. Non prestai attenzione ai pugili. Mi limitai a guardare la mia ex prigioniera, sua cugina, che anche lei nuda, accasciata col pube nascosto nella moquette, laccava le unghie dei piedi a Leona con aria sognante.

C'era qualcosa di osceno; anzi, peggio: c'era in entrambe qualcosa di morto.

Liberarmi di Leona fu più facile del previsto. Fu imprevisto. L'imprevisto è facilissimo. Un ragazzo facile che ti si concede senza preavviso e senza preoccuparsi delle conseguenze. Un aereo che cade, un amore a prima vista, un aereo che cade su due che si sono appena innamorati a prima vista.

Uscendo dal paradiso artificioso di Leona mi incamminai verso il centro in cui i pochi cinema rimasti, quelli che hanno resistito alla televisione, sono tutelati come monumenti storici. Da un cinema sciamavano coppiette, single, comitive affette dal contaminante morbo del proprio vegetare. Dopo un'ora e mezzo di grande schermo si ritrovavano sulla strada a denigrare lo spettacolo, nullità illuminate dai neon.

"Hai visto quello? Ti pare che uno si becca una pallottola e zompa ancora come un grillo."

Ero nauseato e furente. "Che ne sai tu?"

"Dici a me?" Tal dei tali (nobile per di più) mi guardò intabarrato nel montgomery e nel suo folto gruppo di amici.

"Sì, parlo proprio con te, stronzo. Che cazzo ne sai tu e questi babbi di minchia di quello che si prova quando ci si becca una pallottola? Non è realistico? Può darsi che non sia realistico per te. Ma di', la realtà ti sembra realistica? Non li leggi i giornali, stronzo. Non conosci due ragazze che abitano in via Gustavo Modena?"

"È ubriaco" disse puntandomi il dito addosso una ragazza brutta come la virtù.

"Non stavolta, scorfano. E non ancora. Ma conto di rimediare al più presto. Se non vi piace il cinema, se non capite il gioco, perché ci andate?"

L'accompagnatore dello scorfano si fece coraggio. "Ehi tu, modera..."

Oh, finalmente un tipo empirico: uno che vuole fare esperienza di ciò che si prova dopo essersi beccato tre pallottole. Corso Vittorio Emanuele si trasformò di punto in bianco in cortile. Questo sì che era uno spettacolo. Se avessi avuto una pistola avrei sparato tre volte al mio antagonista per mostrare che si può sopravvivere.

"Si sopravvive quasi a tutto, tranne che a se stessi." Il pubblico si faceva via via più numeroso. Lo spettacolo era gratuito. Prima che arrivassero dei poliziotti, tagliai la folla, tagliai la corda, tagliai, aguzzo come la rabbia, tutto quello che c'era da tagliare e mi incamminai verso casa. Poi, all'altezza di corso Magenta, con sprezzo del pericolo, entrai in un cinema d'essai.

Mia madre sarebbe rientrata di lì a qualche giorno. L'autunno, appena cominciato, era già freddo. Il giornale annunciava che l'inverno a venire sarebbe stato particolarmente rigido. Rigido. Mah. Il giornale non aveva il senso della frase. Sarebbe stato sufficiente scrivere che il futuro inverno sarebbe stato particolarmente "inverno". E invece avevano appiccicato rigido a inverno come se fosse un prezzo. "Rigido": il prezzo dell'inverno. Lo slogan ideale per la pubblicità di un cappotto, di un busto correttivo o di un pene in erezione.

Era il tempo in cui le formiche cominciavano a risparmiare e le cicale a preoccuparsi. I pipistrelli non svolazzavano già più raso terra. E questo, per me che schifavo i pipistrelli, era già una bella conquista. L'unica. Era troppo tempo che non conquistavo più nessuno. Almeno da un paio di settimane. Era parecchio che non entravo nella vita di una sconosciuta per carpirne informazioni, saggiarne l'alito, succhiarne il sangue dalle ferite superficiali che s'aprono nella conversazione di due estranei, e farmi succhiare in cambio qualsiasi parte di me a suo piacimento.

"Succhiare il sangue." Questo era il punto. Per questa ragione, probabilmente, detestavo i pipistrelli. L'invidia per il potenziale vampiro. Il vampiro privilegiato dal saper già cosa fare per istinto. Il mio istinto era invece discontinuo. Sono violento e odio la violenza. "Che fare?" si era chiesto Lenin. Io avevo la risposta. La risposta era vivere, camminare non distratto dagli ordini dei semafori, camminare pronto a fermarmi per entrare in una vita altrui. L'eroe immaturo, certo, ma anche il testimone partecipe delle altre vite, delle altre storie.

Il mio amico Tulipo, che scriveva le sceneggiature per i fumetti di Topolino, si intestardiva a parlarmi di "gente comune". "Quelli che incontri sugli autobus." Non li conoscevo bene. Giravo solo a piedi e in taxi, ma le poche volte che ero salito in autobus o in metrò, i passeggeri mi erano sembrati tutt'altro che comuni. Gente inferocita dal proprio presente, o automi che sobbalzavano a ogni curva, borseggiatori, preti che volevano toccare il culo a non parrocchiane. Forse, per questo, tra di loro si ritenevano gente comune: scendevano una fermata prima, prima di scoprirsi, di dichiararsi.

Io camminavo. Avevo tempo di fermarmi quando ne avevo voglia o ne sentivo il bisogno. Li seguivo sino a casa, volendo. Non solo. Col tempo e il denaro che mi rimanevano, avevo il necessario per occuparmi di chi, fra loro, mi interessava di più. Già, Tulipo, amico mio, la gente "comune" che incontri sull'autobus, prima o poi scende dall'autobus.

Cosa c'è di più comune e di meno comune della morte. Muoiono tutti, ma ogni volta che muore qualcuno che conosci è come se fosse capodanno. Un capodanno alla rovescia. Un capodanno in cui ricacciare lo spumante nella bottigila e forzargli dentro un tappo perché, se non la vita almeno la morte, abbia un senso.

L'uomo comune rinvenne qualcosa fuori dal comune. Eppure i ruoli avrebbero potuto essere ribaltati. L'uomo comune non era tanto comune in quanto gli mancavano un occhio e una gamba. Pescava, incapsulato nel suo sidecar "abilitato per inabili", in un fiume dal nome stupido.

Il cadavere, d'altro canto, pur essendo comune, in quanto ogni giorno ci sono al mondo migliaia di neocadaveri, prima d'essere stato buttato a fiume era stato conservato in formalina per lungo tempo. Conservazione e disfacimento facevano del cadavere uno strano ibrido. Un pesce fuor d'acqua. Anzi una sirena fuor d'acqua, visto che conservazione e disfacimento s'accanivano su una figura femminile.

L'uomo col sidecar era senza un occhio, senza una gamba, ma aveva un cane. Non era il cane a guidare, ovviamente, ma il sidecar a essere stato brevettato da una ditta di Zurigo per l'occasione. Gli svizzeri prevedono tutto. Il cane balzò fuori dal sidecar e addentò un pesce agonizzante nella sfaldata cavità toracica del cadavere. L'uomo, il cane, il pesce e il cadavere, resero vivo e morto, comune e non comune, quel lembo di fiume inquinato e dal nome stupido.

Quando la polizia si fece viva, trovò dei morti.

Nei giorni di mia assenza dal resto del mondo, delitti e castighi si erano alternati su scala globale, mentre io vivevo Leona, un leone altrove era scappato da uno zoo e un altro leone, non lo stesso poiché il dono dell'ubiquità è privilegio e condanna di pochi, era stato venduto a un altro zoo.

Il leone non ama gli zoofili, mentre il cinofilo è adorato dai cani che ama. Ma i cani amano chiunque. In ogni caso, nella scala di preferenze tra cani, leoni, e Leona, Leona era più fisicamente facile da amare. Per quanto al nostro primo contatto telefonico avesse detto: "Non do il mio numero agli sconosciuti". Aveva avuto ragione. Lei (ella?) non dava il proprio numero agli sconosciuti, dava tutta se stessa. Forse, solo una parte di quella se stessa, che poi era quella più concupita.

Leona mi telefonò un'ultima volta. "Ciao, sono Leona."

"Senti..."

"Ti è successo qualcosa? Vediamoci."

"Figurati. Non è che a me sia successo qualcosa. È che..."

"Sei un moralista."

"Ammetto di essere un moralista."

"Dai, vediamoci."

Non so perché, ma cedetti. Mi aspettava da Cova, il salotto antico di Milano, in via Montenapoleone, dove un cannoncino costa come un cannone della premiata ditta Krupp.

"Ti ho scandalizzato?" esordì.

"No, Leona. Tutt'altro, ma il fatto è che tu sei piuttosto brutta." Mi lanciò un cannoncino. Lo presi al volo e glielo spiaccicai sul rossetto. Leona scoppiò a piangere. I camerieri, fingendosi discreti, volsero gli occhi altrove e drizzarono le orecchie.

"Che posso fare se tutti mi amano?" chiese Leona in lacrime e profiterole. Poi proseguì: "Chiamami a questo numero, vado nella mia casa in montagna".

Le strappai il numero che mi aveva scritto su un tovagliolino dell'ovattato, funereo caffè Cova. Si drizzò orgogliosa come Moby Dick, la balena bianca, ed uscendo calamitò gli sguardi di un paio di signori nati nel 1910 sino ad allora fissi negli occhi di un paio di signore nate nel 1940.

Terminai la mia Guinness fra la curiosità e la disapprovazione dei presenti. Leona non mi aveva aspettato fuori. Non mi aveva aspettato del tutto. Da piazza San Babila chiamai un taxi per prevenirla, nell'illusoria certezza che, sconvolta dal mio gesto nobile, avesse deciso di rientrare a casa aspettandomi pentita in portineria. Era in portineria. La sua. Ma di fronte alla sua portineria stazionava un'auto della polizia. Ce n'era solo una, quindi, a rigor di logica, non c'era stata strage. E infatti non c'era stata.

Leona stava limonando con un poliziotto sull'auto. Me ne andai prima che gli altri poliziotti, quelli che, scesi dall'auto, si stavano fumando una sigaretta all'angolo, mi fermassero per voyeurismo.

Prima che mia madre rientrasse, decisi di impossessarmi nuovamente della coscienza del sedere. Mi rinchiusi in casa per un paio di giorni attendendo novità. Pogo il dritto era irreperibile anche col radio taxi, Antonello Caroli, attore, era in giro chissà dove con la sua "Piaga d'autunno", Carne era l'unico disponibile. Faceva il fotografo di manifestazioni studentesche. Ma gli studenti manifestavano sempre di meno. Per non parlare degli operai che chissà dov'erano. Forse dentro le macchine che li avevano definitivamente sostituiti e che facevano tre volte il loro lavoro senza tirare molotov. Il secolo stava per finire e io con lui.

Radiontologia. La radiologia dell'essere che appartiene ai posteri e ai postumi. La parola ha comunque un vantaggio sulla scienza. Prova a radiografare un cazzo e ciucciati la lastra.

Capitai al White Bear pensando a Carne. E Carne era seduto al tavolo con una ragazzina... un metro e sessanta scarsi, assenza totale di attributi femminili, assenza supplementare della leggerezza che fa della mancanza di tette un privilegio.

Carne, per quanto fosse prepotentemente ubriaco, mi strizzò l'occhio. La ragazzina, tanto esile da sembrare un bambino, tanto stonata nei fuseaux previsti per altre gambe, stava dicendo a Carne: "Mia madre è Joan Collins. Mio padre, un pittore italiano". Una balla accettabile come tutte le balle. Solo che Nicky, la proprietaria esclusiva della balla che la ragazzina stava raccontando, non c'era più.

"E non avevi per caso un diplomatico apolide per padre?" La nuova Nicky mi guardò. "Come ti chiami?" le chiesi.

"Nicky," rispose.

Carne non afferrò, fatto come era. Lei era giovane, minuta, aveva più tette Carne che lei.

"Hai un fidanzato?" le chiesi prendendole la mano.

"Sì, ma è morto". Scoppiò a piangere. "Era un campione di surf."

Le stesse balle (?) di Nicky. Come mai questa giovane, esile abbozzo di donna, questa fragile, debole, meno grifagna, parodia di Nicky sapeva le cose che Nicky aveva saputo? Questa "creatura" che non fingeva, come la finta sorella di Nicky aveva finto di essere la sorella di Nicky, ma possedeva, esibiva, i ricordi di Nicky? Perché tutto ciò?

"Adesso devo andare," disse.

"Dove?"

"Via."

"Perché?"

"Boh." Uscì.

Nicky era scomparsa. La nuova figura che sapeva tutte le sue storie l'aveva rimpiazzata. Mentre stava uscendo, non senza sbattere la porta a vetri su cui era disegnato un orso pacioso affiancato a una bottiglia grande quanto lui, le chiesi a bruciapelo: "Nicky, di dov'è tua nonna?"

"Mi nonna gli è toscana."

La ragazza si era impossessata delle bugie di Nicky. Ma come? Quando? E dov'era Nicky? Iniziai a scuotere Carne. Preso com'era stato a pontificare da ubriaco, non si era peritato di ascoltare la ragazza che aveva avuto di fronte. Stava ancora parlando col volto arrossato da un rush cutaneo. Parlava, implacabile come la filodiffusione.

Ecco cos'era in realtà Carne. Mi ci erano voluti anni per capirlo. Per un certo periodo di tempo avevo semplicemente creduto che non avendo potuto storicamente vivere il Sessantotto, in quanto neonato, si fosse costruita la mitologia dell'onniscienza anziché dell'esperienza. Pensavo che salisse in cattedra, per cancellare gli anni trascorsi disteso in culla. Mi ero sbagliato. Carne parlava continuamente senza ascoltare, poiché era in realtà una radio gigantesca. Un mobile radio anni cinquanta. Un barbuto obeso trumeau contenente un apparecchio radio sintonizzabile su un'unica frequenza: la propria.

Per questa ragione Carne non aveva colto la "Piaga d'autunno" nel precedente incontro con Caroli al White. Lo stesso motivo per cui, sentendo le frasi appartenute a Nicky in bocca a una sostituta, non si era sentito gelare il sangue. Carne non aveva ascoltato.

Si può essere amici di una radio con un solo canale e con lo speaker ubriaco? Si può, si può.

Mi caricai Carne in spalla e augurandomi che la schiena reggesse e il sedere reggesse la schiena, incurante della incombente minaccia delle bugie resuscitate, uscimmo dal bar.

4.

Due sguardi. Il primo quello della receptionist: interessato e disinteressato. Interessato perché la mia maschia miopia poteva essere scambiata per fascino. Disinteressato perché del mio fascino la signorina se ne sbatteva al punto che se le avessi regalato un mio poster, dopo esserselo guardato inarcando il critico arco sopraccigliare, lo avrebbe regalato per Natale a qualche coetanea diciottenne, non molto in alto nella graduatoria delle sue amicizie, al punto di beccarsi un dono "usato" sia pure da un paio di sguardi. Come nuovo.

"La dottoressa è arrivata?"

"La stava aspettando."

"Non darmi del lei. Mi fai sentire come se avessi trent'anni."

"Perché, quanti ne hai?" chiese la receptionist, nuova come receptionist e come diciottenne, con una smorfia provocata dal chewing-gum.

"Trenta. Per questo non voglio sentirmi come se avessi trent'anni. Da quando li ho compiuti vivo giorni strani e tristi. Ti do un'alternativa: fammi sentire come se ne avessi ancora ventinove, o già trentuno".

La ragazza rifletté ruminando. Non era male, ma fisicamente incompiuta. Dava l'idea di un innesto tra una lolita e una casalinga insoddisfatta. Matronale, seppur teenager ancora per un anno.

Tentai: "Ti piacerebbe un poster?".

"Di chi?" chiese moderatamente curiosa.

"Lascia perdere. Sai fare il palloncino?" Stavolta la domanda era compresa nel cerchio delle sue competenze. Rispose gonfiando un palloncino rosa. Aveva un certo talento. Il palloncino usciva dalle sue labbra, ectoplasma di gomma di una medium demotivata. Quando il palloncino scoppiò, entrai nel sancta sanctorum della mia analista. Il secondo sguardo. Azzurro partecipe, come un sorriso vero. Non credevo a fondo nell'analisi transazionale, ma nei sorrisi, questo sì. Non i sorrisi cartacei delle modelle appese, in forma cartacea, alle pareti del White Bear. Né il sorriso tra l'ebete e l'enigmatico di Monna Lisa. No, un sorriso pieno di aspettativa di informazioni da decifrare. Il camice stavolta era azzurro.

"Vedo che dalla mia ultima visita ci sono stati dei cambiamenti."

"Allude al camice? È che purtroppo mia madre è morta."

"Ma perché azzurro?"

"Vede Lazzaro, io non credo, ma mia madre sì. L'azzurro è una specie di estremo omaggio. Le sarebbe tanto piaciuto andare in Paradiso. Se lo immaginava color cielo. Non so dove sia esattamente mia madre adesso, a parte il Cimitero Monumentale, ma posto che sia in Paradiso, immagino le piacerebbe questo tipo di camice."

"Non so a sua madre, ma a me piace."

"Beh, mi dica Lazzaro, ha disertato un paio di incontri. Le è successo qualcosa di positivo?"

Iniziai a giocherellare coi suoi fermacarte. "Le ho mai raccontato di Nicky..." scriveva freneticamente con la sua indecifrabile scrittura, "...sta stenografando?"

"No."

"Sa che in prima liceo avevo un'insegnante che spendeva le sue ore – e le mie – dettando appunti? Mi ero accertato che nessuno, a cominciare da lei, sapesse stenografare. A quel punto finsi di saperlo fare. Così facevo segni a casaccio sui quaderni. Ho sempre odiato i dettati. È andata avanti per un paio di mesi. Quella dettava e io, pensando ai fatti miei, insultavo il quaderno con segnacci profondi come solchi."

"Com'è finita?"

"Che un giorno mi ha chiesto di rileggere gli appunti!"

"Lazzaro, mi stava raccontando di Nicky e della ragazza che raccontava le sue stesse bugie."

"Ah sì. Mi scusi. Beh, quello che mi ha impensierito è proprio il fatto che nessuno sapeva niente di *vero* su Nicky. Ora, a distanza di anni si presenta al White questa ragazza e..."

"Ma scusi, e la finta sorella di Nicky, quella che anni fa le reggeva il gioco?"

"Mi lasci continuare. Ci arriveremo. Vede, io sono abituato a cose strane. Ho solo amici 'strani' e anche lei, se permette, nel suo genere... Ma la cosa che mi ha lasciato più inquieto che perplesso, è il sovraffollamento di piste da seguire, di storie in cui entrare. Pogo che non si fa più vivo. Lo chiamo a casa e sua madre mi starnazza che è in giro col taxi. Pogo ha cambiato turno e abitudini. Non frequenta più i locali in cui era reperibile. Non chiama più, e mi chiamava tre volte al giorno. Poi c'è la storia di Caroli e della sua "Piaga d'autunno" che, dopo esser stata seppellita per anni nelle bizzarrie di Antonello, ora riemerge dolorosa come un bubbone infetto. Quanto a Leona, non capisco cosa mi sia successo. Non mi piace minimamente, ma a ogni suo richiamo sono accorso. Persino dopo averla vista con la cuginetta schiava adorante, la mia ex prigioniera, ho abboccato un paio di volte. E infine c'è la replicante di Nicky. Quando l'ho sentita parlare, mi sono sentito gelare. Ho provato la netta sensazione che, visto che lei ne aveva ereditato le bugie, Nicky doveva essere morta. Mi sono espresso male, la ragazza non è la replicante di Nicky, è l'erede di Nicky."

"E allora?"

"Allora... ehi, un momento..." la guardai dritta negli occhi e lei smise di scrivere, "...le spiacerebbe rileggere i miei appunti?"

Affrontai i miei misteri da trentenne uno alla volta. Cominciai con Antonello Caroli. Mi raggiunse a casa, insolitamente allegro, allampanato, col nasone non a prova di badile, scarpe inglesi numero quarantacinque, pantaloni di flanella grigia, giacca blu, cravatta con disegno cachemire.

"Ehi, come sei elegante."

"Sono andato a un funerale."

"Come è stato?"

"Mica male. Era il funerale di un mio vicino di casa. Nel corteo ho conosciuto la cognata. Credimi Lazzaro, aveva due pere così," Caroli disegnò nell'aria due pere così.

"Da mordere," commentai.

"Andiamo a fare un giro in centro."

La 50, l'autobus che ci avrebbe dovuto portare in piazza San Babila, sparì col semaforo verde nonostante il nostro inseguimento.

"Aspettiamo la prossima."

"Neanche a parlarne. Chi si ferma è perduto. Prendiamo la tua Rolls o il mio Ferrari" chiesi a Caroli spiantato quanto io ero appiedato.

"Che numero di piede hai?" mi chiese.

"44, perché?"

"Allora prendiamo il 44 e il 45."

Ci incamminammo per Milano. Con Caroli avevo lavorato in radio e al cinema. Comparse specialissime rispetto a tutte le scomparse di nostra conoscenza. Caroli ostentava una erre di radici inspiegabilmente proletarie. Combinata con la voce nasale, forte come una badilata, non ne faceva un modello di dizione. Ero preoccupato del suo futuro e del mio presente. Aveva già trentasette anni.

"Sai Antonello, ho sentito che stanno per realizzare una ennesima versione dei *Promessi Sposi*. Mi ha telefonato l'Agenzia e mi ha detto che c'è un casting per la parte dei 'bravi'. Vuoi venire anche tu?"

"No, col cinema ho chiuso."

"Eppure sarebbe ora che facessimo i bravi."

"Ho un'altra idea. Vorrei fondare una cooperativa d'attori."

"Ma se mi hai appena detto che volevi mollare il colpo con il cinema".

"Infatti. Una cooperativa nel senso di cooperativa. Raccogliere tutti gli attori 'rovinati' come me, e organizzare dei lavori a cottimo in una cooperativa agricola."

"Il fascino della terra, eh?"

Alla parola 'terra' Caroli si incupì. Pensò evidentemente per una frazione di secondo, a dove potesse essere sepolta l'antica Lucy. Poi il sorriso, seppur rattristato, si riconfermò su quel mascherone biondo che era il suo viso. Caroli, da disperato come nel nostro ultimo incontro, era tornato serenamente, abitualmente, infelice.

Milano in quell'autunno era indecisa. C'erano giornate di sole dimenticate lì dall'estate, che si alternavano a un grigio elegante di smog. La popolazione si era arricchita di due nuove preponderanti categorie di cittadini: i "vù cumprà" e le giovani mamme. I "vù cumprà" nel giro di pochi anni si erano moltiplicati. Avevano diverse gradazioni di colore, ma lo stesso sguardo, quello che si indossa quando un sorriso speranzoso si piega in delusione.

Facevo la mia parte per risolvere il problema degli extracomunitari, comprando almeno una dozzina di accendini Bic al giorno. Li compravo uno per volta da persone diverse. Il denaro bisogna farlo girare. Si riunivano a gruppetti, verso l'ora di pranzo, intorno alle panchine dei giardinetti. Poco verde, molto nero. Mentre la gente comune, i miei nemici giurati, si sedevano a tavola, o mangiavano un panino nel bar sotto l'ufficio, gli africani consumavano all'aperto il rito del pranzo, cercando di non pensare al freddo che sarebbe venuto con l'inverno, aiutati da bottiglie di birra formato famiglia, acquistate in supermarket in cui venivano accolti con diffidenza. Forse mi piacevano per via della comune passione per la birra.

Ogni tanto, se qualcuno rifiutava l'accendino, li sentivo dire "Amico, da' qualcosa, ho fame" con estrema dignità. Non la richiesta del mendicante cieco, ma dell'uomo in difficoltà che vede con occhi tristi. Ogni loro pranzo con un panino e troppe bottiglie di birra pareva una edizione aggiornata dell'Ultima Cena.

Le giovani mamme erano un discorso a parte. Ci sono sempre state giovani mamme, ma proprio nel momento di calo demografico, le giovani mamme si erano costituite in un massiccio inconsapevole movimento di individualità. Le riconoscevi da dietro, da come camminavano per via Torino. Avevano sederi in fuori, capelli sul biondo con nastri. Sembravano ragazzine. Sorpassandole, le vedevi in faccia. Avevano visi abbronzati, dall'estate precedente, dalle lampade, dalle Maldive, qualche abbozzo di rughette. Linea invidiabile nei jeans aderenti, accessori che ne denunciavano il benessere e la classe sociale di appartenenza. Non capivi che erano mamme, ti sembravano solo neotrentenni in forma smagliante finché non si fermavano a guardare negozi di giocattoli o "Tutto per il vostro bambino". Non potevano essere incinte, vista la forma fisica. Ma anche senza carrozzina, dagli sguardi professionali e teneri, intuivi che, elementare Lazzaro, erano giovani mamme. Ragazze madri anomale, in quanto sposate. Ma madri e ancora ragazze.

Alle Colonne di San Lorenzo Caroli, additandomene una, disse: "Lazzaro, io ci provo".

"Ma come, non hai nessun rispetto per le mamme?"

"Per la mia sì. Ma questa..."

"Non essere egoista Antonello. Dalle almeno il tempo di separarsi." Forse Leona non aveva tutti i torti: sotto sotto ero un dannato moralista.

Le quattro del pomeriggio sono un'ora strana. Via Torino era piena di gente di tutte le età. Di simil punk, che stazionavano di fronte ai fast-food, di giovani mamme, di "vù cumprà", ma soprattutto di quella gente comune che inspiegabilmente non stava lavorando. Belli. Brutti. Fotomodelle dai visi paciosi e dalle gambe di fenicottero consultavano piantine di Milano, in cerca di orientamento, di sostentamento, di cappuccini, di cocaina, di amici. Ragazzotte sui pattini a rotelle distribuivano volantini annuncianti "Grandi svendite". Arcigni testimoni di Geova distribuivano volantini, "La torre di guardia", annuncianti la fine del mondo. Era da poco finita l'estate e quelli volevano già la fine del mondo. Meglio lasciar perdere.

C'erano anche venditori di caldarroste, un andino che suonava il charanco, e un paio di skater che avevo notato da un pezzo, a prudente distanza dalle nostre spalle. Non so da quanto ci stessero seguendo, ma via Torino è troppo affollata per i patiti di skate-board. Così, senza avvisare Caroli, decisi di farci seguire, sempre che ci stessero seguendo, in un territorio a loro più congeniale.

In largo Corsia dei Servi sorge il Teatrino. Il Teatrino è il tempio del pornoshow milanese. Ci si esibiscono le Ilone, le Moane, le Petre e discepole. Chi è senza peccato scagli la prima Petra. Ci ero entrato un paio di volte, la prima quando facevo il giornalista, per intervistare Ilona. La seconda volta per sperimentare il voyeurismo che la professionalità della mia prima volta lì mi aveva negato. Era stata una duplice delusione. Preferivo il western. A breve distanza dal Teatrino un posteggio sotterraneo, e lì in superficie le evoluzioni dei ragazzi in skate-board che avevano sostituito i paninari, i sambabilini, gli scapigliati e i carbonari dell'altro secolo.

I due che ci avevano seguito sin lì non si aggregarono agli altri. Erano in qualche modo diversi. Privi del walkman che avrebbe dato una colonna sonora alle loro evoluzioni. Se come pedinatori si erano rivelati dilettanti, sui loro skate-board invece si erano mossi con efficienza. Senza divertimento, però. Senza esibizionismo. Ruotai su me stesso come per accendermi un sigaro controvento e li studiai. Sulla trentina, volti anonimi, ginocchiere colorate. Quel che vidi non mi piacque. Presi per un braccio Antonello dicendogli: "Ti va' di vedere un pornoshow?".

"Offri tu?"

"Naturalmente."

"Andata."

Caroli mi seguì. Scendemmo le scale. Sul palco una ragazza coi capelli rossi e stivaloni di plastica si stava masturbando con qualcosa di imprecisato, cantando, su base registrata, una canzone che diceva pressappoco così:

Il mio corpo è un vero porco.
Mi striscia mi strozza mi attizza.
Il mio corpo ha dentro il fuoco.
Se mi lecchi, mi bruci, ti strusci per gioco.

"Shakespeare," commentai.

"È un po' magrolina," disse Caroli.

Non riuscivo a vederla in faccia. "Sono ancora più miope," dissi a me stesso. Per un attimo avevo creduto potesse essere Leona che faceva le cose in grande. Il pubblico era costituito prevalentemente da anziani, qualche militare, un giapponese e una teoria di quarantacinquenni che si tenevano la ventiquattrore all'altezza dello scroto, con mani serrate, come per impedire l'esplodere di un'erezione a vuoto, un'erezione a salve. Diedi di gomito a Caroli, ma era come rapito.

La rossa invitò qualcuno del pubblico a salire sul palco. Prima che potessi trattenerlo, Caroli si offrì. Alzandosi in piedi. Anche un paio di pensionati si erano offerti, ma l'allampanato equino metro e novanta di Caroli era già uno spettacolo. La sua foia prepotente ridicolizzò le miserabili piccole foie di un'andropausa collettiva e galoppante. Caroli galoppò verso il palco.

La rossa lo interrogò passandogli il microfono: "Che bello stallone, come ti chiami?"

"Antonello Caroli, attore."

"Oh, un attore..." la rossa emise un gridolino, "è per questo, perché sei un attore, che vieni al Teatrino?" Voleva essere una battuta. Nessuno rise. Per invidia.

"Ma, io sarei un attore di cinema..."

Un vecchio seduto al mio fianco cercò di fischiare, mentre un filo di saliva gli scendeva dalla bocca. Non riuscii a resistere ed esplosi in quella mia tosse nervosa che si risolve in conati di vomito a vuoto. Mi succedeva sempre quando diventavo spettatore involontario di qualcosa che turbava il mio senso estetico: un barbone agonizzante, dei capelli con forfora grossa come sassolini, il vomito altrui, il cerume nelle orecchie, l'insalata russa. Il vecchio al mio fianco, per puro spirito di emulazione prese a tossire sino a strozzarsi. Tossivamo così forte da coprire il sottofondo di *Il mio corpo è un vero porco* e le facezie che Caroli e la rossa si stavano scambiando sul palco. Il mio vicino di tosse, poi, fece il gesto conclusivo, l'estremo insulto a me, duro di tutto ma debole di stomaco: si tolse la dentiera.

Non riuscii a resistere, balzai in piedi e raggiunsi Caroli sul palco con un fazzoletto sulla bocca.

"Quanta foga," disse la rossa.

"Quanta figa," commentò Caroli lanciatissimo come pornospalla.

"Come ti chiami?"

"Lazzaro."

"Hai una brutta tosse. Vuoi toccarmi qui? la curiamo subito." Mi prese una mano e se la passò sul seno. La sala tutta cominciò a tossire.

"Calma, calma, adesso scendo tra voi" annunciò la diva non tanto casta. "Dimmi Lazzaro, hai qualche curiosità nei miei confronti? Vuoi chiedermi qualcosa?"

Caroli, che stava diventando geloso nei miei confronti, mi prevenne con una di quelle domande idiote che solo i giornalisti sanno fare: "Hai qualche hobby?".

"Oh sì. Faccio le parole crociate."

"Scommetto che fai solo le orizzontali," le dissi tossendo. Non l'avessi mai fatto. La rossa aveva un certo senso dell'umorismo e credeva nell'astrologia.

"Di che segno sei?" mi chiese dimenticandosi del suo pubblico.

Era esattamente come quando vivi un momento che ti sembra di aver già vissuto. Alla mia risposta, qualsiasi risposta le avessi dato, la signorina Felicita avrebbe risposto "Gran chiavatore".

"Leone."

"Bel segno. Caldo." La rossa, volendo, sapeva usare gli eufemismi.

Caroli, gelosissimo, si precipitò a sostenere: "Anch'io sono del Leone".

Il pubblico in sala rumoreggiava. Aspettava la dea sbendata per approfittarne, sia pure con palmi di mano sudaticce, piuttosto che restare con palmi di naso.

La dea guardò me, poi guardò Caroli, e stavolta senza microfono ci disse: "Scusatemi, debbo pur lavorare". Scese tra il pubblico di aspiranti brancicatori, vestita solo dei suoi stivali di plastica.

Si sedeva per brevi secondi sulle ginocchia di qualche assatanato che tentava, a modo suo, di fare dell'introspezione. A lei. Poi passava a qualche fila successiva.

Caroli e io restammo lì sul palco, impettiti, rigidi, impotenti, come statue di sale. Finalmente lady Godiva appiedata, tornò al nostro fianco e annunciò ai suoi lubrici estimatori: "Lo spettacolo è finito. Andate in pace", retaggio di un'educazione cattolica.

Dal palcoscenico scendemmo in platea, e dalla platea raggiungemmo la galleria dove, in una sorta di nicchia, un bar prometteva agli aficionados di scambiare qualche chiacchiera con le belle di giorno, di giorno, con le belle di sera, di sera. Le belle di notte, no. Erano bandite dal locale. Il pornoshow non ha niente a che vedere con la prostituzione. È più simile, forse, allo psicodramma. Stavo per pagare a un barista annoiato un'enormità – una birra per me, un caffè per Caroli e un succo di frutta proibito per la rossa – quando lei ci prevenne: "Lasciate stare ragazzi, offro io".

Caroli era ipnotizzato dal fatto che la rossa fosse una falsa magra. Io la guardavo. Aveva un viso grazioso e bucolico. Una bella ragazza di campagna che aveva rifiutato nella vita sia di fare la mondina che di fare la mondana. Era arrivata giovane al 'giusto mezzo' confuciano. Mi congedai da Caroli e dalla nostra conquista, nonostante lo sguardo deluso di quest'ultima.

Risalii le scale e mi guardai intorno. Il buio oltre la siesta. Era sera. Sì. Era una sera sì, dopo tante giornate no. Nessuna traccia dei nostri pedinatori in skateboard. Via libera. Raggiunsi Caroli e la rossa.

"Scusa rossa. Dobbiamo proprio andare."

"Mi chiamo Luana."

"È un nome d'arte?"

"No. Una predestinazione," sorrise.

Caroli tentò di protestare. Fui irremovibile.

"Antonello, ti devo parlare. Ci avevano pedinato. Qui, se vuoi, possiamo tornare domani." Abbandonammo Luana al proprio destino e ci occupammo del nostro. Caroli era sognante.

"Pensa Lazzaro, mi ha raccontato la storia della sua vita."

"In cinque minuti?... Beh, perché no, in fondo sotto il trucco è così giovane."

Fuori dal Teatrino c'era il resto del mondo. Lo potevi respirare a pieni polmoni. E poi tossire, tossire, sognare forse.

"Perché mi hai fatto fretta?" chiese Caroli.

"Eravamo seguiti. Ho preferito uscire di lì, perché dopo la nostra esibizione temevo ci chiedessero il bis."

"E non ti sarebbe piaciuto?"

Caroli era attratto dalle luci della ribalta, forse perché non lo avevano mai illuminato appieno. Lo avevano incontrato, questo sì, come il raggio di una pila incontra un angolo vuoto, per poi proseguire alla ricerca di qualcos'altro. Ma Caroli era un angolo ottuso: non si era mai arreso. Viveva la sua surreale carriera con prepotente consapevole orgogliosa ignoranza. Al punto che se Strehler lo avesse chiamato per recitare al Piccolo Teatro di Milano, Caroli avrebbe ingenuamente risposto: "Ma non si potrebbe farlo in un teatro più grande? In fondo io sono un professionista".

E lo era davvero. Professionista di se stesso. L'unico, inimitabile Antonello Caroli. L'uomo che si vantava di aver letto solo due libri nella propria vita: *Le confessioni* di Sant'Agostino pensando che fosse un giallo e *Bardot, Deneuve, Fonda* la biografia amorosa di Vadim con Brigitte, Catherine e Jane.

"Siamo all'aria aperta, Antonello. Immagina che sia primavera."

"È autunno e c'è la piaga."

"Immagina di essere innamorato."

"Mi sono appena innamorato e tu mi hai fatto perdere Luana per le tue paturnie."

"Immagina di essere ricco."

"A proposito, Lazzaro, mi presteresti un deca?"

"Antonello. Immaginati di essere qualcun altro, Cristo! Sei la morte dell'immaginazione."

Comparvero sulle loro tavole nello spazio deserto.

Erano tornati. Tornati per noi. Si erano coperti il volto con una mascherina antismog. Li indicai a Caroli: "Guarda, sono tornati".

"E allora?" chiese Caroli prima di vedere i rasoi.

Lo skater con le ginocchiere rosse cominciò a girarci intorno come un avvoltoio. Il suo compagno con le ginocchiere gialle si esibiva in salti, in evoluzioni, facendo balenare la lama del rasoio. Poi caricò. Il rasoio aprì l'imbottitura delle spalle della giacca di Antonello. Era stata solo una dimostrazione. Ora volevano il sangue. Caroli cercò di colpirlo, ma Ginocchiere gialle, lestissimo, saltò altrove non senza recidere il lobo dell'orecchio sinistro di Antonello. Antonello, al suolo, inebetito dalla rapidità dello skater più che dal dolore, non riuscì nemmeno ad alzarsi.

Ginocchiere rosse puntò me. La situazione aveva l'incredibile credibilità dell'incubo. A pochi metri da noi l'affollata serotina sfilata di corso Vittorio Emanuele; ma lì, dove eravamo, un silenzio talmente massiccio da ostruirci le parole in bocca, da farci ingoiare le richieste d'aiuto. Nelle ultime settimane avevo schiaffeggiato solo donne. Parenti per di più: Leona e sua cugina. Era ora di fare qualcosa.

Mi sfilai l'husky bordeaux e come un torero, incitai Ginocchiere gialle a caricarmi, dando modo a Caroli di rialzarsi. Sì, lo so, sarebbe stato preferibile sbandierare un husky rosso, ma forse Ginocchiere gialle non era un toro, né era del Toro (gran chiavatore). La paura era cessata. La paura è l'attesa dell'evento. L'azione ne è l'antidoto. Mentre Ginocchiere gialle srotellava prima di caricare, presi l'iniziativa: lanciai un urlo guerresco e lo caricai io. Non se l'aspettava. Gli volai addosso e rovinammo sul marciapiede. Stavolta il culo se lo ruppe lui. Non voleva mollare il rasoio. Sollevai il suo skate-board e glielo piantai all'altezza del plesso solare. Ginocchiere rosse tagliò l'aria. Il suo rasoio era levato quando un pugno di Caroli intercettò il polso dell'aggressore. Questi mollò il rasoio. Caroli spinse uomo e tavola con tutta la propria forza. Ginocchiere rosse tentando di riprendere il controllo del mezzo sfondò la vetrata del cinema Mediolanum e volò sulla cassa.

Pungolai con lo skate-board Ginocchiere gialle: "Chi cazzo sei?".

Quando... Quando un gruppo di innocenti skater, una quindicina di pacifici sportivi babbioni, infranse il silenzio in cui il duello si era consumato ed equivocò. Lo spettacolo che gli si stava presentando era in effetti equivocabile. Uno spilungone con un orecchio insanguinato e il suo degno compare, stavano 'torturando' un povero skater.

"Ragazzi, addosso!" gridò uno di loro.

Non c'era tempo di spiegare loro che i 'buoni' eravamo noi. Lanciai la tavola nel gruppo gridando a Caroli:

"Viaaa!". Caroli non se lo fece ripetere. Corremmo col respiro della vendetta che ci alitava sulle spalle. Sfrecciammo tra la folla. Finalmente, una volta tanto, la gente comune (mezzo gaudio). I nostri inseguitori non demordevano. Arrivammo sbuffando al posteggio dei taxi di piazza San Babila. I ragazzi ormai ci erano addosso. I taxisti assistevano in attesa della fine del turno.

Mi avvicinai al condottiero degli skater che stava per dare il segnale di apertura delle ostilità e col mio vocione possente e iroso improvvisai: "A chi hai detto taxista di merda?".

I taxisti si risvegliarono. Resuscitarono. Guarirono, chi dal mal di vivere, chi dal mal di schiena.

"Io... Io..." balbettò il duce a rotelle.

"Tu cosa, faccia da pirla" chiese il duce dei taxisti, un sessantenne vigoroso con un giaccone di pelle consumata come un giornale pornografico in un carcere minorile.

"Io io..."

Non c'è niente da fare. La macchina finirà per uccidere l'uomo. In effetti Tango 34, un Citroën, sgommò e salendo sul marciapiede atterrò il gruppo sulle tavole facendo tabula rasa. Prima che arrivasse la polizia, Caroli e io eravamo già su una carrozza della metropolitana.

"E adesso dimmi tutto. Chi sono?"

"Chi sono chi? Non li hai visti? Taxisti e skater."

"Non fare il finto tonto. Parlo dei due che ci hanno aggredito coi rasoi. Ci hanno seguito da oggi pomeriggio. Hanno aspettato che risalissimo dal Teatrino. Ce l'avevano con te."

"Perché proprio con me. Non avrebbero potuto avercela con te?"

"Improbabile. Tutti quelli che ce l'avevano veramente con me non sono più in circolazione. Ho solo amici. Il mondo mi ama."

"Non potrebbe essere qualche vecchia storia?"

"E perché avrebbe aspettato tanto tempo... a meno che... Leona forse..."

"Leona?"

"Leona Pavesi... o forse sua cugina... Leona è una specie di ninfomane..."

"Quando me la fai conoscere?"

"Caroli, ti sembra il momento? Come va l'orecchio?"

Antonello impallidì. "No. No. Non farmici pensare."

"Non sapevo che avessi paura del sangue. In fondo ti hanno tagliato un pezzo di carne inutile."

"E non ci pensi al cinema? Che parti vuoi che mi diano senza lobo?"

"Eh già. Tu recitavi a orecchio."

"Non scherzare Lazzaro. Col cinema ho chiuso definitivamente."

"Datti al teatro. Potresti fare il *Mercante di Venezia* e quando Shylock ti chiede 'la libbra di carne umana' che gli è dovuta, puoi sempre dirgli: 'Ma come, le ho già dato un acconto'."

Caroli non conosceva Shakespeare. Conosceva me. E io conoscevo lui.

"Di' la verità, Antonello, recentemente hai fatto qualcosa... a qualcuno. Come va coi cavalli?"

"Quelli su cui punto io non arrivano mai. Del resto..." un fanciullesco sorriso lo illuminò per un atomo di tempo, "...del resto se vincessero mi sentirei tradito."

"Non hai guai con gli allibratori, allora."

"No."

"D'accordo. Fingo di crederti, ma se c'è qualcosa è meglio sputarlo subito." Pensai alla dentiera, alla saliva del vecchio del Teatrino e fui colto dal mio accesso di tosse nervosa.

"Lazzaro, dovresti smettere di fumare," commentò Caroli più materno che paterno.

"E di bere no? Sai Caroli," proseguii, "cosa mi è veramente spiaciuto di stasera?"

"Cosa?"

"Cha tra i taxisti non ci fosse Pogo il dritto."

Che Caroli mi avesse mentito o meno, in fondo... non potevo contare sul suo naso per accertarlo. Non era Pinocchio. Era Antonello Caroli e la sua vistosissima protuberanza legata a un colpo di badile che ormai apparteneva alla leggenda. Del resto Caroli mi aveva raccontato la verità, tutta la verità, tutt'altro che la verità, sulla 'sua' "Piaga d'autunno".

Forse il punto era proprio questo: se uno ti dice in un'occasione tutta la verità, gli si crea intorno un vuoto tale che va riempito con mille piccole bugie. E mille piccole bugie erano tutto quello che sapevo di Nicky. Per questo motivo ero tanto turbato: di lei sapevo solo il falso. Ma questo 'falso' la manteneva in vita, assente o presente che fosse. Ora che del suo 'falso' si era impossessata un'altra, una sconosciuta, mi faceva pensare che Nicky fosse definitivamente scomparsa mentre le sue bugie le erano sopravvissute. Il che mi immergeva in antri che non volevo esplorare: Dio.

Le 'storie' di Nicky continuavano senza Nicky. Forse Nicky non era mai esistita e la ragazza che cinque anni prima mi si era presentata come Nicky, non era altro che una temporanea depositaria delle balle di una Nicky che forse non era mai esistita.

Così era per la religione. Io che credevo in Dio solo ogni tanto, in quell'ogni tanto avevo bisogno di credere che Dio, per quanto ballista potesse essere, esistesse davvero. Ma se la parola di Dio, tramandata, era come le parole di Nicky, ci potevano essere mille idee e mille Nicky pur non esistendo l'originale. Le balle, forse, si erano autogenerate e non c'era Dio, non c'era Nicky, non c'era niente se non qualcuno che le raccontava a quel qualcun altro che ne avrebbe raccolto il testimone.

E il Narratore, sacerdote delle bugie di Nicky e di Dio, che non esistevano, le raccontava a gran voce, ossessivamente, liturgicamente, perché almeno UNO, pur senza credergli, le imparasse, le mandasse a memoria per garantire una continuità.

Mi svegliai in un letto di sudore. Uno sparo. La tivù di fronte al mio letto era accesa e davano un western. Altro che il Teatrino. Tant'è vero che mi svegliai con una erezione. L'erezione scemò rapida come uno squillo, uno solo, di telefono.

"Pronto."

"Lazzaro, sono Carne."

"Che ore sono?"
"Le due."
"P.m. o a.m.?"
"P.S. Pubblica Sicurezza. Stasera la pula ha fatto una retata al Merlino e Magò. Cazzo, dovevi esserci. Uno spettacolo!"

Carne, che si era perso i tempi d'oro degli scontri con la polizia, cercava di recuperarli in ritardo, con le minuzie.

"E mi telefoni per raccontarmi la tua clandestinità da retrobottega?"

"No. Ti ho telefonato per scusarmi di ieri. Dopo che mi hai raccontato tutte le tue fisse sulla tipa che raccontava le stesse balle della Nicky, oggi ho cercato di rintracciare la cicciottella per sdebitarmi del fatto che mi hai riaccompagnato a casa ciucco come una melanzana."

"La ciccia chiama ciccia."

"Ma sì, quella che Nicky spacciava per sua sorella. Quella che le reggeva il gioco."

"Risultato?"

"Adesso bazzica il centro. Sta con uno... sai, quei pirla che vanno in giro con lo skate-board".

Una pista. Una pista di skate-board!

"E allora?"

"Allora ci andiamo domani pomeriggio."

La differenza tra 'domani pomeriggio' e 'oggi pomeriggio' consiste in un lasso di tempo in cui dormirci su. I giorni non passano. Si raggiungono. Il tempo non vola. Nuota. Verso il mare aperto, dove c'è chissà cosa. Le colonne d'Ercole. Le colonne di San Lorenzo. Largo Corsia dei Servi.

Carne aveva insistito per accompagnarmi. Piazza del Duomo ci investì con ondate di piccioni. Detestavo i piccioni, non proprio come i pipistrelli, ma quasi.

Carne si era "travestito da skater". Nessuno ci avrebbe creduto. Pantaloni elasticizzati, ginocchiere, walkman senza cassetta per ascoltare la musica, una tavola imbracciata come un cosciotto di vitello.

Ignorando i miei recenti trascorsi con gli skater, Carne era sereno e, come sua consuetudine, pontificava. Stavolta sul sesso.

"Vedi Lazzaro, secondo me la donna, la vera donna deve avere il pube imberbe."

Gli lanciai un'occhiataccia e proseguii nel mio turbato silenzio. Finché: "Carne, guarda quella. Hai visto che figa?".

"Quale, quale?" mi fece eco Carne.

Gli indicai una bambina che avrebbe potuto avere sette o otto anni.

"Ma avrà dieci anni" disse Carne, che esagerava sempre.

"Senz'altro, ma sai che pube imberbe!"

Chiunque altro si sarebbe scoraggiato. Carne no. Pur spacciandosi per anarchico aveva un grosso spirito imprenditoriale. Spesso, troppo spesso, mi proponeva di entrare in società con lui. Carne ci avrebbe messo le idee e io quello che restava del patrimonio della compianta zia Olghina, morta in Forlì, alla bella età di ottantacinque anni, nel 1977.

"Lazzaro, questa sì che è un'idea. Pensa, aprire a Milano un negozio stile Amsterdam: 'Il paradiso del pedofilo'."

"Carne."

"Sì?"

"Vaffanculo!"

La finta sorella di Nicky era dimagrita. Non era più cicciottella.

Non era più bugiarda.

"Ciao. Ti ricordi di me?"

"Tu sei... Lazzaro, vero?"

Gli skater non mi guardavano, distratti dalla mise di Carne. Uno solo di loro avanzò il sospetto: "Ehi, ma tu ieri sera non eri per caso...".

Era l'unico di quel gruppo a esserci stato. Lo guardai dritto negli occhi dicendogli: "No. Non ero io. E se c'ero era per caso".

La finta sorella di Nicky non era più la finta sorella di Nicky. Con i dieci chili di peso adolescenziale si era persa pure il ruolo di finta sorella di Nicky e aveva guadagnato un nome proprio: Claudia.

"Sei migliorata," le dissi.

"Trovi?" ribatté conscia e civettuola.

"Sì. Sembravi una trota farcita."

"E adesso?"

"Sembri solo una trota." Si rabbuiò. "Scherzavo, scusami. Vorrei che tu mi raccontassi tutto quello che sai veramente di Nicky, a cominciare da dove è finita."

Claudia arrossì, poi aggiunse: "D'accordo, ma non qui".

"Dove?"

Uno skater abbronzato ci si accostò: "Nicky, ti dà fastidio?".

La guardai: "Il lupo perde il pelo, eh...".

Claudia, decisamente migliorata, si girò verso il suo presunto cavaliere: "Claudia. Io mi chiamo Claudia. Ti ho detto mille volte che adesso devi chiamarmi Claudia".

5.

"Morire è dispersivo. Specie se ti seppelliscono in una tomba di famiglia. Come zia Olghina, sa, quella che mi ha lasciato il grano per comprarmi l'indipendenza. Vorrei ringraziarla ogni tanto, portarle dei fiori, ma è seppellita a Forlì nella tomba di famiglia. Quando ci vado, oltre al suo nome ne leggo un sacco di altri e per me sono sconosciuti. Zia Olghina non era proprio mia zia. Aveva ottant'anni quando io ne avevo sedici. In realtà era mia cugina di quarto grado. Nubile a ottant'anni, un metro e cinquanta di carattere e due metri di statura morale. Beh, i suoi nipoti più prossimi erano molto meno simpatici di me, così mi lasciò i suoi terreni. Li ho venduti, naturalmente, ma ricevo ancora l''Eco della Barbabietola', un mensile specializzato. Nessuno ha detto all''Eco della Barbabietola' che con vigneti e barbabietole non c'entro più nulla."

"Ma i suoi non erano trentini?" mi chiese la mia angelicata analista in visibile stato di disorientamento da eccesso di autobiografismo e da carenza di metafore.

"I miei da parte di madre. Da parte di padre erano invece romagnoli. Sa che mia madre mi ha raccontato che quand'era piccola, in Trentino, si mangiavano i gatti. In Romagna, invece, sono mangiapreti," aggiunsi come per spiegare tutto.

"Mi stava dicendo che la morte è dispersiva."

"Certo. Ora ricordo," perdevo sempre il filo, con le conseguenze del caso, per Teseo, per Arianna e per il Minotauro. "Beh... ogni volta che vado a trovare zia Olghina, una volta ogni anno circa, le porto dei fiori. Poi mi ritrovo davanti il suo monumento funebre. È enorme, più alto di quanto fosse lei. Beh, ci sono incisi tutti i nomi degli antenati. È frustrante. Credo che sia come andare a trovare un moribondo in corsia o un detenuto al parlatorio. Ci sono troppe storie nello stesso luogo per soffrire veramente solo per una. Diventi quasi indifferente. Così mia zia Olghina mi sembra il Milite Ignoto. Le lascio i fiori e cerco un locale in cui suonino la tromba."

"Perché mi ha parlato di sua zia Olghina?"

"Perché la sto pagando coi suoi soldi, e poi in questi giorni penso molto alla morte."

"La sua?"

"Eh, no. Alla mia ci penso da sempre. Sto pensando alla morte di Nicky. Quella vera. Oddio, nel suo caso sarebbe meglio dire quella finta, ma mi riferisco a Nicky, la prima, quella originale."

Era già trascorsa una settimana dal mio ultimo incontro con la psicologa. In una settimana la confusione era talmente aumentata da essere solida. Più progredivano le mie scombinate indagini, e più mi avvicinavo al caos.

Forse la chiave stava proprio lì. Infilata nel caos. Stavo tornando al caos, quello precedente al big bang cosmico e ai bang bang dei miei sparatori e delle mie sparatorie. Stavo regredendo. Tornavo alla base. Polvere eri e polvere di stelle tornerai. Mi ero tagliato i baffi e anziché invecchiare, stavo ringiovanendo. Ma la mia non era l'eterna giovinezza, era più tragicamente un fenomeno biologico capovolto: morivo all'indietro.

Stavo morendo riavvicinandomi alla nascita. Sarei tornato adolescente, poi bambino, infine neonato. E a quel punto, basta con le parole. Solo vagiti. Vagiti male interpretati dagli adulti. L'incomunicabilità. Sino al mio rientro nell'utero. Poi dall'utero di nuovo al pene, tra altri irriconoscibili, indistinguibili, anonimi spermatozoi. Peggio della morte. La non vita.

La receptionist della settimana prima era stata rimpiazzata. Miss Chewing-gum non c'era più. La sostituta doveva avere una cinquantina d'anni, sfoggiava due lenti spessissime su occhiali dalla montatura severa. L'aspetto era segaligno, ostile.

"Mi scusi, che fine ha fatto la ragazza che era qui la settimana scorsa?"

"Era incinta." Lo disse con leggero disgusto e pesante disapprovazione. Lei non lo era, né mai le sarebbe capitato.

"Infatti mi sembrava un po' in carne. Di quanti mesi era?"

"Non più di un paio di giorni. Non è più venuta perché il padre l'ha scoperto e l'ha caricata di botte."

"Il padre del bambino?"

"No. Il padre della ragazza."

Ecco ritrovato il filo d'Arianna. Per questo avevo raccontato alla mia analista storie inerenti a mia zia Olghina. Ma ora che il filo tornava a me, sentivo l'amaro in bocca. Doveva essere un filo interdentale.

"Lazzaro. La scorsa settimana mi ha raccontato dell'incontro con..." consultò i suoi appunti, "...con Claudia. La finta sorella di Nicky. Poi cosa è successo?"

Il suo sorriso ottimista era una sfida. Che raccolsi.

Claudia mi raccontò tutto quello che sapeva di Nicky. Ci incontrammo di fronte al Museo della scienza e della tecnica. Per evitare romanticismi. Il Museo della Scienza e della Tecnica non è lontano dal carcere di San Vittore e dal teatro in cui Gianni Colla fa esibire le sue marionette.

Il punto d'incontro scoraggiava qualunque forma di vita: le marionette, nate morte, in prossimità di un carcere in cui si contavano e si scontavano anni di vita. Infine il Museo della Scienza e della Tecnica, che avrebbe rattristato anche da aperto, era chiuso: la Scienza e la Tecnica riposavano. Come l'incoscienza del sedere, il senso della frase e "Piaga d'autunno".

Un vento gelido e maligno salutò l'arrivo e la gonna di Claudia. Claudia, come tutte le ex ciccione, aveva dei pudori. Si riassettò la gonna giustificandosi: "Non porto le mutande".

"Nemmeno Nicky?" le chiesi per tornare in argomento.

"Non so. Vedi, io non la conoscevo bene. Anzi, in realtà, la conoscevo male. Non si potrebbe andare in un posto qui vicino che sia meno ventilato?"

"Preferisci la galera o le marionette?"

"La galera."

"Anch'io. C'è un bar di fronte a San Vittore."

Camminammo per via degli Olivetani sfilando davanti a pantere della polizia, posteggiate, ma potenzialmente minacciose. La presi per mano e lei mi chiese "Perché?", solo con gli occhi.

Io le risposi: "Ho un'aria poco raccomandabile. A due innamorati, per quanto fessi possano essere, non si chiedono mai spiegazioni".

Annuì. Il Bar Tabacchi era, naturalmente, saturo di poliziotti. Il luogo ideale in cui estorcere una confessione. Claudia ordinò un cocktail di frutta. Conosco poche ragazze che non ordinino un cocktail di frutta. Per me chiesi una birra. Tutti guardavano Claudia, la ex cicciona. Nessuno fece caso a me, visto che avevo l'aria sufficientemente equivoca per sembrare un poliziotto in borghese.

"Come hai conosciuto Nicky?"

"È difficile da spiegarti. Io andavo al White Bear con altre compagne di scuola per vedere i modelli."

"Dove andavi a scuola?"

"Alle Marcelline. Lì dietro."

"Continua."

"A me piaceva un modello, un certo David. Ci morivo dietro. Nicky un giorno mi si è avvicinata e mi ha chiesto se mi piaceva David. Le ho detto di sì, naturalmente, e lei mi ha presentata a David. Parlava inglese e benissimo. Sennoché c'era un problema..."

"Lasciami indovinare. Tu avevi quattordici anni e David era un 'culo'."

Claudia mi fissò: "Quasi. Io avevo quindici anni e David era bisessuale. Stava con uno. Un certo George. George era geloso".

"E allora?"

"Ti sembrerò stupida, ma mi innamorai di George".

"Figurati. Anch'io mi innamoro in media due volte al giorno. Raccontami di Nicky."

"È stato lì che Nicky mi ha... come dire... conquistata. Lei mi aveva presentato David e George. Era più grande di me e... sai, ti ricordi, io allora ero grassottella e complessata, mentre lei era brutta, questo sì, ma si comportava come se fosse la più bella donna del mondo."

"Come Leona?"

"Chi?"

"Lascia perdere..."

"Nicky mi affascinava. È difficile da spiegarti. Mi raccontava storie che ero quasi sicura fossero balle... ma io... in quel momento avevo bisogno di balle. Capisci? Dopo un paio di settimane che andavo lì, mi sono resa conto che ci andavo più per il mondo di Nicky che non per David e George. Nicky, che era brutta, ma si era fatta il book. Nicky che mi indicava ogni nuovo modello che arrivava al White dicendomi: 'È il mio ex ragazzo'. Nicky non si vergognava di conoscere la gente. Si sentiva talmente 'bellissima' che in fondo, per me, lo era veramente. Un giorno mi propose di diventare sua sorella e io accettai. Pensa che bello diventare la sorellina di Nicky. Non capisci?"

"Non del tutto. Ho sempre preferito essere una leggenda che non la sorella di una leggenda."

Si illuminò. "Allora capisci Nicky?"

"Sì, ma solo adesso."

Dopo tre cocktail di frutta Claudia era ormai ciarliera: "Nicky mi veniva a prendere a scuola. Le mie compagne mi chiedevano chi fosse e io rispondevo: la mia sorellastra. Sempre meno falso che se avessi risposto: mia sorella. No?"

"Come no. Ma non hai mai cercato di scoprire la verità?"

"No. Non la volevo, e non la voglio neanche adesso. Quando Nicky è scomparsa, improvvisamente, ho cominciato a dire in giro che mi chiamavo Nicky."

"Sai che ce n'è un'altra? L'ho vista giorni fa. Ha raccontato al White le stesse balle che raccontava Nicky. Mi sono preoccupato. Ma ora che me lo dici tu... in fondo Nicky è un rito di passaggio, vero?"

Mi guardò turbata. "Non so, sai, quando Nicky è sparita io non raccontavo le storie di Nicky. Mi sono impossessata solo del nome. Le bugie mie preferisco inventarmele da sola."

"Come hai smesso?"

"Me lo chiedi come se fossi una drogata. Col metadone, no? Ho smesso a poco a poco. In ogni cazzata infilavo un po' di verità, finché le cazzate non sono sparite del tutto."

"E adesso?"

"Adesso mi chiamo Claudia."

"Claudia, mi dai il tuo numero di telefono?"

Il telefono di Claudia ce l'avevo. Ma probabilmente non l'avrei mai chiamata. Faccio sempre così, raccolgo numeri di telefono, di promesse di futuro che non chiamerò mai. Non le chiamo perché dopo un paio di settimane dall'incontro, il loro nome mi è ignoto non meno del loro numero. La Santissima Trinità, di nome, numero e persona non si realizza.

O le chiamo e mi innamoro subito, o le conservo per l'inverno e non le chiamerò mai, anche perché, dopo qualche settimana, io non mi ricordo di loro e loro non si ricordano di me. Per questo mi fidanzavo immediatamente con dieci ragazze in contemporanea. Per farle durare di più. Cartucce, bossoli di amori non sparati.

La Fiera di Milano per me funzionava così. Entravo in una Fiera qualsiasi, che fosse Milanovendemoda piuttosto che Milano Medicina, mi innamoravo di due modelle o di due farmaciste, ma finivo col chiamare una sola modella e una sola farmacista. Quando le mie riserve di entusiasmo per la prima modella e per la prima farmacista stavano per esaurirsi ed ero sul punto di chiamare ancora la seconda modella e la seconda farmacista, nel calendario subentrava prepotentemente un'altra Fiera: la Milanovendedroga, così prendevo il numero di telefono di due tossicodipendenti o di due spacciatrici. Sempre due. Mi sono chiesto e mi chiedo, che fine abbiano fatto le numero tre.

Ma mi chiedevo soprattutto che fine avesse fatto Nicky. Di Pogo non mi preoccupavo più di tanto. Dovunque fosse, in giro col suo taxi, Pogo il dritto era in grado di cavarsela da solo.

Mia madre, mia nonna e il mio cane tornarono. Insieme. Non in questo ordine. Si riappropriarono dei propri spazi delimitando il proprio territorio affettivo. Mia madre non era mia madre: era la mamma. Nei momenti di 'brutta' la odiavo. Nei momenti di 'buona' la amavo. Noi momenti normali, quand'ero in giro, me ne dimenticavo. Come tutti.

Quando drammatizzava diceva: "Quando sarò morta ti ricorderai del male che mi hai fatto". Quando voleva essere consolatoria proclamava: "Sei il mio bambino". Odiavo, amavo, e dimenticavo mia madre, come tutti, credo.

Sfogliai i giornali dopo una notte in cui avevo dormito malissimo. Cercavo Nicky dappertutto. Sicuro che fosse morta la cercavo ovunque fuorché nei necrologi, anche perché, se fosse stata effettivamente morta, mai più l'avrei trovata nei necrologi sotto l'improbabile nome di Nicky.

Passavo in rassegna la cronaca nera col suo involontario macabro umorismo. L'orrore degli altri è uno spettacolo. Un tossicodipendente aveva iniettato eroina in vena a sua nonna che stava male, per cercare di tirarla su. La donna era entrata in coma e il nipote era stato arrestato. Cercava di proclamare la propria buona fede con scarso successo. Finché, finalmente, miracolosamente, la nonna era uscita dal coma. Uscire dal coma lascia sempre un po' spaesati. È quasi come uscire dalle porte girevoli di un grande albergo.

Una volta interrogata da premurosi operatori sanitari che si informavano sulla sua salute, la quasi vittima si era sentita in obbligo di dichiarare: "È stato bellissimo. Mai stata meglio".

Già, cercavo Nicky e trovavo commedie, tragedie e farse, che del resto stuzzicavano, occhieggiando su due colonne, la mia necessità fisica di commedie, tragedie, farse. La storia di nonna e nipote, per esempio, mi spingeva a riflessioni di natura sociale: i vecchi. Perché recluderli in ospizi con lo pseudonimo di Casa di riposo. Quello era un delitto. Non eutanasia. Perché stiparli in pullman della parrocchia e spedirli a Lourdes o sul lago di Garda in mortali gite 'tutto compreso'. No. Forse la soluzione l'aveva involontariamente avuta a portata di siringa un nipote sbandato e affettuoso: il viaggio.

Un viaggio di eroina che a ottant'anni, se non altro, non rovina la gioventù. Un viaggio nei paradisi artificiali, una specie di anteprima del Paradiso definitivo. Non drogatevi. Drogate i vostri nonni. Hanno già fuorviato la sifilide, resisteranno anche all'Aids.

Cercavo il volto di Nicky nella cronaca nera e trovavo puntualmente sua madre, la sua presunta madre Joan Collins, nella cronaca rosa. Tra i corpi senza volto in attesa di identificazione che puntualmente si affacciavano senza faccia, alla pubblica disattenzione, non mi sfuggì il cadavere rinvenuto da un altro cadavere, in prossimità di un luogo con un fiume dal nome stupido. Un portatore di handicap e di sidecar, pescando in un fiume senza troppi pesci, aveva agganciato un cadavere la cui decomposizione definitiva era stata trattenuta dalla formalina. Un altro pescatore, un certo Martin, era morto sul corpo di colpo. O forse sul colpo del corpo inaspettato. Anche questa notizia era scritta per strappare un sorriso ai cinici. Sennonché il particolare della formalina rendeva morbosa la gag. Mi segnai sull'agenda la località in cui la morte si era divertita e la vita talmente scocciata da andarsene altrove, e passai al vaglio altre scomparse.

Nessuno skater cercò di sgozzarmi nei giorni seguenti. Ripresi ad andare ai provini. A mettermi di profilo e a sorridere anche quando non ne avevo voglia. Non solo, dovetti rifarmi il composite, visto che sul mio biglietto da visita fotografico comparivo ancora coi baffi che avevano ornato quell'albero di Natale di bracciali, catene d'oro, gilet sgargianti e peli pettorali, che era e costituiva il tronco della mia avvenenza.

Riuscii persino a scrivere due racconti per la rivista "Underground". Il primo parlava di una sociologa ninfomane. Il secondo della sparizione di una mentitrice patologica. Aggiornai anche il mio curriculum spedendone in giro alcune copie dietro materna insistenza.

"Lazzaro, devi pensare al futuro."

"Non posso. Con tutto quello che mi danno da fare passato e presente."

Nel tempo libero (ma il mio tempo era tutto libero, non permetterei mai al tempo che mi rimane di finire prigioniero), nel tempo libero stazionavo al White Bear aspettando l'ultimo debolissimo anello che il fantasma di Nicky non si era ancora sfilato: la sua ultima discepola. La smunta, quasi rachitica mentitrice che ne aveva ereditato le balle.

Pregai Carne e Caroli di fare a turno con me. Caroli accettò con entusiasmo, ma non aveva mai visto la nuova Nicky. Carne fu ancora più sollecito, considerando il fatto che, in fondo, se l'era lasciata scappare. Nessun risultato: la nuova Nicky era scomparsa. Il morbo di Nicky. Cominciai a prendere in considerazione l'idea di recarmi nei luoghi che avevo annotato, magari per smuovere le acque di un fiume dal nome stupido.

Ma un giorno la vidi. Figuretta esile con montgomery rosso in piazza Cavour, di fronte al palazzo dei giornali. Fu a quel punto che mi resi conto che il destino congiurava contro di me. La nuova Nicky cappuccetto rosso era a piedi. Io su un tram. In questo non ci sarebbe stato nulla di singolare sennonché, ecco, io non prendevo mai il tram. Da quando mi avevano ritirato la patente mi muovevo in taxi oppure a piedi. Macinavo chilometri pur di non salire su un tram.

I tram mi facevano pensare a ossa maciullate sulle rotaie. Le mie. Vedevo sangue e sentivo grida. Per me non erano innocui nemmeno i tram al deposito. Ma quel giorno un tram semivuoto mi aveva abbordato all'altezza della fermata di via Manzoni. Mi aveva caricato come avrebbe fatto un camionista con un'autostoppista seminuda. I vantaggi del passaggio mi avevano spinto a dimenticare le mie fobie e, stupito di me stesso, ero salito sull'1 quasi automaticamente. Un automa, appunto, senza volontà.

Cappuccetto Rosso, che da tanto tempo cercavo senza successo, era lì, a portata di sguardo. Dovevo intercettarla. Scendere. Interrogarla. Iniziai a bussare da un finestrino bloccato. Mi fissò, e tra i miei e i suoi occhi si stabilì una corrente febbrile. Poi girò su se stessa lasciando al mio sguardo affamato soltanto il cappuccio rosso. Pigiai il pulsante per scendere prima della fermata successiva. Il tramviere se ne infischiò.

Gridai disperato: "Mi faccia scendere, perdio!". Avevo, forse, la verità a portata di mano, e un ammasso di ferraglia su rotaie mi imprigionava nell'impotenza.

"Apri, pirla!" gridai di nuovo.

I passeggeri mugugnarono qualcosa. Il tram proseguiva scivolando via da Cappuccetto Rosso. La mia prima bestemmia fu seguita da sonori segni di disapprovazione. Una cicciona dalle vene varicose disse a un ex colonnello radiato per codardia: "'Sti negri non bisognerebbe farli entrare in Italia".

Mi girai verso di lei. "Negri? Mi sono solo fatto la lampada, sacco di merda."

L'ex colonnello si alzò dignitoso come un pesce surgelato. "Lei è un maleducato."

Lo rimisi a sedere con una manata e mi precipitai dal conducente. "È vietato parlare al conducente" informava un cartello. Parlare? E chi aveva intenzione di parlare! Afferrai per un braccio il conducente. Non riuscii a fare altro. I passeggeri, che mi erano sembrati 'pochi' si alzarono. Erano giovani, vecchi, di mezza età, di sessi opposti, di sessi imposti. Avevano solo una cosa in comune: erano incarogniti, inferociti dai mille soprusi che la vita aveva loro proposto, supposto, imposto. Avevano denti. Persino le dentiere erano affilate. Volevano mordere.

Colpii di gomito il primo dei morti viventi che mi stava aggredendo. Affondai il mio pugno in una pancetta di mezza età. Ma i miei aggressori si rialzavano moltiplicandosi. Li avevo addosso, cannibali, folli nella folla, comuni e mostruosi. Sopraffatto dal numero rovinai al suolo. Infierirono, aizzati da muti cori che reclamavano sangue. Un piede enorme contenuto in una scarpa scollata mi inchiodò col tacco al dolore e all'immobilità. Un altro piede maschile mi bloccò l'altra mano. Non riuscii a vedere chi si stava occupando dei piedi, ma sentii ugualmente il dolore provocato da due chiodi umani che mi si conficcavano tra le dita.

Mi stavano trafiggendo, e lo facevano inconsciamente senza essersi messi d'accordo. Una bocca dai denti cariati mi si avvicinò al collo. Reagii con una testata, più dolorosa per me che per il mio affamato bersaglio. Lazzaro crocifisso.

Il tram aveva aperto le porte, ma anziché scendere, i mostri, nuovi mostri, salivano. Era facile trovare un motivo per farmi male: a me o a chiunque altro. Non mi volevano uccidere. Per uccidere un uomo ci vuole un altro uomo. Loro si accontentavano, folle folla, di dilaniarmi.

Prima di chiudere gli occhi o di tenerli aperti per sempre in attesa che altri vermi se li mangiassero, colsi l'immagine di una figura esile in un montgomery rosso. Mi fissava. Era salita sul tram da cui io non avevo saputo scendere. Scoppiò in qualcosa che avrebbe potuto essere sia un pianto che una risata.

"Vuole sporgere denuncia?"

"Contro chi? Contro il resto del mondo o contro l'Atm?" chiesi al poliziotto. Ero in un lettino d'ospedale, pulito come una bara, rigido come una barella. Una volta ripresa conoscenza ero stato immediatamente interrogato.

"Sono stato aggredito. Mi chiamo Lazzaro Santandrea. Ho il tesserino di giornalista. Non solo, sono amico della figlia del Prefetto, conosco il Presidente della Fiera di Milano, sono amico di famiglia del commissario Olivieri della Squadra Mobile, gli telefoni pure. Ah, dimenticavo, da piccolo ero caposestilia nei lupetti. Non ci crede? Vuole la prova?"

Intonai:

"Col fiocco bianco e azzurro e un giglio
sopra il cuore
avanti, avanti, sempre avanti esploratore".

"Mi credete?"

"Sì certo che le credo." Il poliziotto era giovane, sensibile e, forse, gli ero persino simpatico.

"Avete per caso avvertito mia madre?"

"No. Sono solo un paio d'ore che lei è qui."

"Dammi del tu. Come sono ridotto?"

"Non malissimo. Ma ti vogliono trattenere in osservazione."

"Non se ne parla nemmeno. Voglio tornare a casa."

"Mi sa che dovrai firmare per farlo."

"Scusami se te lo chiedo, ma sono curioso. Come mai sei così fiducioso nei miei confronti?"

"A parte la figlia del prefetto e il commissario Olivieri?"

Mi piaceva quel tipo. Tentai un sorriso ma sentii una fitta.

"A parte loro."

"Perché anch'io ero nei lupetti."

"Questo emotivamente. E professionalmente?"

"Perché quando siamo intervenuti la folla si è diradata. Non lo fanno mai. Di solito vogliono testimoniare, e ogni volta ognuno testimonia qualcosa di diverso dall'altro. Stavolta si sono dileguati."

"Un po' come se si fossero improvvisamente resi conto tutti di non avere una sola ragione valida per farmi a pezzi, eh?"

"Proprio così. Come ti senti?"

"A pezzi."

Sorrise, lui. Lo guardai meglio. Doveva essere sui dodici anni e mezzo per gamba, il che lo certificava venticinquenne. Olivastro come un'oliva ma biondo come una birra bionda.

"Ci conosciamo?" chiesi.

"Sì."

"Non mi ricordo di te. Sarà lo shock. Come ti chiami?"

"Alfredo."

"Nebbia."

"Al Bar Magenta. Un paio d'anni fa. Facevo il poliziotto in borghese."

"Ah sì. Quelli che sono convinti che nessuno sappia che sono poliziotti in borghese."

"Proprio così."

"Eri veramente nei lupetti?"

"Non ci credi?

Col fiocco bianco e azzurro e un giglio
sopra il cuore
avanti, avanti, sempre avanti esploratore."

"Se tutti i poliziotti fossero come te, adesso saprei cosa fare della mia vita. Mi arruolerei in Polizia."

Pur essendo olivastro, arrossì.

"Senti Alfredo, è stato un incidente. Sai com'è la gente comune. Tu gli dai un dito e cercano di strapparti un braccio su un tram. Se mi chiami chi di dovere, firmo e torno a casa."

Alfredo socchiuse gli occhi. Aveva le ciglia lunghe. "Senti Lazzaro..."

"Sì?" Sembrava imbarazzato.

"...Ho già garantito per te coi miei colleghi. Gli ho detto che ti vedo da anni al Magenta e che tutto sommato sei un bravo ragazzo."

"Tutto sommato?" gli feci eco, e assentii.

"Beh," continuò Alfredo sempre meno olivastro, "ti vedevo muovere in mezzo a tutto quel casino del bar Magenta, sempre impaziente. Sembravi un leone in gabbia."

"Un leone in gabbia?" Assentii nuovamente, questa volta vagamente imbarazzato.

"Sì, proprio come un leone in gabbia."

"Alfredo, è stato un vero piacere conoscerti, ma credo sia ora di separarci."

"Peccato, vero?"

"Come no. Magari ci si rivede al Magenta o in qualche altro ospedale."

"Sai cosa mi piaceva di te Lazzaro?"

"Non so se voglio saperlo."

"Eri così sicuro di te. Anche quando eri ubriaco, barcollavi con passo fermo. E anche adesso, che a momenti ti hanno ammazzato, sei così vitale."

"È il segreto di noi che ci chiamiamo Lazzaro. Abbiamo tutti la presunzione di credere che qualcuno, prima o poi, ci farà resuscitare."

Chiuse gli occhi e li riaprì di colpo. "Come mi trovi Lazzaro? Io ti trovo molto simpatico."

Mi seccava restare sdraiato mentre Alfredo era in piedi. Riuscii a sedermi sul letto sperimentando fitte da ogni ricettacolo di sensibilità al dolore. "Anch'io ti trovo molto simpatico," risposi con la certezza di avere detto una di quelle frasi che arricchiscono il patrimonio dell'inutilità.

"Non intendevo simpatico, Lazzaro. Ti ho chiesto semplicemente come mi trovi a livello fisico."

Stavolta fui io ad arrossire. "Beh, sei un bel ragazzo." Frase dannosa, deleteria.

"Veramente lo pensi?"

"Se devo essere sincero, non è che l'abbia proprio pensato. Tu me l'hai chiesto e io ti ho risposto. No. Non sei brutto. Certo."

"Non sono brutto?" Sembrava deluso.

"No. Ti ripeto. Anzi. Ma scusa, perché me lo chiedi?"

Non rispose, dignitoso come un tutore dell'ordine, ma con gli occhi a punto interrogativo a causa del disordine che era in lui.

"Beh, Alfredo, io adesso me ne andrei."

"Possiamo risentirci?"

"Come no," dissi con finta allegria compagnona.

"Mi dai il tuo numero di telefono?"

"Hai una biro?" Ce l'aveva. Gli scribacchiai il mio numero di telefono con una cifra sbagliata come avevano fatto con me tante mie presunte conquiste.

A casa. La casa. Da mamma. La mamma. Ma soprattutto la casa. Casbah, dolce casbah. I miei sogni sofficemente infranti sulla moquette. I libri letti e da leggere in luogo della tappezzeria. Una teoria di foglietti con numeri di telefono scritti in luoghi di fortuna su mezzi di fortuna. Scatole di sigari. Che bello stare male a casa mia. Soffrire come un cane che ha un luogo per padrone.

All'ospedale la sofferenza era rimasta fuori scena. Le infermiere, gli estranei, un poliziotto innamorato. Il mio pudico dolore si era trattenuto. Una volta tornato a casa, mia madre mi si era parata davanti. Preoccupata. Il cane era festoso. Il sipario calò sulle antiche incazzature di mamma. Mamma divenne totalmente mamma. Mi costrinse a letto. Mi controllò le suture. Lasciai fare, finalmente passivo.

Il mio pensiero galoppava inseguendo Cappuccetto Rosso, i killer sullo skate-board, l'assenza di Pogo il dritto. Ma il mio corpo, lui, poteva finalmente riposarsi. Era giovedì, ma non avrei accompagnato mia nonna ai giardini pubblici nonostante il maniaco necrofilo. Era un giovedì in cui farmi guardare dalla televisione. Il televisore spento. Il telecomando impugnato come la pistola che non usavo più. Sedativi e bistecche al sangue. Ogni cosa al suo posto sbagliato. Il mio sedere questa volta era veramente in difficoltà. Facevo fatica ad alzarmi. Il cane Benvenuto, ogni tanto, veniva a leccarmi di sghimbescio. Una leccata di traverso e via verso la pappa e amori fisicamente corrisposti. Non riuscivo a muovermi. Forse non volevo muovermi. Nel letto avevo la certezza della mia sofferenza. Fuori, in piedi, sarei stato costretto a stringere i denti.

"Hai bisogno di qualcosa, Lazzaro?"

"No."

"E il grazie?"

"Grazie. Senti mamma, ti spiace cercarmi il numero del commissario Olivieri?"

"Cosa?"

"Il numero del commissario Olivieri."

"Come si dice...?"

Mi vedeva malato e mi riteneva nuovamente bambino. Non che avesse tutti i torti. Si aspettava un 'per favore'. Le piaceva l'idea di avermi educato "educato". "Allora, mi dai il numero di Olivieri?"

"Per..."

"Perdio!! Dammi il numero di Olivieri."

Mia madre non aveva fatto in tempo a eseguire che il telefono accanto al mio augusto giaciglio squillò.

"Pronto."

"Lazzaro. Sono Pogo..."

Dio. Finalmente Pogo il dritto si era rifatto vivo. Non era né morto né scomparso. Almeno lui esisteva. Resisteva.

"Lazzaro. Mi sono sifonato la Leona."

"Ti sei sifonato la Silvana. Lo so. È storia vecchia, ma dove sei sparito per tutto questo tempo?"

"No, Lazzaro, sono quasi imbarazzato a dirtelo, ma mi sono sifonato la Leona".

Gelo. La cornetta diventò di ghiaccio bollente. Leona, l'incubo era entrato nel sonno di Pogo. Leona lasciva.

"Ma tu non conosci Leona!"

"Sì che la conosco. Eccome. Il mese scorso, Lazzaro, ero a Cattolica. Ho fiutato il mare e mi sono reso conto di un pericolo nell'aria. Non ti vedevo dal giorno del tuo trentesimo compleanno. Da quando ti sei rotto il culo non sei stato più lo stesso. Eri sparito e io, sono o non sono il tuo migliore amico, ero preoccupato per te. Così sono tornato a Milano e ho cominciato a pedinarti, a seguirti col taxi, di nascosto. Ho visto te e ho visto Leona. Pensavo fosse lei la causa delle tue stranezze, così ho deciso di parlarle da uomo a uomo. Cioè da uomo a donna. Ho aspettato che tu te ne andassi da casa sua e l'ho affrontata. Sai, pensavo che fosse una psicopatica."

"Pensavi bene, e allora?"

"Allora... – la sua voce impastata trillò. Pogo smise di biascicare, cinguettò – allora ci siamo innamorati."

Pogo il dritto innamorato di Leona: possibile, in fondo Pogo era pazzo. Si innamorava di cittadine come Cattolica, si innamorava di bar e li frequentava sino all'esaurimento nervoso dei suoi amici che costringeva, notte dopo notte, a seguirlo nello stesso locale, perché Pogo era generoso e divideva tutto con gli amici. Pogo era un monomaniaco. Ma, fortunatamente, il suo interesse ossessivo nei confronti di un luogo, una frase, un oggetto, una persona, veniva rimpiazzato da nuovi luoghi, oggetti, frasi, persone. La sua monomania si universalizzava, incentrandosi su nuovi culti.

Con Leona però era diverso. Leona, che di suo si riteneva già l'unico soggetto degno di culto, non aveva bisogno che di un adoratore totale come Pogo. Un Pogo sacerdote e vittima sacrificale del culto di Leona.

"Dammi retta Pogo. Quella non è innamorata di te. Fa così con tutti. Ho una mezza idea che si sia messa con te per rivalsa nei miei confronti. Non sei tu che ti sei sifonato lei. È lei che si è sifonata te. Capisci il senso della frase?"

"Lazzaro, posso immaginare che tu sia geloso. Leona mi ha detto quanto eri innamorato di lei, tanto che non ho avuto il coraggio di dirti subito che me la sono sifonata."

"E tu l'hai bevuta?"

Pogo l'aveva bevuta e non aveva più il senso della frase.

Leona di lontano ruggiva languida e schifosa come una carcassa in calore. Il silenzio di Pogo all'altro capo del filo era più eloquente di una condanna: la sua. Non aveva più il senso della frase.

Fui costretto, perciò, a essere brutale: "Pogo, fidati, è una troia."

"Lazzaro, anche se sei il mio migliore amico, non ti permetto di parlare così della mia fidanzata."

Riattaccò.

Lo richiamai immediatamente a casa sua. Sua madre mi rispose che non lo vedeva da giorni. Sapeva dov'era, naturalmente. Il mio dito compose il numero telefonico di un appartamento in via Gustavo Modena. Mi fermai prima dell'ultimo numero. Completarlo significava provocare un orgasmo feroce a Leona.

Come in fondo avevo sempre saputo che Nicky era morta, in quel momento seppi che Pogo il dritto non si sarebbe più chiamato così. Pogo rimaneva, ma il 'dritto' era morto e sepolto come Lucy, come Nicky.

Come tutti i soprannomi.

6.

Le città hanno fretta. Il tempo, in realtà, non vola, non fugge, né sfugge. Si limita a farsi rincorrere, precedendoti, da quel giocherellone che è, convinto che anche tu, come lui, abbia molto tempo da perdere. Non fai in tempo a superare un lunedì che è già domenica.

In campagna, forse, è diverso. C'è più rispetto per le stagioni. Ma le città hanno fretta. Il tempo è denaro fuori corso. La cosa in fondo ha i suoi vantaggi: riesci a superare tutto, lutti e amori. Perché tutto ha già superato te. Una sbornia è già un postumo e poi una nuova sbornia. Una ferita è già rimarginata e porgi l'altra guancia perché te la sfregino. Con una guancia sfregiata sei sfregiato. Con due guance sfregiate fai *pendant*.

Le città hanno fretta. A fine novembre compaiono i primi zampognari. Il due novembre, il giorno dei morti, le voci dei morti come Bing Crosby intonano già *White Christmas* e *Jingle bells*. La mia compagna di banco, nei primi giorni di febbraio, consultava i dépliant dei villaggi turistici Valtur per gli agosti a venire. Non riuscivo a capacitarmene e chiedevo: "Ma non è un po' presto?" "Eh già, tu vivi alla giornata," replicava.

Errore. Io vivevo alla nottata. Dall'ora dell'aperitivo all'ora delle streghe. Incompatibilità di vedute. Io vedevo il futuro lontano. Cristina vedeva il futuro vicino; i suoi vedevano il futuro di Cristina lontano da me. E poi Cristina guardava l'orologio mentre io non vedevo l'ora. Avevo fretta di trattenere il tempo.

In ogni caso, da quando avevo sentito Pogo per l'ultima volta, alle giovani mamme e agli extracomunitari, si erano aggiunti gli zampognari e i primi Babbi Natale. I babbi di minchia, invece, stazionavano nei dodici mesi che costituiscono un anno, in perenne ubiquità.

Sembrava che Milano avesse fretta che arrivasse Natale. E Capodanno. E porcodanno. C'erano giorni che sapevano di zucchero filato e giorni che odoravano di disinfettante per cessi di palestre da culturisti. Milano aveva fretta, e se non reggevi il passo, ti ritrovavi adolescente a trent'anni e rotti. A trent'anni rotti.

Pogo era sparito. Nemmeno Carne lo vedeva più al Merlino e Magò. Leona lo aveva risucchiato. Leona, anziché prendergli un dito per tenersi il braccio, gli aveva preso il pene e l'anima poi, con una fellatio abissale, si era ingoiata Pogo per tenerselo tutto.

Passavo le serate nella mansarda di Vito e Doni che col tempo erano riusciti a farmi vedere tutte, dico tutte, le diapositive della Thailandia. Il giorno invece, cercavo Cappuccetto Rosso per scoprire che fine avesse fatto Nicky, la prima. Unica, ma evidentemente ripetibile. Avevo smesso di preoccuparmi, però, degli skater che mi avevano aggredito quel giorno ormai quasi lontano con Antonello Caroli, quasi attore. Mi ero ripromesso, riuscendoci, di evitare il Magenta e il poliziotto innamorato di me.

Mia nonna aveva sempre l'asma e io fumavo ininterrottamente sigari per farmela venire. Sfoggiavo un cappottone nero anziché le camicie hawaiane. Passavo dall'euforia alla disperazione nel giro di un quarto d'ora, come mia abitudine.

La vidi di fronte alla Rinascente prendendola, da lontano, a causa della miopia, per Cappuccetto Rosso. Man mano che mi avvicinavo, mi rendevo però conto che non poteva essere l'erede di Nicky. Non era esile, quasi rachitica. Era alta. Quasi più alta del mio metro e ottantatré, grazie ai pattini a rotelle. Era vestita da Babbo Natale. Senza barba posticcia la vedevi per quello che era: altezza 175, seno 87, vita 62, occhi azzurri, capelli castano scuri. O se preferite: height 5.9, breast 35, waist 25, hips 35, blue eyes, brown hair. Distribuiva volantini scorazzando per corso Vittorio Emanuele. Era difficile non accettare un volantino da lei. Aveva due occhi, un naso, una bocca, orecchie vagamente a sventola. Ma era anche una sventola tout-court.

Accettai il suo volantino che reclamizzava Felix Sport. Accartocciai il volantino sotto i suoi occhi e me lo infilai in tasca.

"Non lo butti via."

"No. Lo tengo per ricordo."

"Allora perché lo hai accartocciato?"

"Perché voglio un ricordo di te, non di Felix Sport."

Aprì la bocca come per dire "Ah", ma non disse nulla. Mamma Natale a fine novembre. I denti non le servivano per mangiare, ma per sorridere. Il suo non fu un sorriso distratto. La contrazione delle labbra per abitudine o per educazione. Un passante la gratificò di un "bella figa". Non arrossì. Ci era abituata. Non era però abituata a me.

"Credi nell'amore a prima vista?"

"No."
"Neanch'io, abbiamo già qualcosa in comune."
Già, mi bastava veramente poco per passare dalla disperazione all'euforia. Non la conoscevo, ma la intuivo. E lei, così, come me. Poi l'euforia tornò disperazione. Se ne accorse.
"Cos'hai?"
Pensai alla mia amicizia perduta con Pogo il dritto. "Te ne sei accorta, eh? Ho perso un amico, ma niente di grave. Chi perde un amico trova un tesoro."
"Io?"
Avrebbe dovuto dire 'me', ma la perdonai. Non era italiana, non del tutto. La sua lingua madre era il tedesco. Si chiamava Ulli, appetitoso diminutivo di Ulriche. Altoatesina con una erre che ti mozzava il fiato, arrotandoti il respiro sino a farlo diventare a forma di cuore.
"Quanti anni hai Ulli?"
"Diciannove, perché?"
"Quando tu sei nata ero già un uomo maturo."
"Quanti anni avevi?"
"Undici. Ma ero un enfant prodige."
Ulli studiava a Milano, ma era di Ora, sopra Bolzano. Ora o mai più, pensai. La gente, uscendo dalla Rinascente ci sfiorava mettendo in pericolo il precario equilibrio di Ulli sui pattini e il mio sempiterno equilibrio mentale. Gli aliti della folla ci costruivano involontariamente una nuvola privata.
Io la trovavo bellissima e lei mi scopriva simpatico. Sennonché io ero abituato a ragazze bellissime, ma non così, e lei a ex ragazzi simpatici, ma non così. Ci piacemmo simultaneamente, non così.
"Vuoi conoscere mia madre?" le chiesi.
"E tu, vuoi conoscere la mia?"
"Non ora..."
"Neanch'io. Ora smonto qui e vado a danza."
Danzava, questo era il segreto. Che fosse sulle punte o sui pattini, era sempre qualche centimetro più in alto che il marciapiede. Non si cambiò. La accompagnai alla fermata del 24 che l'avrebbe condotta in via Bellezza, alla sede della scuola di danza. Raccontandoci reciprocamente banalità eccitanti, perdemmo un paio

di 24. Quarantotto. Ulli si accorse di essere in ritardo. Un cane più randagio di noi due, rischiò di finire sotto un 24. Schivò di misura l'impatto mortale della ferraglia, e dalle rotaie schizzò verso a chissà cosa e chissà dove. Ulli e io ci guardammo negli occhi, e con gli occhi sospirammo di sollievo.

"Ho un cane," dichiarai.

"Io ho un gatto," disse lei.

"Sono allergico ai gatti. Starnutisco in continuazione."

"Anch'io, ma mi piacciono."

Anche lei mi piacque, più di quanto qualunque gatto potesse piacere a lei.

"Hai un gatto a Milano, o a Bolzano?"

"A Milano ne ho uno. Su dai miei, in Alto Adige, ne abbiamo parecchi. Lì ci sono più gatti che persone. Sai che spesso, quando una gatta ha i gattini, c'è gente che usa strozzarli appena nati perché non finiscano sotto le macchine!"

"È orribile, a me i gatti non piacciono, ma lo trovo orrendo."

"Anch'io. Solo che, vedi, quando li uccidono appena nati lo ritengono una specie di eutanasia. Sempre meglio che se muoiono di fame, no?"

"Cristo, Ulli, ma è disumano."

"Infatti. È felino. Non mi ci sono mai abituata. A casa ho un bel gattone di peluche."

Mi innamorai di lei.

Mentre Ulli e io copulavamo con le pupille, un terzo 24 sfrecciò lontano da lei e dall'orario della sua lezione di danza.

"Stupido," disse.

Il 24 si allontanava stipato da estranei.

"A me?" chiesi fraintendendo.

"No, al 24," sorrise Ulli.

"Boh, se non fosse stupido non farebbe il tram."

E così, anche per quell'autunno, mi ero innamorato. Avevo qualcosa che avrebbe tenuto al caldo pensieri invernali. Per i piedi bastavano le calze. Ulli, più che riempire il vuoto, dava giustificazioni al pieno. Era il caminetto della casa di montagna che avevo perduto al gioco. Milano aveva fretta. Bolzano, forse, meno.

Quando ti innamori, hai voglia di raccontarlo a un amico. Pogo, l'ex dritto, era imprigionato nelle cosce di via Gustavo Modena. Carne, in giro a far foto. Antonello Caroli, attore, fortunatamente era a casa. Viveva in un agglomerato anonimo come un castello di cubetti di ghiaccio, nella nebbiosa periferia di Milano: Quinto Romano. Case popolari. D'estate quasi allegre, d'autunno un'isola cimiteriale. D'estate i palazzoni potevano spacciarsi per palazzine. D'autunno, gli spacciatori spacciavano nei palazzoni. A Milano non c'è sempre la nebbia, ma quando c'è è un monumento naturale come le cascate del Niagara. Non vi si aggira Jack lo squartatore, ma ci si trova un Giacomo sventrato nell'indifferenza.

Con un taxi raggiunsi Quinto Romano. Chissà dove erano finiti il Primo, il Secondo, il Terzo e il Quarto. Di Sesto restava solo Sesto San Giovanni, all'altro capo della città. A Quinto Romano anche le edicole chiuse ti sembrano oasi. I bar aperti, di sera, miraggi. È il deserto.

Girovagai nel labirinto di case troppo uguali, reso ottimista dal filo di Ulli. Ulli, la bussola. Nella "Piaga d'autunno" in cui proprio Caroli mi aveva condannato a girovagare. Non c'era nessuno a cui chiedere informazioni in quella teoria di scale: A, B, C, D. Arrivai sino alla Z.

Nella nebbia, accanto a un'edicola canonicamente chiusa, si stagliò una figura rossa. Nicky? Cappuccetto rosso? O Ulli in un improvviso ritorno di fiamma, rosso come il suo provvisorio costume da Babbo Natale? Macché. Inutile sperare nella nebbia. Che fosse Babbo Natale quello vero, quello che porta i doni agli 'unni' e agli altri? No. Era semplicemente un palliativo. Di Nicky Cappuccetto rosso, di Ulli, e del Babbo Natale che attendevo senza crederci ma sperandoci.

Era vestito da Babbo Natale. Al contrario di Ulli sfoggiava una 'finta' barba bianca: l'abito era quello classico di Babbo Natale. Tutti quei maledetti Babbi Natale in anticipo che prevenivano il Natale. Ulli era una figlia di Natale, un regalo pagano, un dono. Il tipo di fronte a me era il padre di Natale, il Babbo di Natale.

Cosa si chiede a Babbo Natale se non: "Scusa, sai dov'è la scala 4B?"

"Cazzo," disse Babbo Natale, "... stavo per chiedere la stessa cosa." Aveva un accento bergamasco. Non era il vero Babbo Natale.

Dalla nebbia emerse un altro Babbo Natale. Ignorandomi si rivolse al suo collega: "N'du minchia è stu quattro B?".

L'accento stavolta era siciliano. Neanche lui aveva le renne e la slitta. C'era solo un Mercedes 200 color oro posteggiato in modo da insultare un'aiuola.

Un terzo Babbo Natale spuntò come un uccello da un orologio a cucù. "L'ho trovato."

"Cosa?" chiesi.

I primi due Babbi si guardarono. Poi mi guardarono.

"Il 4B," rispose il terzo Babbo, più a loro che a me.

Quando l'ultimo Babbo si incamminò nella nebbia, i restanti due mi si pararono davanti. "Vuoi una sigaretta?" mi chiese Babbo Bergamo.

"Fumo sigari," risposi guardando Babbo Sicilia. Lo oltrepassai e seguii Terzo Babbo sino alla portineria. Gli altri mi lasciarono fare. Individuai il pulsante "Caroli" e citofonai.

"Antonello, scendi. Abbiamo compagnia." Cercai di strizzargli l'occhio, ma come si fa a strizzare l'occhio a un citofono? Caroli scese le scale come Wanda Osiris. Si trattenne di fronte alla porta a vetri, maestoso nel suo giaccone bordeaux dalle maniche troppo corte per le sue lunghe braccia.

Babbo di Bergamo estrasse il cannone. Sparò a Caroli e al vetro. Lo beccai con una gomitata assestata al punto giusto per me e sbagliato per lui. Il vetro esplose. Mi gettai al suolo. Gli altri due Babbi cominciarono il tirassegno. Raccolsi la pistola del Babbo di Bergamo e tirai al Babbo Sicilia radendogli i fili argentati della barba posticcia. Mentre l'adrenalina faceva anzitempo i botti di Capodanno, centrai per puro caso Babbo Terzo a una coscia. Poi mi gettai come un leone nel cerchio di fuoco tra i vetri infranti. Portineria. Meta.

Il fuoco cessò. Il sangue zampillava dai calzoni rossi di Babbo Terzo. Sparai a casaccio, troppo miope per ammazzarlo, troppo invecchiato per essere un giustiziere. Risalirono lenti come un venticinque dicembre sul Mercedes dorato. Sgommarono rovinando l'aiuola aristocratica delle case popolari.

Antonello Caroli, attore, era disteso come una parola di quindici lettere orizzontale sulla settimana enigmistica. Anch'io ero sdraiato. Perdevo sangue da innocui tagli di schegge di vetro. Strisciai fino a Caroli.

Con un certo sforzo riuscii a sillabare: "A questo punto, credo che tu, testa di cazzo, mi debba una spiegazione".

Il fiato non arrivò a tempo. Fu preceduto da un nuovo sparo. Chiusi gli occhi aspettando un proiettile. Niente. Poi, il cielo fuori dalla portineria esplose. L'apocalisse, finalmente. Fuoco dal cielo. Ma in quell'epoca di paradisi artificiali, tra le nuvole di un cielo artificiale, anche i fuochi non potevano che essere artificiali. Fuochi artificiali.

Qualche idiota aveva equivocato la natura degli spari dei Babbi Natale e di minchia. Si era sporto dalla finestra celletta del proprio appartamento e, dopo aver recuperato un bengala, in ritardo per il Capodanno precedente e in anticipo per il Capodanno a venire, lo aveva sparato contro la nebbia, verso il cielo. Il gesto non restò a lungo isolato. Al ruggito tigresco del bengala, seguirono latrati pirotecnici da finestrelle feritoie che si accendevano come il vociare degli inquilini. Il popolo di Quinto Romano si risvegliò dal letargo autunnale. Si svegliò affamato. La nebbia lo aveva troppo a lungo tagliato fuori dal cuore della città. Gli abitatori del bunker sovraffollato si erano talmente abituati a vivere fuori dal tempo, che confusero la fine di novembre con San Silvestro.

Una lavatrice piombò su una 600. Nessun rispetto per la Fiat d'antiquariato. Al primo bengala se ne aggiunsero altri. Chi era senza bengala, anziché scagliare la prima pietra, gettava nel vuoto corpi contundenti e corpi del reato. Piovvero elettrodomestici scassati e coltelli a serramanico dalle lame spuntate. Un concerto di ferraglia. Una specie di canto le cui parole significavano: "Ci sono anch'io. Sono seppellito qui dentro, ma ci sono anch'io".

L'ascensore si aprì e prima che Caroli e io riuscissimo ad alzarci, un festoso manipolo di coinquilini ci superò, oltrepassò la porta a vetri rotti e si precipitò, così come erano precipitati carillon e vettovaglie, verso la strada. Le città hanno fretta. Questa città in testa a tutte: dieci secondi dalla sgommata dei Babbi Natale ed era già Capodanno.

Caroli seguitava ad abbracciare il pavimento per tenersi qualcosa, visto che il tempo si portava via tutto. Proprio tutto. Quasi tutto. Tranne me. Anch'io abbracciavo il pavimento. Se avessi cercato di rialzarmi sarei stato travolto dal flusso umano che, dalle scale e dall'ascensore, cercava un varco per uscire dalla vita di tutti i giorni ed entrare nelle mille e una notte. Così non mi rimaneva che sperare, sdraiato, che i degni inquilini di Caroli non mi calpestassero nell'euforia. Fui risparmiato. Durante una pausa temporanea del galoppo riuscii a rialzarmi. Antonello Caroli non era stato calpestato. Semplicemente non c'era più.

Da Quinto Romano a casa mia il passo è lungo. L'alternarsi degli eventi mi impediva di focalizzare qualsiasi risposta nella nebbia. Quando gli skater armati di rasoio ci avevano aggredito, non avevo potuto stabilire se avessero puntato a me o a Antonello Caroli attore. Ora, se non altro, sapevo che i Babbi Natale erano lì per lui. Che Caroli avesse perso al gioco? Non era una novità e poi, oltretutto, visto che Caroli perdeva sempre, nessun suo creditore lo avrebbe fatto fuori. Caroli era un investimento. Perdeva sistematicamente. Credeva di essere un giocatore e invece era il cavallo. Ignorava che in sala corse scommettevano su di lui, sulle sue proverbiali sconfitte. Antonello Caroli, del resto, aveva un aspetto vagamente equino. Ma io sapevo, forse solo io sapevo, che Caroli aveva perso a tutto, non solo ai cavalli. Nella vita, un giorno, a sorpresa avrebbe vinto sbalordendo chi lo riteneva un perdente sicuro o un perdente piazzato e avrebbe fatto saltare il totalizzatore. Dovevo impedire che lo ammazzassero, per dargli e darmi questa opportunità.

Ma se Caroli non aveva potuto darmi spiegazioni, c'era qualcuno, qualcuno di veramente unico che aveva sempre tutto ciò di cui potevi necessitare. Risposte comprese. Il problema con Gippo era che lui ti poteva procurare tutto, proprio tutto, ciò di cui avevi bisogno ma io al momento avevo bisogno di lui, e lui non c'era.

Il bar Jago di via Vespri Siciliani, un tempo il suo quartier generale, era stato trasformato in un autosalone. Gippo non mi aveva lasciato il suo numero di telefono, anche perché non aveva telefono. Certo, all'occorrenza, ti avrebbe potuto procurare un camion di telefoni alla Sip, ma personalmente, come mezzo di comunicazione, preferiva il passaparola. Tu entravi allo Jago Bar e dicevi a Ciro, barista e basista: "Senti Ciro. Se senti Gippo digli che devo parlargli per quella cosa lì". "Quella cosa lì" era una specie di parola d'ordine. Ciro riferiva e un paio d'ore dopo, se avevi fretta e soldi, ti combinava un appuntamento.

Gippo era sul metro e ottanta e pesava centotrenta chili. Per evitare che pensassero che fosse grasso, Gippo si premurava di sollevare in un abbraccio ogni suo interlocutore, che poteva così saggiare la solidità della sua panza. A diciotto anni si era fatto un bel sei mesi di galera per tentato omicidio. Ma allora era così giovane. Da quella volta in poi non aveva mancato un colpo. Aveva occhietti intelligentissimi e capelli ricciolini con cui giocherellava vezzoso. Si era fatto costruire un ciondolo d'oro a forma di bilancia, suo segno zodiacale, i cui piatti ballonzolavano mobilissimi. Il sorriso di Gippo era aperto. Un osservatore disattento lo avrebbe potuto scambiare per un segno di giovialità. Non era così.

Per misurare la temperatura degli stati d'animo di Gippo, bisognava guardargli la fronte. Quando la corrugava capivi, che nonostante il permanere del sorriso, stava per farti qualcosa di definitivo. Il segreto di Gippo, comunque, non era questo. Il segreto di Gippo era segreto, sennò che segreto sarebbe stato?

Gippo, comunque, ti poteva procurare qualsiasi oggetto. Da una calibro nove alle braccia della Venere di Milo, zanne d'avorio e un cane lupo tale e quale a Zanna Bianca, non era un problema. Non era mai un problema per Gippo. Tra l'altro mi aveva sempre misteriosamente considerato un amico, e la parola "amico" abbinata alla parola d'ordine "è per quella cosa lì", ti permettevano di accedere a Gippo col biglietto di ritorno. Una volta arrivato a Gippo, ogni tuo desiderio solido diventava oggettistica da collezionare. Anche ogni tuo desiderio gassoso si poteva procurare. Ti serviva un erogatore di gas nervino, bastava la parola (d'ordine). Un desiderio liquido, cento fusti di birra scura, un ettolitro di sciroppo per la tosse, del veleno diluito in sciroppo al tamarindo. Gippo era lì. Pronto a tutto e pronto per tutto.

Solo i desideri velleitari non rientravano nel catalogo di Gippo. L'intangibile non era il suo campo. Se ti serviva, che so, del coraggio, Gippo non poteva procurartelo. Ma se eri arrivato al punto di frequentare Gippo, significava che di coraggio ne avevi già.

Non vedevo Gippo da tre corti anni. Provai una fitta di rimorso: in fondo lo cercavo solo quando avevo bisogno di lui. Purtroppo da quando lo Jago Bar non c'era più, Gippo era solo un solido ricordo. Mi restava però un'opportunità: Ciro. Il giorno della festa di chiusura dello Jago Bar, Ciro mi aveva dato il suo numero di telefono. Non ci eravamo mai sentiti, anche perché non avremmo saputo cosa dirci se non "Senti Ciro, di' a Gippo che devo parlargli a proposito di quella cosa lì".

Da qualche parte dovevo ancora avere il suo numero di telefono. Scartabellai frenetico, epilettico, tra i foglietti cacciati alla rinfusa nei cassetti del mio scrittoio. Non buttavo mai via un foglietto. Casa mia era piena di carta. Mia madre mi diceva sempre: "Lazzaro, perché non tieni un'agenda?". "Non basterebbe, mamma." Infatti amavo scrivere, non trascrivere, al punto di conservare cartine di spinelli non consumati, cartacce di dimenticata provenienza, carte da gioco di mazzi ormai consunti o dalla irrecuperabile integrità, e soprattutto foglietti vergati da scritture femminili firmati da nomi clonati come Cristina, Paola, Cinzia, Alessandra, Barbara, Simona... Pescai una Lorella dell'85: ottima annata. Una Isabella dell'84, una Désirée, e persino una Dayna d'annata: il '79, dal gusto asprigno al palato della memoria.

Ciro era latitante. Ago in un pagliaio femminile, ma soprattutto ago della bilancia che Gippo portava al collo come ciondolo sintomatico del suo senso di giustizia.

Mia madre si affacciò alla porta: "Hai bisogno di qualcosa?" consultò l'orologino d'oro, un Rolex che le avevo regalato l'anno prima con la mediazione di Gippo, Società per cattive azioni, "Hai cenato? Vuoi che ti prepari qualcosa?".

"Ci sono vol-au-vent?"

Mia madre sorrise di un sorriso assonnato. "Ci saranno domani all'una se ti degni di restare a colazione."

Mia madre era più lenta di Gippo come trovarobe. Per i vol-au-vent le servivano, all'una di notte, almeno dodici ore.

"Sarà per un'altra volta. Sto cercando il numero di Ciro, un mio amico. È urgente, ma non lo trovo più."

Si infilò sulla corsia della mia ansia a tutta velocità e riuscì a rivelare tutto d'un fiato: "Mi sono permessa di trascrivere tutti i numeri di telefono dei tuoi foglietti". Seguita dal cane rientrò con un voluminosissimo quaderno a quadretti. Ciro c'era. C'era Ciro. Baciai mia madre. Le si inumidirono gli occhi. "Lazzaro, sai da quando non mi dai un bacio?"

"Dalla festa della mamma?"

"No. Dall'ultima volta che cercavi Ciro."

Questo mi piaceva di mia madre: non sempre aveva il senso della frase, visto che mi ripeteva troppo spesso le stesse frasi: "Hai preso la casa per un albergo?". "A volte penso che avrei preferito un figlio ragioniere." "Tu ignori il significato della parola dignità." No, forse non aveva il senso della frase, ma aveva il senso dell'umorismo.

A trent'anni la convivenza con la madre è difficile, ma la convivenza è essenziale. E mia madre mi copriva. Aveva cominciato con le coperte di lana quand'ero piccolo, continuato con le bugie quand'ero adolescente, proseguito con gli alibi quand'ero nei guai. Spesso!

Tirai Ciro giù dal letto. "Ciro, sono Lazzaro."

"Lazzaro Santandrea, minchia che evento. Lazzaro Santandrea che mi telefona. Come stai vecchio lupo di terra."

"Così così Ciro, e tu?"

"Sai che mi sono sposato? Ho avuto una bambina."

"Magnifico," dissi senza entusiasmo, "come si chiama?"

"Gippa. Il prete, all'inizio, non voleva accettare il nome. Così ci ho dovuto attaccare due nomi di sante, sai com'è."

"E allora com'è il nome completo?" chiesi questa volta veramente interessato.

"Gippa Chiara Lucia."

"Bella mossa. Se non puoi travolgere un ostacolo, aggiralo. Potevi chiamarla Babila".

"Ci ho pensato, ma San Babila è un uomo."

"Certo, ma piazza San Babila è femminile, no?"

Ciro era stato un sambabilino negli anni settanta. Uno di quei tipi che, con scarpe a punta, le Barrows, prendevano gli altri a calci nel culo. Era orgoglioso del suo passato calcistico. Un neofascista ottuso ma simpatico che si ubriacava di Amaretto di Saronno. Spiegai il mio problema a Ciro.

Ciro rispose: "Lazzaro, adesso ho una pompa di benzina".

Deluso constatai: "Così non puoi più rintracciare Gippo!".

Ciro rise: "E chi credi che sia quello che mi rifornisce di benza?".

Alle tre del mattino Ciro richiamò: "Lazzaro, è Ciro. Gippo ti aspetta allo Jago Bar tra un quarto d'ora".

La cosa era fattibile in quanto via Vespri Siciliani era dietro casa mia. C'era un solo problema: "Ciro, lo Jago Bar non c'è più".

"Che testa. Scusami Lazzaro. La forza dell'abitudine. Gippo ti aspetta di fronte all'autosalone, davanti all'ex Jago Bar.

Via Vespri Siciliani è deserta anche di giorno. Non è mai stata una via di passaggio. Le boutique agonizzano, disidratate. Quando c'era lo Jago Bar era stata, per assurdo, più frequentata di notte che di giorno. Poi i bar erano stati chiusi, i ragazzacci si erano integrati, e la mitologia della casbah disintegrata. Il signor Dino, il proprietario del Caffè Roito, non era riuscito a sopravvivere alla morte della moglie e a una corsia di ospedale. La vitalità era sancita dal Consolato del Kuwait, non certo dall'autosalone che aveva preso il posto dello Jago Bar. Gli abitanti di via Vespri Siciliani si erano resi conto dell'esistenza del Consolato del Kuwait, e del Kuwait stesso, solo in occasione dei preparativi della guerra del Golfo. Via Vespri Siciliani che era stata abitutata alla violenza delle battaglie antiche della microconflittualità, forse era andata alla guerra. Per non morire di noia.

Nel quarto d'ora concessomi da Ciro, mi ero cambiato. Indossavo una camicia nera con cravatta giallo fosforescente, un gessato nero a righine gialle, un Borsalino sformato. A Gippo piaceva la gente che si vestiva da gangster. L'abito lo aiutava a riconoscerla dai gangster autentici, quelli col vestito della prima comunione.

Era stagliato lì, di fronte all'autosalone, dentro una tuta di pelle nera da centauro. La moto posteggiata di fronte alle vetrine, irrideva i Bmw esposti, come un coltello da sub sfotte un kalashnikov scarico.

"Ciao Gippo."

"Uhei Lazzaro. Non perderai mai l'abitudine di vestirti da gangster," disse tutto contento. La fronte non era corrugata. Tutto procedeva nel migliore dei modi. "Per che cos'era, Lazzaro?"

"Per quella cosa lì, bello come sempre. Ti hanno sfrattato dall'ufficio eh?"

"Che cosa vuoi farci, ormai ho venticinque anni. Sono anziano. Passo le serate guardando la televisione."

"Pippo Baudo?"

"Film porno."

"Non ci credo. So cosa guardi tu alla televisione. Guardi le aste per vedere come lavora la concorrenza."

Una rughetta si disegnò sulla larga, vasta fronte di Gippo. "Cristo. Sono truffatori. Ho mai fregato qualcuno io?" Gippo tirò la zip della tuta e mi lasciò ammirare gli ondulamenti dei panieri della bilancia. "Come mi trovi, Lazzaro? Ho messo su qualche chilo. Ti sembro grasso?"

"Ma va Gippo. Tu non sarai mai grasso. Sei massiccio..." gli indicai il pancione, "...è come se tu avessi ingoiato un macigno. Sei solido. Vai in cerca di complimenti a quest'ora?"

"No. Volevo vedere se ti ricordavi la regola."

"Quale regola?"

"Mai avere regole."

"Però tu le hai."

"Errore. Io non ho regole. Io faccio regole. È diverso. Non trovi?"

"Delle volte mi dico che saresti stato un ottimo avvocato penalista o un filosofo presocratico."

Gippo scrollò le spalle facendo ballare la bilancia: "Sai, preferisco distinguermi. Beviamo qualcosa?".

"Qui?"

"Qui." Gippo estrasse una fiaschetta e me la porse. Feci un tiro prima di essere colto da un accesso di tosse.

"Ma che cazzo è?"

"Whisky sardo."

"Non sapevo che i sardi facessero whisky?"

"Neanch'io."

Gippo stava guadagnando troppi punti perché potessi chiedergli un favore senza sentirmi a disagio. Dovevo ristabilire una certa parità.

"Beh Lazzaro. Per quella cosa lì...?"

"Niente da fare Gippo. Non sei all'altezza. Ti vedo in difficoltà. Se non altro economiche."

Gippo sempre sorridendo corrugò la fronte. Le rughe divennero risaie. "Perché?" eruttò.

"Quando te lo potevi permettere bevevi direttamente petrolio."

Le trincee sulla fronte si riempirono di rinnovato rispetto. Ne approfittai: "Mi sai dire qualcosa su dei killer con rasoi che girano in skate-board. E magari anche di una coppia di pistoleri, uno siculo, l'altro bergamasco, vestiti da Babbo Natale?"

Gippo esplose in una franca risata: "Cazzo Lazzaro, solo a te capitano tipi così. Non finirai mai di stupirmi".

"Non voglio stupirti. Voglio sapere chi sono e chi li ha mandati."

"Chi sono non ne ho idea, mi ci vorrà..." consultò l'orologio, "...un paio d'ore. Quanto a chi li ha mandati mi è impossibile saperlo... tre ore vanno bene?"

"Una volta eri più svelto."

"Tutti invecchiamo. Tranne i morti."

"Gippo, ti faccio un regalo," gli porsi la pistola che avevo prelevato a uno dei Babbi di minchia.

Gippo la soppesò. "È pulita?"

"Ne dubito."

"Bel regalo."

"A Natale farò di meglio."

Ci guardammo. Nessuno dei due aveva voglia di aspettare Natale. Gippo prese l'iniziativa.

"Mi offri una birra?"

"Dove?"

"In piazza Tirana."

"Dove giocano ai dadi?"

"Dove giocano a dadi e spillano birra."

Non si poteva rifiutare un invito a Gippo. Forse si sentiva solo. Raggiungemmo piazza Tirana. Le due birre divennero dodici. Il tavolino del bar era spropositatamente piccolo per noi due. Gli raccontai tutto. Anche quello di cui non mi importava più. Leona, Pogo, Ivan, Lucy, Nicky, Claudia, Nicky due, la psicologa, il poliziotto. Riempii Gippo di nomi. Aggrottò la fronte un paio di volte, si massaggiò la bilancia con le dita. Da quasi sbronzo gli chiesi di darmi una risposta a tutto. Da quasi sbronzo mi rispose di sì.

Di sé, invece, non mi raccontò niente di nuovo. Ma forse Gippo era così grosso perché assorbiva tutto, specialmente i guai degli altri. Gli raccontai, per ingentilire la serata, anche di Ulli. Gippo parlava con la fronte.

Il proprietario del bar, un cinquantenne pelato, verso le cinque annunciò a Gippo: "Dobbiamo chiudere". Gippo assentì. L'uomo gli porse le chiavi del locale e rinculò verso l'uscita. Che è solo l'entrata sotto un altro punto di vista. Poi abbassò la clèr. Ci chiuse dentro cementando le rinnovate basi di due esistenze parallele.

Intorno alle sei, una volta esaurita la saliva, i sigari (il bar non era un bar/tabacchi) e la capacità di non diventar ripetitivi, Gippo mi ricondusse di fronte all'autosalone che era stato lo Jago Bar e, sia pur invisibilmente, lo era ancora. Contemplò la vetrina. Corrugò la fronte e con un'improvvisa testata infranse il vetro che ci separava dai Bmw.

Non sopportava i bar che diventano autosaloni, né l'oscena legge per cui i bruchi diventano farfalle. Per lui le anatre potevano diventare farfalle. Un possibilista, non un condannato. L'antifurto del salone schiamazzò stridulo e potente come se lo avessero sgozzato. Coprì le ultime parole di Gippo.

"Ci sentiamo domani per quella cosa lì."

7.

Mi addormentavo sempre con la tivù accesa. C'era un motivo naturalmente. Da quando avevo scoperto di essere troppo grande per dichiarare ancora impunemente di avere paura del buio, mi ero comprato una bella tivù e l'avevo piazzata davanti al letto. Mi sintonizzavo su qualche vecchio film in bianco e nero, in modo che la luce fosse abbastanza moscia, chiudevo gli occhi e prendevo sonno.

Il bianco e nero era essenziale. Se avessi tentato di addormentarmi su un reportage del Carnevale di Rio, addio alle armi. Il colore non si addice al sonno. Il sonno, in fondo, è un allenamento alla morte, e i colori sono banditi da un funerale. In un funerale, per gli indiretti interessati, è già difficile seguire il feretro senza pensare ad altro, figuriamoci con una esplosione di colori.

Non volevo arrendermi al sonno mentre la tivù trasmetteva qualcosa di coloratamente vitale e mortifero come una corrida in diretta. No. Preferivo chiudere gli occhi su un vecchio film, per non perdermi niente di "nuovo". I vecchi film, in fondo, li avevo già visti e nulla di noto poteva accadere durante la mia incoscienza.

Mi svegliò come sempre il telefono: "Lazzaro, sono Carne".

Abbassai l'audio ammutolendo Humphrey Bogart.

"Lazzaro, ci sei? Vado in Turchia."

"A fare?"

"Un servizio fotografico. Ho conosciuto un turco al Merlino e..."

"Si è visto Pogo al Merlino?"

"Sì. Ieri sera. Volevo dirtelo. Era un pezzo che non si faceva vivo. Ieri è arrivato con quella Leona. Sfoggiava una fede d'oro. Te lo vedi?"

"Si è sposato?"

"Ma va'. Ha detto semplicemente che era un pegno."

"E lei...?"

"Mi ha strizzato l'occhio e ha detto a Pogo che doveva andare in bagno."

"Non dirmi che l'hai seguita?" Immaginai Carne arrossire come carne al fuoco.

“Sì. E mi ha limonato.”

Cristo, Leona si era sifonata anche Carne. “Bell’amico che sei.”

“Lo so. Ma vedi, in fondo l’ho fatto per Pogo. Volevo dimostrargli che Leona è una vacca e che non è adatta a lui.”

“Solo che poi non glielo hai detto, vero?”

“Vero. Non ho avuto il coraggio di ferirlo.”

“No, tu non hai avuto il coraggio di farti ferire da lui.”

L’amico si vede nei momenti del bisogno. Non nei momenti dei bisogni di Leona. Carne, sia tu che Leona, meritate il cesso come pied-à-terre”.

Carne ammutolì come Humphrey Bogart. Affondai il coltello nella “Piaga d’autunno”: “Ho capito cosa vai a fare in Turchia, maialone. Il servizio fotografico è una scusa. Non appartieni alla generazione che sognava la California né a quella che cercava se stessa in Italia. Non ci vai per lavoro, né ci vai per espiare. Un tipo come te va a espiare alle Bahamas. Tu in Turchia ci vai perché hai paura che Leona lo racconti a Pogo. Ne sarebbe capacissima. Per questo vuoi mettere fra te e Pogo almeno la Grecia. Non negare.”

Non negò, Carne, giuda goloso. Bofonchiò qualcosa riattaccando, proprio mentre sullo schermo Humphrey Bogart spariva lasciando posto alle parole “The end”.

Chiamai Caroli ma nessuno rispose. Che tristezza. Caroli sparito come Nicky. Pogo innamorato e ormai altrove e, infine, Carne in partenza per la Turchia. Arrivai al punto di prendere in considerazione l’idea di chiamare Ciro, anche se il dialogo che esisteva tra di noi somigliava a quello di due gangster di serie B.

Mentre mi stavo vigorosamente lavando i denti per vedere sangue dalle gengive, il telefono squillò. Insistere con uno spazzolino extra strong sulle gengive per farle sanguinare era una forma di suicidio da codardo: tempo cinque anni e sarei morto dissanguato. Era Gippo.

“Lazzaro. È per quella cosa lì. Ho un nome che mi torna. Del siciliano so solo che è in un giro a Quarto Oggiaro, ma il bergamasco ha un nome e un cognome, Gino Selvino. Fa parte di quel gruppo di coglioni dei mastini del Nord. Hai presente?”

"Come no. Quelli che vogliono ripulire il metrò dai meridionali e dai marocchini. Una specie di SS dilettanti e provinciali."

"Stacci al pelo."

"Perché? Sono dilettanti."

"Già. I dilettanti sono pericolosi. I professionisti, rapidi."

"Di', Gippo hai idea di dove posso trovarlo?"

Gippo mi diede l'indirizzo.

"Non so come ringraziarti."

"Lo so io. Ti interessa un camion di torrone? Saranno cento casse."

Pensai alle mie gengive sanguinolente. "Gippo, io odio il torrone e tu me ne proponi tonnellate. Non saprei cosa farmene."

"Questo è un problema tuo, bello. Fatti vivo. Ci conto."

Mi ritrovai più ricco di un nominativo e di un camion di torrone da spacciare per rendere un favore.

Dopo un bagno insolitamente veloce mi vestii per l'occasione. I mastini del Nord usavano, a guisa di tenuta da combattimento, giubbotti di pelle nera e berrettini militari verdi con visiera.

Il mio guardaroba avrebbe fatto felice qualsiasi sartoria teatrale. I cinque quinti delle ragazze che conosco sostengono di vestirsi, ogni giorno, secondo l'umore del momento. È una di quelle frasi fatte, fatte appunto perché risponde a banale inossidabile verità. Non mi vestivo sempre secondo l'umore del momento visto che cambiavo d'umore con velocità impressionante e trovavo scomodo girare con dei cambi. Finivano per sgualcirsi. Avevo però preventivato tutte le sfumature di umore possibile e preso i debiti provvedimenti. A volte ero talmente esasperato dal fatto di essere così indissolubilmente me stesso, che il trasformismo mi pareva se non una soluzione, almeno un palliativo. Non mi ci volle molto per sembrare al mio specchio un mastino del Nord, l'antitesi del mastino napoletano. Mi ci volle decisamente più tempo per convincere me stesso.

Gino Selvino era un figlio di puttana, ma sua madre non faceva la puttana. Era un donnino impietrito dalla rassegnazione, che abitava in fondo a viale Monza. Il cognome Selvino era scritto a pennarello su una porta del piano rialzato. Non c'era portineria. Il pavimento dell'atrio contrastava con la fatiscenza dello stabile per l'assurdo luccicore del marmo scalcagnato a cui qualcuno, la madre di Gino avrei scommesso, aveva dato la cera in modo maniacale.

"Chi è?" mi chiese un vocione gutturale.

L'anticamera ospitava sulle altrimenti nude pareti quadrettini di Papa Giovanni XXIII. Un odore di incenso, combinato a cera e ammoniaca, avvolgeva una donna segaligna eppure dolce. Sembrava un bastoncino di zucchero filato privo, ormai, dello zucchero filato.

"Cercavo Gino."

"È al cimitero."

"È morto?" Fine della pista.

"No," rispose quasi delusa, "è al funerale di Concetta, la sua ragazza." Lo stecchino si riempì di lacrime.

"La sua ragazza?"

"Sì. Poverina. Una così brava ragazza. Era brava lei, lavoratrice. Faceva l'operaia."

"Dove?"

"A Opera." L'operaia a Opera, un destino interrotto.

"È morta ieri l'altro. Peritonite. Vaccaboia."

Qualcosa non mi tornava.

Le chiesi il funerale dov'era.

"A Opera," disse, "una così brava ragazza."

"Già," risposi. Mi faceva tenerezza.

"Le piace il torrone?" chiesi senza doppi sensi. Un camion di torrone sarebbe stato il risarcimento per una vita di figli sbandati, di nuore morte, di pavimenti lucidi.

Uscii di lì col magone.

Il taxi mi scaricò di fronte alla chiesa. Il cielo era bianco e nero. Da funerale. Un cielo incombente, una minaccia di pioggia, di grandine forse, di diluvio addirittura. La chiesa, da cui il corteo funebre si stava allontanando, era una di quelle chiese fredde come il rigor mortis. Una chiesa industriale in una zona industrializzata. Il Crocifisso sembrava un'antenna. Mancava solo una ciminiera e avrei potuto pensare che anche Dio, a Opera, avesse una fabbrichetta. Niente di pretenzioso, sia chiaro. Nessuna Ultima Cena. Ma neanche un quadro naïf. Solo un asettico mausoleo del presente. Un tempio frigido.

Il corteo funebre smentiva in parte la prima impressione. C'era dolore. La gente non guardava il cielo minaccioso. Seguiva il feretro con occhi bassi. C'erano veli neri, jeans stinti. Dove non c'erano né amore né dolore, esisteva, se non altro, rispetto.

Mi avvicinai a un uomo appassito, abito blu di due misure più largo, scarponcini da montagna, camicia lisa, occhi blu, cravatta nera. Non piangeva. Esibiva una cataratta.

"Scusi, ha visto Gino?" sussurrai. Ai funerali si sussurra, ai matrimoni si getta riso.

"Sta là. Coi genitori."

Individuai Babbo di Bergamo. Piangeva, quel porco, di un pianto vero. Il completo nocciola gli stava peggio di quanto gli fosse stato male il completo da Babbo Natale. Mi sentivo fuori posto travestito da mastino del Nord a un funerale del Sud. Per autopunirmi di ciò che stavo per fare mi sorbii il funerale di Concetta Ciano, sforzandomi di provare qualcosa, che non fosse impazienza.

Mi accodai alla processione e, al momento di salire in macchina per raggiungere il cimitero, accettai il passaggio dell'uomo con la cataratta. Gino gettò un fiore nella tomba. Io gettai il mozzicone di sigaro in un tombino. Anche un sigaro spento mi sembrava irrispettoso.

All'uscita del cimitero mi unii ai dolenti che abbracciavano Gino. Quando fu il mio turno, prima di stringerlo a me, lo guardai dritto negli occhi. Gino mi riconobbe. Prima che potesse reagire gli piantai una ginocchiata nei testicoli. Si piegò in due.

"Sta male, non ha retto al dolore. Lo accompagno a prendere qualcosa di forte," mi giustificai di fronte a un capannello di preoccupatissimi suoi quasi parenti. Fingendo di sostenere Gino, gli coprivo con una mano la bocca, mentre con l'altra gli strizzavo i coglioni.

Anche il cimitero aveva un che della fabbrica. Più che un luogo che sancisse l'eterno riposo, pareva un deposito di pietre tombali. Un marmificio.

Mi spupazzai Gino semisvenuto dal dolore sino alla chiesa. C'era un bar dell'oratorio, una specie di mensa.

Appoggiai Babbo di Bergamo a una sedia dallo schienale rigido e lucido come una bara o un pavimento di viale Monza e ordinai due punch al rhum. Il barista, giustamente, aveva un'aria da funerale.

Mi portai i punch al tavolo e li bevetti d'un fiato. Gino riaprì gli occhi, sollecitato da un sotterraneo calcio allo stinco.

"Prima domanda," dissi, "perché ieri sera hai sparato addosso a me e al mio amico?"

Gino riuscì a biascicare: "Non dovevamo sparare a te ma a Caroli".

"Perché?"

"Per i soldi."

"Chi ti ha pagato?"

Esitò. Gli strizzai di nuovo i testicoli. "Non so. Non hanno pagato me. Hanno pagato Pasquale. È lui che sa tutto e che combina 'ste cose."

"Il terzo Babbo Natale, quello che ho ferito, che fine ha fatto?"

"L'abbiamo mollato al suo bar, a Quarto Oggiaro."

"Di dov'era?"

"Svizzero."

"Pasquale, e poi?"

"Pasquale Mezzasalma. Io ti giuro, non volevo ammazzare nessuno. Pasquale sì."

"E non hai veramente idea di chi abbia pagato Pasquale?"

"No, ti giuro, te lo direi."

"Ti credo come credo a Babbo Natale. Ora ascoltami bene. Dimenticati di me e dimenticati di Pasquale. Dimenticati pure di quei maiali dei mastini del Nord. Ricordati solo di Concetta. Anche se non la conoscevo, penso che ne valga la pena. Quanti anni hai?"

"Ventiquattro."

"Beh, se vuoi arrivare a venticinque, tieni la bocca cucita. O ti ritrovi – stavo pensando a qualcosa di efficace – o ti ritrovi un torrone in bocca, stronzo."

"Un torrone?" domandò. La curiosità era più forte del dolore fisico e del dolore per la morte di Concetta.

"Sì, un torrone. Hai mai sentito parlare dei lupi del torrone?" improvvisai.

"Sì, come no," mentì.

"Beh, abbiamo già fatto visita a tua madre. Ci tieni a tua madre, no? Questo era solo un avvertimento."

Gli strinsi un'ultima volta i coglioni. Mi interruppi poco prima che mi balenasse il pensiero che, forse, ci stavo prendendo gusto. Lasciai Gino accasciato.

Mi avvicinai al banco e dissi a Faccia da funerale: "Ah, senta, i due punch al rum li paga il mio amico".

All'uscita del bar dell'oratorio incappai in un nugolo di parenti di Concetta che stavano cercando Gino.

"È al bar. Beve per dimenticare," li avvisai. Tra gli afflitti riconobbi l'uomo con la cataratta.

"Come sta Gino?" mi chiese.

"Beh, soffre, è naturale. Ma penso che si riprenderà: i coglioni ce li ha."

Il cielo esplose e cominciò a piovere mentre cercavo un taxi. Ero soddisfatto di me. Una volta che i Selvino avessero ricevuto i torroni, la madre avrebbe pensato a un mio omaggio, il figlio a un mio monito. Avevo preso due pesci con un torrone.

I vol-au-vent si erano freddati. Il calendario segnalava un giovedì. Mia madre, quindi, era con nonna e cane ai giardini pubblici.

Divorai i vol-au-vent senza appetito, giusto per nutrirmi un po'.

Poi mi ricordai di essere innamorato e telefonai a Ulli.

"Ciao sono Lazzaro, Ulli?"

"Non sono Ulli sono Sabine, sua sorella, abbiamo la stessa voce, ci confondono tutti."

"Le somigli anche fisicamente..."

Non rispose. Non subito.

"Lazzaro?"

"Sabine?"

"No sono Ulli. Vero che abbiamo la stessa voce?"

Caroli non c'era e se c'era dormiva. Ma c'erano altre cose, fisse, solide, chiodi su un quadro quasi idilliaco. Un ritratto di famiglia. Eravamo in pochi, questo sì, io, mia madre, mia nonna. Tre caricature. Ognuno di noi così figlio, così madre, e così nonna da sembrare "non". Invece eravamo veri. Nessuno ci aveva ancora seppelliti per farci diventare un ricordo.

La ragazza di Gino era sottoterra. Se fosse stata presente e viva non mi sarei mai permesso di umiliarne, fustigandolo, il fidanzato. Ma lei era sottoterra, coi vermi, e i vermi si sarebbero affezionati a lei in modo più totale di quanto le si fosse affezionato Gino.

Né Gino né i vermi la meritavano. Doveva esserci qualcos'altro. Un posto senza vermi e senza Gini. Dov'era Nicky? Dov'era Lucy? Dov'erano tutti i soprannomi? Io volevo andare in quel luogo, non necessariamente per rimanerci. Neanche Gippo, nonostante la sua organizzazione, sapeva esattamente dove fosse, né a chi rivolgersi per raggiungerlo.

Ci pensavo più spesso di quanto volessi. Aprii il portafoglio, lanciai un'occhiata a una foto che ci tenevo dentro, cercandovi approvazione. L'approvazione arrivò. Ora non solo sapevo cosa fare, ma forse persino perché.

Tenere una foto nel portafoglio è come tenere un sasso in una giacca. Ce lo infili per qualche tuo oscuro motivo, e se passa del tempo, mentre il sasso ti sforma la tasca, improvvisamente ti rendi conto che la giacca ti interessa solo in quanto "contenitore" del sasso. Non la butti via per rispetto al sasso, e se proprio sei costretto a fare una scelta, getti la giacca e ti tieni il sasso. Un sasso che sformerà altre giacche, ma di cui non sai, non puoi, non vuoi disfarti.

La foto nel portafoglio era il mio sasso nella tasca. Mi faceva male, questo sì. "Ho un sassolino nella tasca, ahi, che mi fa tanto tanto male, ahi..." ma poi guardavo la foto e anestetizzavo il cuore e il portafoglio. Ritrovavo la "voglia" che credevo di aver dimenticato in un altro portafoglio, in un'altra giacca.

Le foto in fondo sono sassi con le figure.

La cugina di Leona odiava Pogo quanto Pogo odiava la cugina di Leona.

Leona, tra queste due correnti d'odio, si sentiva come in una vasca da idromassaggio. Pogo se ne era accorto, ma l'istinto, l'antico istinto che lo aveva preservato da tempeste e assalti era completamente asservito a Leona. Ogniqualvolta qualcosa in Pogo tentava di abbaiare, Leona trasformava il suono in un uggiolio di desiderio e Pogo, inconsapevole perché privato delle difese naturali, anziché parlare, come del resto credeva di fare, si limitava a guaire.

Leona si era divisa tra Pogo e sua cugina. Silvia, la cugina, invidiava a Pogo il pene. Le sarebbe piaciuto avere l'illusione di possedere Leona. Silvia era conscia di essere posseduta da Leona. Pogo no. Pogo era ancora convinto che la prolunga di sé che inseriva in Leona gli appartenesse. Non si era reso conto che ormai il suo pene era di Leona, e che Leona non faceva altro che limitarsi a prestarglielo, attaccato allo scroto, quando non ne aveva voglia o bisogno.

Anche Silvia credeva che la propria lingua, con cui esplorare Leona, non appartenesse a Leona.

Leona, invece, sapeva tutto, aveva sempre saputo tutto. La verità nuda di una lingua e di un pene come proprie dépendance, non faceva che accrescere il potere di Leona Pavesi, sociologa ninfomane.

Ciò di cui Leona non si era ancora accorta, si materializzava in chili su fianchi e culo: Leona ingrassava. Non lo avrebbe mai ammesso né mai lo avrebbero potuto constatare i suoi annebbiati adepti, ma la figura di Leona, che mai era stata filiforme, gonfiandosi del desiderio e della devozione altrui, nel corso degli ultimi mesi, si era appesantita.

Leona era sempre stata terrorizzata dal vuoto, al punto di riempire ogni proprio orifizio di pezzi di carne di estranei, ma ora, grottesca caricatura del contenitore del desiderio, Leona sarebbe diventata mostruosa. Ma ora... ora c'era Silvia che le stava laccando le unghie dei piedi e Pogo che fissava ipnotizzato il rosso che dal pennello si trasferiva a Leona appartenendole. Se Leona fosse morta in quel momento, Pogo e Silvia, vincendo le reciproche diffidenze, l'avrebbero imbalsamata per trattenerla, bambola gonfiata, Dea Kalì dai molti uteri, anziché dalle molte braccia.

Con Silvia era stato più facile. Una cugina minore, se te la sai rigirare dall'infanzia, è un cagnolino adorante e una cagna in calore. Con Pogo il problema si era rivelato più complesso. Pogo era forte, sicuro di sé, ma Leona parlava agli animali e Pogo, nonostante la forza e l'intelligenza, non era agli occhi di Leona che uno strambo animale indipendente. Tra la dipendenza e l'indipendenza il passo è breve e felpato.

Leona si era sottomessa a Pogo nel senso che gli si era messa sotto, lasciandogli l'illusione che il sotto e il sopra fossero due cose diverse e non la stessa cosa inquadrata da un altro punto di vista. Quando pensava a se stessa senza masturbarsi, Leona amava immaginarsi come una Circe meno ingenua: "Che bisogno c'è di trasformare gli uomini in porci quando gli uomini sono già tutti porci?". È talmente più semplice aspettarli al varco di via Gustavo Modena, sublime scrofa addobbata di calamite, vestita di sonagli. La scrofa a sonagli.

Leona sorrise di un sorriso nervoso constatando di aver pensato a se stessa in questi termini. Ma tutto, proprio tutto, anche un sorriso che sembra una ferita, un taglio nella faccia, è meglio del vuoto.

Il metrò era vuoto, a parte me. Per questo ci ero salito. Io amo camminare perché è più elegante che correre, ma a quell'ora il metrò era vuoto e io ero vicino al metrò e a qualche risposta.

Ulli e Sabine mi stavano aspettando a casa loro: mi crogiolai al pensiero di Ulli, mi irrigidii a quello di Sabine. Avevo impiegato il mio tempo evitando di dare spiegazioni. Ne volevo però. E non da Ulli e Sabine. Da Ulli desideravo solo baci sul naso e sull'uccello. Da Sabine ospitalità. Nonostante le ammaccature, mi sentivo sufficientemente soddisfatto di me stesso: ero meno egoista di un tempo. Anni prima, non molti per la verità, mi sarei limitato a cercare risposte riguardanti me, un porco addobbato da calamite.

Ora volevo sapere "chi e perché". "Dove" persino. Ma "chi", "perché" e "dove" avevano punti interrogativi taglienti che riguardavano persone e che mi avevano circondato, sfiorato, interessato. Persone che non ero io.

Una volta saturata la "Piaga d'autunno" di Caroli e recuperato, viva o morta che fosse, Nicky, avrei potuto finalmente riprendere a occuparmi di Lazzaro Santandrea. Esaurito il passato e il presente non sarebbe rimasto che il futuro.

Per strada avevo perso molte cose, ma altre cose nuove sarebbero venute.

Il metrò era vuoto, un serpentone senza guidatore ma con un passaggero. Salirono a Porta Venezia. Mi lanciarono un'occhiata e ridiscesero prima che le porte del convoglio avessero il tempo di dire: "Qui giace l'Aretin poeta tosco. / Di tutti disse mal fuorché di Cristo. / Scusandosi col dir 'non lo conosco' " di Paolo Giovio, vescovo di Nocera.

Le porte erano lente. Loro erano neri. "Neri" è improprio, in fondo, erano sul marrone. "Negri" è brutto. In bocca ai razzisti è un termine talmente marcio che puzza e da ciò i razzisti traggono la conclusione che i negri puzzino, mentre puzza l'inodore parola "negro" nelle loro fetide bocche. Erano neri, comunque, e se puzzavano, puzzavano di rabbia.

I mastini del Nord che pattugliavano i metrò per punire i non ariani e i non coglioni, avevano suscitato le ovvie resistenze armate di gruppi opposti a loro. Nelle stazioni della metropolitana si era quindi creata una geografia sotterranea con imperi da perdere e da conquistare. I mastini del Nord avevano in appannaggio la stazione Udine. Udine è nel Nord d'Italia. Porta Venezia era in mano ai coloured forse per via di Otello, il "Moro" di Venezia. A Lotto c'era il gioco d'azzardo; a Duomo i turisti giapponesi; Conciliazione, in effetti, nomen omen, non era una fermata pregiudiziale; Cascina Gobba implicava un pellegrinaggio in un hinterland di lavoratori non atletici. Gorgonzola puzza di campagna. Bande Nere pullula di neofascisti periferici. QT 8 è segreto come 007; a Palestro ci sono i culturisti. Non era solo compiaciuta paranoia metropolitana. Funzionava così anche in superficie: in piazza Cinque Giornate nessuno trascorre il week-end.

Ulli abitava in via Bellezza, e neanche questo era certo un caso. Proprio sopra la scuola di danza che si trovava in un vasto seminterrato. Le ballerine del seminterrato si alzavano sulle punte per sembrare più alte e per accedere ai piani superiori. A Ulli bastava l'ascensore.

Un solo giorno era trascorso dal nostro primo e ultimo incontro, ma gli avvenimenti delle ultime ventiquattr'ore non erano certo contenibili in un paio di giri d'orologio. Salendo le scale temevo il pericolo maggiore: la delusione, mia e sua. Ci eravamo lasciati ventiquattr'ore prima, molte cose erano sicuramente cambiate; in primis, lei non era sicuramente più vestita da Babbo Natale, poi c'era un caleidoscopio che nessuna ventiquattrore avrebbe potuto contenere.

Le mie ventiquattrore erano sempre, e da sempre, ventiquattrore col doppio fondo. Mi sentivo ridicolo con due bottiglie di spumante Ferrari, trentino come mia nonna. Le tenevo sotto le ascelle come termometri, il che mi paralizzava i movimenti, anche quelli semplici, come suonare un campanello o applaudire a una nuova conquista da immaturo trentenne qual ero e maturissimo sedicenne quale mi sentivo.

Ulli aprì la porta.

"Ciao."

"Ciao Ulli."

"Non sono Ulli, sono Sabine."

Erano identiche. Sabine aveva solo le gote più rosse, come se avesse bevuto. Aveva bevuto. Lo constatai quando mi alitò in faccia, e con voce incerta annunciò: "C'è una festa. Sei l'ultimo arrivato".

Io? Io l'ultimo arrivato? Ecco perché, benché fossero identiche, mi ero innamorato di Ulli e non di Sabine. Ulli non mi avrebbe mai detto che ero l'ultimo arrivato. Si sarebbe limitata a constatare che ero arrivato per ultimo, e quindi, beato me, mio sarebbe stato il regno dei cieli.

Ulli raggiunse Sabine sulla soglia. Sabine indossava un miniabito rosso. Ulli no. Ulli non aveva addosso che un paio di boxer e un reggiseno di cotone su cui erano raffigurati orsacchiotti assisi su trattori. Concentrai la mia attenzione su un orsacchiotto tralasciando il trattore. Ulli, con voce impastata si giustificò: "Scusa l'abbigliamento. È una penitenza". Da sbronza e seminuda era quasi meglio che vestita da Babbo Natale.

"Non devi darmi spiegazioni. Ho capito tutto. Avete fatto il gioco della bottiglia, ti sei scolata la bottiglia e poi l'hai fatta ruotare così forte che il vento ti ha strappato i vestiti." Ulli mi guardò con occhi ebeti e bellissimi. Ai suoi piedi un gatto. La mia attenzione dagli orsacchiotti si trasferì sul gatto.

Ulli mi aveva raccontato che, benché dalle sue parti strozzare i gatti fosse una consuetudine, lei deplorava l'atteggiamento al punto di ospitare gatti di nascosto, come i tedeschi antinazisti avevano fatto con gli ebrei. Il gatto di Ulli era enorme e tremendo. Generazioni di gatti da combattimento si erano alternate per costruire il patrimonio genetico di un gatto grosso come un cane di taglia media.

Solo allora notai i graffi sulle gambe di Ulli. Il gatto mannaro.

Il gatto mi strisciò tra le gambe, provocandomi un brivido. Mi piegai per accarezzarlo, giusto per non farmi un altro nemico, e le bottiglie di Ferrari si infransero al suolo. Il gatto, incattivito dall'esplosione, inarcandosi, mi soffiò addosso. L'avrei strozzato, se ne avessi avuto il coraggio. Invece rinculai. Ulli, per trattenermi, trasferì il proprio precario equilibrio su un coccio. La festa per i piedi di Ulli era definitivamente rovinata.

A quel punto rimanere sulla porta non avrebbe potuto che peggiorare la situazione. Entrai, quindi, deciso a ubriacarmi nel più breve tempo possibile. Schivai cocci, Ulli e gatto e mi avventurai nel vasto bilocale dove campeggiavano un divano letto e un paio di lunghi tavoli adibiti a portavivande.

I presenti erano quasi tutti già ubriachi. Una fauna eterogenea di fuseaux e pantaloni di velluto, di minigonne e fumo di Londra e di spinello. La trasgressione convenzionale di neo-post-adolescenti.

Mi sentii vecchio. Vecchissimo. Troppo vecchio per me più che per Ulli. Una chiazza di vomito su una moquette bianca.

Simpatizzai con un tale che stava cercando di farsi crescere i baffi con scarsi risultati, proprio io che, dopo averli tagliati, non potevo che somigliare, paradossalmente, al suo "coetaneo" maggiore.

Ulli rientrò con piedi fasciati e in tuta da ginnastica, livida come se fosse stata lei a vomitare sulla moquette bianca della mia non appartenenza a quel luogo. Pogo mi mancava più che mai.

Mi ero appena spazzato una teoria di bicchieri di carta ebbri di sangria, che, con la scusa di sorreggere Ulli, le infilai la lingua in bocca. Ulli aveva umori acidi, ma la sangria le si trasfuse in bocca, rendendo un bacio d'occasione, se non altro, aromatico. Peccato che il giorno dopo ci saremmo dimenticati il gusto del bacio, limitandoci all'imbarazzata certezza di avere avuto qualcosa in comune, un'orgia di inconsapevoli papille gustative, troppo sbronze per farne un bel ricordo.

Dopo il bacio, confidai a Ulli cose che non avrei, normalmente, raccontato a me stesso. Poi le chiesi di telefonare e, con una certa difficoltà, composi il numero di Caroli.

"Pronto, sono Lazzaro."

"Ah, Lazzaro, ti devo parlare."

"Vediamoci."

"Non posso. Tutto quello che ho nel portafoglio è un biglietto del tram."

"Beh, usalo."

"Non posso. È scaduto. Mia madre non mi scuce una lira. Ha paura che esca, dopo la sparatoria. Ehi Lazzaro, ti sento un po' sifonato. Forse è meglio che ci sentiamo domani mattina. Se vuoi, anzi, è meglio che ci vediamo."

"E come fai coi biglietti?"

"Domani, forse, avrò abbastanza soldi da venire in taxi."

"Tu mi nascondi qualcosa."

"Certo, sennò che gusto c'è?" Caroli rise della sua risata rovinata, quella dell'uomo che ha toccato il fondo e che, assistendo alla propria caduta, è convinto di stare a guardare *Oggi le comiche*, con un gruppo di inossidabili attori del cinema muto come controfigure. Fanciullesco, tragico Caroli. Persino le telefonate fallivano allegramente con lui e come lui.

L'attesa era insostenibile. "Mollo il colpo," dissi a me stesso ad alta voce. Tracannai un fondo di sangria e dopo aver salutato, barcollando, un ragazzo con dei quasi baffi, arrancai verso l'uscita.

"Il gatto è morto. Chi ha strozzato il gatto?" gridò qualcuno con la voce impastata.

Il gatto mannaro aveva effettivamente il collo in un'angolazione innaturale. Non riuscii a trattenere un attacco di tosse nervosa. Guadagnai l'uscita dove mi attendeva, ubriaca, Ulli.

"Mi dispiace per il gatto." Ulli scoppiò a piangere. Per asciugarle delle lacrime che le erano finite sulle labbra la baciai di nuovo. Collaborò, riattivata dal corpo sempre meno estraneo della mia lingua.

"Ti chiamo domani Ulli." Ulli non indossava più la tuta da ginnastica, sfoggiava un miniabito rosso.

"Non sono Ulli, io – calcò sull'io – sono Sabine."

8.

C'è un gioco sottile nel risveglio. Una fase in cui la morte ti corteggia, lusingandoti, per protrarre il sonno e convincerti a non svegliarti mai più.

La morte ha la prima mano. Ti presenta caleidoscopicamente ciò che ti attende non appena avrai aperto gli occhi. Di che sudare freddo in un letto caldo. Poi, ti fa una controproposta: ti invita a tenere gli occhi chiusi, come se tu fossi il testimone di un imminente delitto mafioso. Quindi, gioca la carta del torpore: un asso pigliatutto che si porta via i tuoi progetti per il passato, ramazza l'angoscia di un presente onnipresente come Dio, ti assicura che nel futuro, per tua fortuna, non ci sarai.

Che si arrangino gli altri, quelli svegli. Vegetare e vegetale hanno la stessa radice.

Che prospettiva, una vita da finocchio in un mondo di macho che ti irridono. Che prospettiva, una vita da macho in un mondo di finocchi che ti vogliono alla catena di "montaggio". Che prospettiva, una vita da finocchio tra i finocchi, in attesa di un bacio, di un macho, di un impossibile matrimonio riparatore. Che prospettiva, una vita da macho tra i macho in attesa di un finocchio, che con una carezza obliqua, instilli il dubbio sulle tue muscolose, muscolari certezze.

"Un finocchio io..." replica il macho "...meglio la morte."

E infatti proprio di morte si tratta, la risposta definitiva alle tue aspettative. La signora con falce e martello, se sei comunista. Il nulla che fa le fusa, acciambellato dentro di te. Una virago che se le dai il dito, ti prende il braccio e ti batte a braccio di ferro, perché non hai voglia di opporre resistenza. Stai per cedere... quando: "Il gioco è bello quando dura poco".

Apri di scatto gli occhi e cerchi la solidarietà di un caffè. Hai vinto anche per questa volta. Anche per questa mattina. La morte chiede la rivincita. Gliela concedi. Alla fine della prossima notte.

"Come posso fare una cosa monotona come svegliarmi, ed esserne disgustato e contento in rapida successione?" mi chiesi disgustato e contento. Disgustato al punto di lavarmi. Un'ora di vasca da bagno, leggendo *Spiderman* in inglese per avere l'alibi di rinfrescare le lingue.

Nonostante l'acqua calda, il mio cane infilò il naso su una nuvola di schiuma nel tentativo di baciarmi. Tutti volevano baciarmi. Tranne quelli che volevano ammazzarmi. E quelli, i più, a cui non gliene fregava niente.

Ma a me importava di qualcosa. Al momento mi importava delle apparenze del mio risveglio davanti allo specchio: "Lazzaro Santandrea, vecchio narcisista".

Volevo un declino bello come un declivio, un viale del tramonto che partisse dal belvedere.

Ma il "poi" dura poco come poi e diventa subito "adesso". Adesso ero costretto a fare i due o tre conti che giustificassero il mio risveglio. Da mesi non lavoravo. Non che ritenessi il lavoro nobilitante, ma per me era... una specie di ginnastica, grazie a cui non rassodavi gli addominali bensì i temporali, i muscoli del tempo, quelli che ti permettevano di sollevare una demotivata sopravvivenza.

Mi era morta troppa gente intorno, alcuni di morte violenta, altri di morte naturale. Il mio problema (a ognuno il suo) consisteva nel fatto che ritenevo "naturale" la morte violenta, mentre non riuscivo ad accettare l'apatica violenza della morte naturale.

Ero convinto che Nicky fosse morta. Morta come una bugia. La vita dopo la morte è, probabilmente, una bugia. Morendo, Nicky mi aveva tolto la possibilità di vivere altrove e altr-come. Sempre che fosse morta. Lei, che raccontando un sacco di palle si costruiva mille vite, lasciando la propria in eredità a un'unica persona, la rachitica indossatrice di un cappuccetto rosso, aveva privato me delle altre vite. Le sue, le mie, le nostre, le loro.

Loro, già. Il resto era lì. Le colpe degli altri. Antonello Caroli con la sua ventennale omissione di soccorso, col cadavere scomparso della sua bella che gli si ripresenta in autunno. Gli altri erano lì: Pogo con Leona; Leona, la gravida di libidini patologiche, patteggianti con la patta di chiunque; Vito e Doni con le loro diapositive; Carne coi suoi panini alti come la Tour Eiffel e così pieni da pendere, tra sottaceti che ne minavano la stabilità, come la Torre di Pisa; Ulli con sua sorella.

Ma chi desideravo di più? Ulli o sua sorella, comunque cazzo si chiamasse? E la mamma e la nonna e il cane. E il 14 febbraio, che agli altri ricordava San Valentino, patrono degli innamorati, a me ricordava il massacro e Al Capone. E la psicologa, che non vedendomi da un pezzo, si doveva contentare di incesti, invidie del pene e matricidi, annunciati e non commessi da altri pazienti.

La casella della posta era piena. Pubblicità, pubblicità, pubblicità e pubblicità. Il Reader's Digest che mi spiegava come avrei potuto vincere un miliardo al prezzo di un fancobollo, non sapendo, poverini, che per me un miliardo aveva esattamente *già* il valore di un francobollo. E non ero mai stato filatelico.

La coscienza del sedere doveva riprendere il proprio trono perché si cicatrizzasse la "Piaga d'autunno" e tornasse, libero, felice e invincibile il senso della frase.

"Lazzaro?"

"Sì, mamma?"

"Non so se te ne sei accorto, ma la nonna era venuta a vivere con noi. Si sentiva sola, stava male... l'asma... Tu non te ne sei accorto, naturalmente. Stanotte chissà dov'eri."

"Ero dove ero. Ecco dove ero."

"Cos'è, una provocazione?"

"No. Una citazione." Mia madre scoppiò a piangere.

Era sempre la solita storia. Quando uscivo, mia madre coltivava i miei rimorsi. Le volevo bene, troppo bene. Edipo lo avrebbe chiamato amore, ma non era così.

In mia madre era connaturato il potere di irritarmi, poi si rincantucciava in un vittimismo di saggezza. Io mi incazzavo, lei smetteva di piangere, io scoppiavo a piangere. Lei mi consolava.

Non solo è strana la vita, è anche strana mia madre. È anche strana mia nonna. Sono anche strano io.

"La nonna è morta," disse mia madre.

"Impossibile," dissi io.

"Sii forte," disse mia madre. Mi avvicinai al corpo di mia nonna. Una donna che da giovane era stata bellissima. Un essere che, continuando a esistere, mi aveva illuso di restare bambino. Mia nonna: una creatura che somigliava a una poesia scritta da un pugile.

Mia nonna lì, sul letto di morte, morta. Mia nonna che a ottantacinque anni diceva delle settantenni: "Sono vecchie", annoiandosi della loro compagnia. Mia nonna, caratteriale come un camionista. Mia nonna, con le piume e le penne di un alpino. Mia nonna era morta.

E quando c'è il dolore te ne freghi di tutto il resto. La mancanza di una presenza non è un'assenza, ma una presenza esibizionista oltre la morte. Una persona che respirava, e che ora respira in te, da cui erediti l'asma e una casa, soldi, a volte. Mia nonna.

Mamma pianse. Anch'io. Nonna, sdraiata su un letto, riaprì gli occhi, emise un piccolo rutto e, conscia di essere ancora viva, ordinò un Fernet.

La priorità "nonna" entrò nel dimenticatoio, forte del fatto che fosse immortale. Mia nonna, perfettamente ristabilita, mi chiamò al suo letto di morte: "Sto morendo Lazzaro, ostia!".

"Nonna, ma se dici 'ostia' non finirai mai in Paradiso."

Nonna aveva paura della morte al punto di credersi immortale, con delle dilazioni ("Ancora due o tre anni," diceva ogni due o tre anni).

"Il Paradiso? Mah. Il Paradiso è una cosa corta." Non capii mai cosa intendesse per "una cosa corta". Non perché morì. Perché sopravvisse senza spiegarmelo.

Mezzogiorno è un'ora decente per chiamare due ragazze che si sono ubriacate la notte prima? Sì, certo, l'ora è decente, soprattutto se la notte prima anche tu in compagnia di quelle due ragazze non eri molto sobrio.

Ciò che mi tratteneva dal chiamare Ulli non era tanto lo scambio di effusioni con sua sorella (in fondo, credevo fosse Ulli) quanto il fatto che se avesse risposto Sabine non avrei saputo cosa dirle. In fondo avevamo diviso solo un bacio alcolico. Uno di quei baci senza importanza che si danno solo con la lingua, ma senza cuore o genitali. Quei baci di cui nessuno parla nelle poesie perché è difficile in italiano trovare una parola che faccia rima con lingua. Quei baci vinosi di cui hai solo un vago ricordo, né bello né brutto, evocativo come il ricordo di un'anestesia locale.

Mentre perdevo altro tempo della mia vita fissando un telefono, il telefono squillò. Sollevai la cornetta il più velocemente possibile, per impedire che seguitasse a suonare trillando beffardo alla mia indecisione, alla mia mancanza di coraggio.

"Pronto. Lazzaro, sono Sabine..."

"Vedi, Sabine, non vorrei che..."

"Ti passo Ulli..."

"Lazzaro, sono Ulli..."

"Ciao Ulli, non vorrei che..." Prima che riuscissi a spiegare a Ulli cose che neanch'io avevo ancora esattamente capito, anche il citofono diede un segno di vita. Quel suono goffo da citofono. Più rozzo del trillo del telefono in quanto, forse, nelle intenzioni di San Citofono è necessario imitare il suono grossolano del batacchio di un portone.

Ulli stava rispondendomi "Guarda che non è il caso che...", quando il caso volle che il citofono suonasse. Il cane cominciò ad abbaiare. Mia madre annunciò: "Lazzaro, rispondi tu" e mia nonna, per entrare nella jam session, iniziò a inveire dal suo presunto letto di morte: "Non si può proprio stare in questa casa. Me ne torno in Trentino dove...".

"Scusa Ulli, è il citofono."

"Ma che citofono. Sento benissimo che è un cane che abbaia."

"Sì, ma il cane abbaia perché ha suonato il citofono." Il citofono chiamato in causa si fece di nuovo sentire. Il cane abbaiò coprendo il suono e le rimostranze di mia nonna. Ulli e io avevamo chiaramente dei problemi di incomunicabilità. Visto e considerato che mi era impossibile, eticamente, prendere a calci il cane, esasperato, riattaccai in faccia a Ulli. Ecco, ora avevo finalmente un motivo valido per scusarmi con lei.

"Siii?" dissi ringhiando al citofono.

La voce giuliva di Antonello Caroli attore rispose: "Lazzaro posso salire...?".

Ciononostante gli aprii la porta. Ero ancora in pigiama. I due pezzi erano spaiati. Mia madre si ostinava a regalarmi pigiami con frequenza settimanale. Li comprava al mercato di viale Papiniano convinta di fare un affare. Possedevo pigiami che stipavo in cassetti per non rivederli più. Poi, quando rientravo nel cuore della notte, pescavo a caso, abbinando giacca e pantaloni che, al mattino allo specchio, per un uomo di gusto come me, apparivano ancora più irritanti nella loro incompatibilità.

Il telefono squillò di nuovo. Probabilmente Ulli desiderava spiegazioni. O forse, inviperita, desiderava avvelenarmi. Lasciai che la segreteria telefonica facesse il suo dovere e mi precipitai alla porta prima che suonasse anche il campanello.

Caroli era lì, oblungo, al fianco di un tracagnotto che dimostrava una quarantina d'anni. Perfettamente sbarbato, pantaloni grigi, doppiopetto blu, una camicia Oxford e una cravatta di una bellezza banale, come una modella per la pubblicità di un dentifricio anticarie. Sul tutto un trench che lo infagottava.

Caroli, dal canto suo, esibiva un giaccone da marinaio e pantaloni di velluto a coste di un blu da controllore d'autobus. Erano entrambi più eleganti del mio raffazzonato pigiama.

"Lazzaro, ti vorrei presentare Paolo."

"Piacere" dissi senza convinzione.

"Piacere" rispose Paolo con la stessa mancanza di convinzione.

L'unico a sorridere era Caroli, ma stavolta il suo sorriso fanciullesco aveva un che di innaturale.

"Lazzaro, forse non hai capito, ma questo è Paolo".

"E allora?"

"Lazzaro, questo Paolo è quello che ha ucciso Lucy." Paolo si imporporò.

"Ehi, un momento, io non ho ucciso nessuno. Se sono venuto qui è stato unicamente perché mi avevi chiesto di incontrarti, Ivan." A quell'"Ivan" ricollegai gli eventi. Questo bel tomo in tenuta manageriale era il responsabile della "Piaga d'autunno" di Caroli. Il probabile assassino di una ragazza che aveva concluso un pomeriggio proletariamente romantico con un bagno di sangue aristocratico come Caligola.

"Senta Lazzaro, io non la conosco, ma non sono venuto fin qui per farmi insultare o addirittura coinvolgere nei vaneggiamenti di... un..." Lo ignorai e mi rivolsi a Caroli:

"...Un ricattatore. Antonello, ti prego, non dirmi che hai deciso di risolvere la tua "Piaga d'autunno" tentando di ricattare questo figlio di puttana". Paolo era ormai violaceo.

"Moderi i termini. Io ho una certa posizione..."

"Orizzontale, se non chiudi il becco, e non mi lasci parlare con Antonello." Paolo fece per andarsene, ma riuscii a scaraventarlo in sala strattonandolo per il bavero del trench.

"Antonello, dobbiamo parlare. Qui. Ora. Subito." L'espressione da cane bastonato che gli era abituale sostituì definitivamente il finto sorriso di Caroli.

"D'accordo Lazzaro, ma non davanti a lui. Lascialo uscire e ti spiego tutto."

"Col cavolo che lo lascio uscire. Se veramente lo hai ricattato ho una mezza idea su chi ci abbia mandato i Babbi Natale e gli skater coi rasoi. Usciamo noi, qui sul pianerottolo e lui, lo chiudiamo qui a chiave." La situazione era decisamente anomala: in casa c'erano mia madre e mia nonna. Mia nonna non correva alcun rischio. Non era una ragazzina come Lucy, era un vecchio mastino immortale.

Guardai Paolo.

"Ora ti chiudo qui dentro ed esco a parlare con Caroli. Se arriva mia madre comportati bene: è una signora." Chiusi a chiave la porta blindata sul suo ammutolito rancore.

"E adesso convincimi che mi sono sbagliato."

"Non ti sei sbagliato. Ma non è stato proprio un ricatto. Un caso, piuttosto. Ho incontrato Paolo qualche tempo fa all'Open House e l'ho riconosciuto immediatamente. Fa il produttore, sai, film per la tivù, situation comedy..."

"Non divagare."
"Beh, per fartela breve, gli ho chiesto se c'era una particina per me. Lui mi ha riconosciuto e non mi ha offerto la parte..."
"Lasciami indovinare: ti ha offerto dei soldi. Ha equivocato pensando che, quando gli hai chiesto la parte, fosse solo un eufemismo per ricattarlo. Ti ha promesso dei soldi e..."
"Proprio così Lazzaro – Caroli si illuminò di nuovo –, mi ha scambiato per un ricattatore. Mi è piaciuto. Tantissimo. Io non lo stavo ricattando e lui mi ha scambiato per un ricattatore. Una cosa da film, no? Non mi era mai successo. Mi ha preso sul serio. Capisci, a me? Io l'ho presa come se fosse una parte e ho insistito. Sono stato bravo, sai."
"Bravissimo. Solo che quel porco avrà pensato che senza il cadavere di Lucy non potevi provare niente, tranne che imbarazzo, forse. E uno, col suo lavoro, non può permettersi che circolino certe voci. Sono lesive nel suo ambiente. Così avrà deciso di rivolgersi a qualcuno per farti dare una lezione. Lo avrebbe fatto anche se tu lo avessi minacciato di essere uno jettatore. Una voce così, e nel suo mondo di celluloide e di cartapesta smetti di lavorare. L'unico problema, nostro più che suo, è che si sarà rivolto a qualcuno per lisciarti il pelo. Sennonché Paolo sarà anche un assassino, ma non è un professionista. Non sapeva a chi rivolgersi. Non aveva contatti. Credo si sia rivolto a un intermediario, magari qualcuno che gli fornisce la cocaina con cui si illude di essere un grand'uomo. Le parole riportate cambiano significato. Il suo intermediario si è rivolto alle persone sbagliate, gente per cui lisciare il pelo significa scuoiare il cane."
Udimmo bussare dall'interno di casa mia.
"Sono Paolo. Puoi aprire. Ho ascoltato tutto." Aprii. Paolo aveva perso rabbia e arroganza.
"È andata proprio così. Solo che io non ho ucciso Lucy. L'ho accompagnata fuori che stava male. Poi non l'ho più rivista. Sarà finita in pasto a qualche maniaco."
"E il sangue? Tutto il sague?" chiese Caroli.
"Mah. Si era ubriacata, drogata, ha picchiato il naso cercando di vomitare nel lavandino." Guardai in faccia

Paolo e capii che stava mentendo. Forse col tempo si era persino autoconvinto della propria bugia per rimuovere il ricordo di Lucy. Ma era un assassino. Ne ero sicuro quanto ero sicuro della morte di Nicky.

"Non ti credo, ma non fa nessuna differenza. Lucy è scomparsa e di lei non importa più niente a nessuno. È come se non fosse esistita, tranne che per te, per Caroli e per Pietro. E adesso anche per me. I suoi genitori magari penseranno che sia in cielo. Ma noi quattro sappiamo che è sottoterra."

Nessuno sembrava avesse più niente da dire. Il telefono squillò. Probabilmente era Ulli. Anche il citofono si fece sentire. Il cane riprese ad abbaiare. Corsi al citofono. Era uno di quei rompicoglioni che vogliono mettere dépliant nella casella della posta.

Tornai in sala. Caroli e Paolo non si guardavano nemmeno in faccia. Ognuno fissava la punta delle proprie scarpe come se fossero stati in ascensore. Anche Paolo squillò, o meglio, il telefonino cellulare infilato nel suo trench. Sussultò. Il suono aveva richiamato l'attenzione su di lui. Rispose bisbigliando.

"Scusate io dovrei andare. È una cosa di lavoro." Mi porse timidamente la mano.

La guardai come si guarda il vomito di un ubriaco. Alzò la manina in un ciao, ciao, e uscì dalle nostre vite. Caroli e io continuammo a fronteggiarci.

"Lazzaro, ti giuro che non volevo i soldi. Era la parte, capisci, la parte che volevo." Gli occhi gli si inumidirono, ma si rifiutò di piangere. "Ti faccio schifo, Lazzaro?"

"No, non mi fai schifo."

"Grazie."

"Prego." Non sapevamo più cosa dirci. Si era fatta l'ora dell'aperitivo e mi era venuta voglia di ubriacarmi. Ma da solo. Caroli dal giaccone pescò un pacchetto regalo che dalle dimensioni non poteva che contenere una cravatta.

"Te l'avevo presa per Natale, ma te la vorrei dare adesso."

"Okay." Se ne andò incurvito, afflosciato. Io rimasi un po' lì, in piedi, a guardare l'ascensore che se lo portava via. Non sarebbe più stata la stessa cosa tra noi.

Almeno finché non mi avesse visto con la sua cravatta al collo.

Leona Pavesi ancheggiava per corso Vittorio Emanuele riflettendosi nelle vetrine. Talvolta incappava nello sguardo di qualche commessa. Leona non l'avrebbe ammesso mai, ma erano tutte molto più carine di lei. C'era una nuova generazione di commesse che si muovevano sinuosamente annoiate, più inaccessibili dei prezzi dei negozi del centro. Si sentivano, loro, in vetrina, specie quando "facevano" la vetrina e si accasciavano nei miniabiti, più come polpose contorsioniste del sesso che come contraltare umano dei manichini. Anche i manichini avevano le tette, ma nessuno ci faceva caso. Tranne che Leona.

Leona avrebbe desiderato fare l'amore con un manichino di sesso femminile. I manichini maschi non avevano attributi. I manichini femminili, invece, strizzati nelle loro artificiali rotondità, le facevano "sesso". Leona avrebbe desiderato appoggiare la propria lingua su uno di quei ventri asettici, sino a strappare un gemito impossibile. Le commesse, invece, la infastidivano. Non la desideravano come sua cugina o come Pogo il dritto. Le commesse la ignoravano "bellamente" in quanto più "belle" di lei.

Leona si accarezzò il naso a patata. Poi si passò la punta della lingua su un dito inanellato e iniziò a ciucciare come se l'anello fosse troppo stretto e lei non riuscisse a levarselo. Un travestito seduto al Bar Tre Gazzelle commentava malignamente, ad alta voce, ogni passaggio femminile: "Che brutto culo. Ecco perché gli uomini poi vengono da me". Al passaggio di Leona che stava slinguazzando col suo anello, il travestito la apostrofò: "Se vuoi succhiare te lo insegno io". Leona, tentata, avrebbe voluto fermarsi e accettare una bocca nuova. Poi si trattenne dal farlo, temendo che la proposta celasse lo scherno più che manifestare il desiderio. Così tirò dritta, con aria di risentita superiorità.

A Milano, prima o poi, ci si incontra tutti. Così accadde l'incontro tra una Leona impellicciata, pomposa e ridicola, e una figuretta femminile in cappuccetto rosso. Leona incontrò lo sguardo della ragazzina e vi colse quelle debolezze che rendevano lei forte.

Leona abbordò Cappuccetto Rosso con un pretesto banale come la corte di un bagnino.

"Mi fai accendere?"

"Non fumo," rispose Cappuccetto Rosso.

"Neanch'io." Leona scoppiò in una di quelle sue risate sguaiate da vecchia pazza in un corpo giovane, da artista di operetta che simula un eccesso di ilarità.

"Io non fumo perché mia madre non vuole."

"E da quando ci si comporta come dicono le madri?"

"Beh, mia madre è un tipo speciale."

"E cos'ha di tanto speciale?"

"Hai presente Joan Collins?"

"Sì, e allora?"

"Mia madre è Joan Collins." Leona, dopo un attimo di incertezza, provò un brivido di piacere. Le era capitata una bugiarda patologica. Merce non rara ma sempre divertente. Giusto di che passare un quarto d'ora davanti a due bicchieri di Porto, per poi coinvolgere un maschio qualsiasi e prendere in giro con lui Cappuccetto Rosso. Fargli capire la differenza tra una divina e la "finta" figlia di una diva.

"Mi piace molto tua madre. Io mi chiamo Leona e tu?"

"Io mi chiamo Nicky."

La psicologa si era trasferita. Aveva cambiato studio. Detesto i cambiamenti, da sempre. E non perché io sia un tipo abitudinario. Ma è negli altri che amo l'abitudine. Così, se li perdo di vista, so di poterli ritrovare. Mi piacerebbe che gli altri non invecchiassero, non morissero, non cambiassero numero di telefono. E invece gli altri vanno avanti. Non rimangono mai lì. Non dove li avevo lasciati, non come li avevo lasciati.

La dottoressa si era trasferita in un silenzioso palazzo di corso Italia. Una casa signorile e un po' tetra, con un ascensore lento come un'agonia. Vedendola nella nuova sede non mi sembrava più nemmeno la stessa persona. Glielo dissi.

"Interessante," constatò prendendo appunti.

"Come potrei apparirle meno interessante? Non vorrebbe sentirmi dire un bel luogo comune?"

"Dica."

"Mogli e buoi dei paesi tuoi."

"Questo è un proverbio," se lo appuntò.

"Preferisce una poesia in tema?"

"D'accordo."

"T'amo pio bove..." si appuntò anche questo.

"È interessante che le siano venute in mente due frasi che hanno a che fare coi bovini."

"Vuole che le dica un reato?" mi stavo quasi divertendo.

"Non aspetto altro."

"Abigeato. Furto di bestiame."

"So cosa vuol dire, Lazzaro, ma adesso mi dica cosa significa a suo parere questa sua odierna fissazione." Ci pensai un po' su e poi le risposi serissimo: "Forse si tratta del fatto che avrei voluto tanto essere un cow-boy".

"E non ci è riuscito?"

"Probabilmente sì. Ma, vede, io vivo a Milano. Anni fa c'erano gli indiani metropolitani. Io mi limito a essere un cow-boy metropolitano. Adesso che col revisionismo storico gli indiani hanno la parte dei buoni, mi chiedo chi siano i cattivi contro cui battermi."

"Ha già qualcuno in mente?" Le raccontai tutto di Caroli e Paolo, non dimenticando l'intermezzo amoroso e alcolico di Ulli.

"Lazzaro, non deve cercare per forza dei cattivi. Altrimenti, in mancanza di candidati, potrebbe ritrovarsi a fare il cattivo di se stesso. E, in questo caso, sappiamo tutti e due come lei risolverebbe la questione."

Guardò l'orologio. L'ora era finita. Le ore finiscono sempre. Ma poi, per fortuna, tornano il giorno dopo. Almeno per quelli che il giorno dopo sono ancora vivi. Per quelli che non verranno ammazzati durante la notte.

Non appena uscito dal nuovo, estraneo studio della mia analista, mi immersi nel buio delle sette della sera autunnale. Il palazzo visto da fuori sembrava un enorme monumento funebre. Una piramide sotto le mentite spoglie di un palazzo ottocentesco in una Milano alle soglie del Duemila. Le piramidi, quelle vere, non mi avevano mai fatto pensare alla morte. Sarà perché non sono egiziano. L'unica morte che le piramidi riuscivano a evocare in me, erano le morti cartacee e innocue dei romanzi di Agatha Christie, che per me, oltretutto, erano di una noia "mortale", appunto. Il vantaggio con le vittime di carta di Lady Agatha è che di loro, chiudendo il libro, riesci a dimenticarti. Rileggendo il libro qualche tempo dopo, le vittime tornano a vivere e poi a morire a pagina venti. Agatha, senza rendersene conto, aveva scoperto la forma di reincarnazione più ambita dall'essere umano: rivivere sempre nella stessa persona. L'unico limite della sua forma di eterna sopravvivenza consiste nel fatto che più che di Reincarnazione, in fondo, si tratta di Reincartazione, in quanto sulle pagine la vita, come era cessata, ritorna. Sono sempre stato molto sensibile all'argomento. Probabilmente perché mi chiamo Lazzaro.

Il palazzo di corso Italia, comunque, non dava segni di vita. Se non avessi saputo, visto che l'avevo appena lasciata, dell'esistenza della dottoressa, avrei giurato che in quella casa erano tutti morti. E che nessuno se ne era accorto.

Le sette della sera. Un'ora italiana per morire. Due ore di ritardo rispetto al fuso mortale della Spagna, in cui si muore a las cinco de la tarde. Ogni mondo è paese? Balle. Se mi fosse venuto in mente prima lo avrei citato alla psicologa tra i luoghi comuni. Ogni mondo è paese? Ma va'. Ogni paese è un "mondo". In Spagna, alle cinque della sera, si muore nell'arena, mentre in Inghilterra alle cinque della sera si prende il tè. L'unico modo di equiparare gli orari inglesi a quelli spagnoli è di avvelenare il tè.

Strani pensieri. La dottoressa avrebbe concluso che, se associavo piramidi, corride e tea ceremony, era perché mi trovavo in corso "Italia". Una forma di funebre esterofilia.

In ogni caso, lasciandomi alle spalle il mausoleo avevo definitivamente sepolto la storia di Lucy. Mi restava Nicky. Nicky e Lucy: insistevo nel dare nomignoli alla morte. L'aria era fredda. Ero stufo di camminare. Quando un taxi sfrecciò mi produssi in gran gesti per fermarlo. Nei film americani funziona sempre. In Italia, e per di più in corso Italia, quasi mai. Con un'eccezione: quella.

Il taxi frenò bruscamente. Eppure, mi accorsi, portava un passeggero. Attesi gli eventi. Il passeggero recalcitrante venne spinto fuori dall'autista. Mi avvicinai. Il passeggero respinto cominciò a inveire. L'autista gli mostrò un crick. Era Pogo il dritto tornato in azione.

"Sali," mi disse.

"Un momento," risposi. Il cliente scaricato, un distinto pedone dagli occhi a palla, stava prendendo il numero di targa di Pogo il dritto, per denunciarlo a qualcuno o a qualcun altro. Mi avvicinai strappandogli il taccuino di mano. Prelevai la penna, una bella Dupont in laque de Chine, e me la misi in tasca. L'uomo era esterrefatto. Mi guardò, tra il bilioso e l'interrogativo.

"A Carnevale ogni scherzo vale," gli dissi.

"Ma se non siamo ancora a Natale!"

"È perché non abbiamo sincronizzato gli orologi," risposi montando in macchina accanto al guidatore.

"Hai fatto bene a zanzargli la penna, Lazzaro. Quello la usa solo per compilare assegni a Lolite. È un valsugano pedofilo. Dall'accento non ho capito se sia di Strigno, Bieno, o Grigno. Comunque non è certo di Primolano." Impagabile Pogo che sapeva tutto di argomenti insospettati. Lo provocai per confermarmi che non fosse cambiato: "Di dove hai detto che è? Di Vallfogona?".

"Non prendermi per un Babbo di minchia. Vallfogona è uno scultore catalano. Quello che ha fatto la cattedrale di Saragozza, negalo." Non era cambiato. Leona non era riuscita a sbranarlo. Ci abbracciammo mentre guidava.

"Ehi, non vorrei che ci prendessero per due vecchie cule," protestò.

"Ma va', al massimo ci prendono per una vecchia cula al volante e un passeggero che cerca di strapparglielo." Ci scambiammo frescacce durante un tragitto senza meta. Non osavo nominargli Leona. Pogo era ciclico nelle monomanie, bisognava attendere che gli passassero. Entrò lui in argomento.

"Sai, qualche giorno fa sono uscito per andare a farmi una sgnappa e alla decima Leona mi è andata di traverso. Non rimpiango certi momenti bellissimi, ma non ce la facevo più. Mentre stavamo trombando lei, con una vocetta, ripeteva continuamente: 'voglio che dici...'."

"Cosa?" chiedevo io.

"...E lei 'voglio che dici' lo diceva tutto attaccato, come una bambina capricciosa. 'Vogliochedici'. Sai che cosa voleva che le dicessi?"

"Parolacce?"

"Come fai a saperlo? Ah, già, dimenticavo che te la sei sifonata prima tu. Beh, figurati. I primi tempi che sentivo 'vogliochedici', lo diceva così in fretta che non capivo nemmeno il senso della frase."

"Come facevi a resistere?" Pogo ammiccò con l'occhio lucido, non ancora ubriaco, ma sulla buona strada. Per questo faceva il taxista.

"Quando mi sono rotto il pizzardone di tutti i suoi 'vogliochedici', ho cominciato a schiaffarle in bocca l'obelisco. Solo fellatio... Del resto – concluse filosoficamente – era l'unico modo per farla star zitta." Si erano fatte le otto. L'ora per morire ormai era passata.

"E tu, Lazzaro?"

"Ti racconterò tutto davanti a una birra. Ma prima voglio sapere come l'ha presa quando te ne sei andato."

"Come doveva prenderla? In bocca! Gliel'ho detto mentre mi stava lavorando di lingua."

"E allora?"

"Lazzaro, ti hanno mai morso il geyser?" Iniziai a ridere come non ridevo da quando ero ventinovenne. "Geyser" per pene, lo avevo inventato io. Il linguaggio era di nuovo reciproco. Abulia ed errori, dimenticati.

"Che si fa stasera?"

"Stasera quello che vuoi, ma da domani, Pogo, che Dio ti benedica, cominciamo a cercare una certa Nicky."

Parte Seconda
GLI ORRORI

9.

Le bugie sanguinano. Sanguinano saltellando sui moncherini con impossibili colpi di reni. Zoppicavano le bugie, e ora hanno tutt'e due le gambe corte, perché qualcuno recidendo ha pareggiato un conto che già non tornava, e che mai più tornerà. Ai piedi dei piedi mani maneggiano lame inesauste. Le bugie nuotano nel proprio sangue quando non riescono più a saltellare. La bugia allunga il naso per difendersi e trasformare un massacro in duello. Ma è ormai troppo tardi.

Verità entra e nuda si specchia. Il naso lungo della bugia tenta di aggrapparvisi penetrandola, per non annegare nel proprio sangue. Verità infastidita si scrolla il naso dal pube e lo irride. Molto più divertente dello specchio. Verità si inginocchia a guardare quel naso che affoga nel sangue. Poi, quando verità si rialza, annoiata dal gioco, si torna a specchiare. È strano, si scopre non nuda ma avvolta in abito rosso. Poi grida del sangue che caldo la veste. Poi grida del colpo che un piede le mozza. E quando la lama le taglia anche l'altro, lei cade. Saltella a forza di colpi di reni. Vicino ai due piedi lo specchio si è infranto.

La consapevolezza di non essere migliore di Nicky. La mia Nicky, la bugiarda dal naso a becco, non la sua riedizione formata ridotto. La consapevolezza del non essere migliore di lei. Ecco cosa mi aveva spinto a inseguirne l'ombra dissolta nelle bugie di un'altra persona. Una rivelazione lancinante e liberatoria come un colpo di grazia.

Ce n'era voluto di tempo per realizzarlo. Mi ero perso dietro ninfomanie leonine e "Piaghe d'autunno" altrui, ma finalmente ci ero arrivato. Non ero migliore di Nicky. E non ero migliore di quelli che al White Bear la prendevano in giro. Quando i modelli si ritrovavano al bar sotto l'agenzia Beatrice, per tracannare cappuccini come i loro antenati pionieri avevano ingurgitato whisky fatto in casa, Nicky si univa a loro. Col book sottobraccio, gli stivali texani fuori dai jeans, le aspettative di un uccellino e l'aspetto di un uccellaccio, Nicky si sedeva a uno di quei tavolini affollati da americani e teneva banco anellando menzogne e cerchi di fumo.

Era un coro di "Honey" e "Sweetie". Gli americani probabilmente le credevano. O forse se ne fregavano. Erano reduci da nottate faticose, in discoteche in cui entravano gratis, dovendo pagare l'unico pedaggio dell'invidia italiota e dei forsennati palpeggiamenti di uno stilista cocainomane. Si erano già bevuti lattine di Heineken a dozzine, lo sperma di qualche mecenate. Stavano bevendo cappuccino e potevano, quindi, bersi le balle di Nicky senza fare gli schizzinosi.

A prendere in giro Nicky erano soprattutto gli italiani. Al White Bear, una minoranza etnica. Andavano, andavamo lì per cercare di cuccare le modelle. Si sentivano conquistatori, paninari o yuppie che fossero, e poi, bloccati da repentina timidezza o barriere linguistiche, invidiavano Nicky per la disinvoltura e la padronanza della lingua. Le invidiavano la faccia tosta, con l'esclusione del naso a becco. Sapevano essere crudeli, nelle ore morte del pomeriggio, quando Nicky tornava da un immaginario provino. La invitavano a sedersi, l'adulavano dandosi platealmente di gomito e la torturavano con domande trabocchetto, che scoprivano le falle nella diga della sua versione della verità.

Nicky subiva, arrampicandosi sugli specchi di storie impossibili o, perlomeno, non possibili a lei. Le si inumidivano gli occhi in un pianto trattenuto, ma la saliva continuava a irrigare le sue menzogne. E tale uso di saliva disidratava il tentativo di lacrime, così nessuno riusciva a far piangere Nicky. Non restava, quindi, che ridere di lei.

Non avevo mai voluto partecipare a quel gioco crudele. Un po' per Nicky, un po' per me. Ma in una sera di dicembre, in cui il Negroni aveva il colore dell'indotta allegria di un addobbo natalizio, Nicky arrivò al White e, complice l'alcol, mi parve bellissima. Il suo becco anziché alienarmela, come succedeva con gli altri cacciatori di trifola, la particolarizzava ai miei occhi arrossati color Negroni. Fui di una dolcezza nauseabonda come un liquore fatto in casa. Irradiavo comprensione. Nicky rinunciò a raccontarmi balle e, credo, una volta tanto, fu sincera. Mi raccontò la verità. Sennonché io c'ero solo fisicamente. La mia testa fluttuava nel naufragio al largo del Negroni. "Alla larga dal Negroni" mi sarei detto il giorno dopo. Ma per quella sera, in cui mi era stato accordato il privilegio di ascoltare la storia di Nicoletta, posto che si chiamasse così, a me interessava solo infilarle la lingua in bocca, stando attento, nel corso dell'operazione, a non ferirmi col suo naso. Riuscii a limonarla in bagno. Di nascosto. Tra carta igienica e cartelli con la scritta "Si prega di pisciare nel water".

Bel coraggio, Lazzaro Santandrea. Te la sei voluta baciare a patto che non si sapesse in giro. Il giorno seguente non ricordavo più nulla di ciò che Nicky mi aveva raccontato. Restavano i postumi di sbornia e la chiara, innegabile sensazione di avere sprecato un'occasione unica. Di non aver saputo ascoltare la verità.

Nicky tornò bruttarella. Io di nuovo arrogante. Le cose perse non si recuperano neanche coi rimorsi. I rimorsi non servono a niente. Non ti migliorano di fronte agli specchi dei bar. Tra carta igienica e cartelli con la scritta "Si prega di pisciare nel water", i rimorsi sono morsi dati di nuovo. Sono baci dati coi denti fino a farsi male.

Per ritrovare Nicky non potevo contare sul fiacre. Coevo della lampada a olio, il fiacre era decisamente fuori discussione. Introvabile come Nicky. Non c'erano fiacrerai che "battessero la frusta", nessuno ritirava il cestone della biada ai cavalli, nessuno si recava al pozzo nel cortile dell'arcivescovado ad attingere l'acqua per abbeverare i bucefali. No. Non potevo contare sul fiacre. Fortunatamente restavano i taxi. La ricerca cominciò così. Benché Pogo il dritto avesse rinunciato al radiotaxi, non aveva perso i contatti coi suoi colleghi. Un salto al Merlino e Magò, un bar di via Segantini, e la miccia venne accesa.

Il Merlino e Magò prosperava grazie a una nutrita clientela di artisti e taxisti. Tra gli artisti spiccavano gli spray-painter, i graffitari che creavano murales e decoravano saracinesche di locali su ordinazione. Talvolta impreziosivano gli autobus introducendosi nottetempo nei depositi dell'Atm, nonostante l'azienda fosse allora poco sensibile alla fantasia liberata sui goffi automezzi. Artisti e taxisti convivevano grazie a brindisi, sino al mattino, sulle reciproche aspirazioni. I taxisti che fanno la notte sono spesso aspiranti artisti. D'altro canto gli artisti sono altrettanto spesso aspiranti taxisti, in quanto una certa sicurezza economica, sia pure carrozzata in giallo, è una tentazione per chiunque realizzi che l'arte non va a tassametro. Dalle interminabili discussioni tra artisti e taxisti il Merlino e Magò traeva linfa vitale.

Ivo Spray e Aquila 90, seduti allo stesso tavolo, erano i collettori di una miniera di informazioni. Raccoglievano notizie, confidenze, confessioni. L'autorità di Ivo sugli artisti era sancita da una mostra che il comune gli aveva permesso di allestire chiudendo un occhio su certi suoi precedenti. L'autorità di Aquila 90 sui taxisti era prevalentemente fisica. Aquila era un quintale di barba e muscoli, la cui pericolosità non era sminuita dagli occhialini tondi. Aquila 90 aveva subìto tre tentativi di rapina. Subìto per modo di dire, in quanto gli aggressori di Aquila con le siringhe non si iniettavano certo ricostituenti: erano smunti balordi in balia della propria presunta vittima. Aquila, senza staccare gli occhi dal tassametro, se ne era liberato arpionando col suo nerboruto braccio nel sedile posteriore.

Ivo Spray, pur non essendo imponente come Aquila 90, era uno dei pochi che lo trattassero alla pari. Ivo era lungo e magro, con occhi febbricitanti. Parlando gli accadeva di balbettare, ma nessun interlocutore osava concludere le parole di Ivo o fargli fretta. Si trattava di armarsi di pazienza e attendere che Ivo terminasse.

Su suggerimento di Pogo gli avevo parlato di Nicky. Non avevamo aspettato il giorno dopo. Pogo, una volta finito di ragguagliarmi su Leona, si era subito offerto di aiutarmi a trovare Nicky.

"Solo, Lazzaro, spiegami quale delle due Nicky vuoi trovare. Naso a becco o Cappuccetto Rosso?"

"Per trovare quella che tu chiami Naso a becco è necessario interrogare Cappuccetto Rosso. Il fatto che abbia incontrato Nicky è evidente. E Cappuccetto Rosso è troppo giovane per aver visto Nicky nell'86. Frequenta da poco i luoghi che frequentava Nicky. L'incontro deve essere recente. Nicky non avrebbe mai ceduto le sue balle a qualcun'altro. Credo che Cappuccetto Rosso sappia che, dove si trova adesso Nicky, non possa più mentire a nessuno."

"Credi che Naso a becco sia morta?"

"E non chiamarla Naso a becco!"

"Ma se sei stato tu a dirmi che aveva il naso a becco."

"Lo so, ma un po' di rispetto per i morti."

"Allora credi che Naso a becco sia morta." In quel momento seppi che il naso a becco non c'era più. Se l'erano mangiato i vermi, dei vermi rabbiosi che, consci che quello strano uccellaccio di Nicky era morto, si erano presi la propria rivincita, sovvertendo la legge per cui sono i volatili ad attaccare i vermi.

"Non credo sia stato Cappuccetto Rosso ad ammazzare Nicky. È un tipo fragile. Mi ha ricordato un... un uccellino. Cristo, Pogo, ti rendi conto, la vecchia Nicky sembrava un uccellaccio e la nuova Nicky sembra un uccellino."

"Come quel film di Pasolini," rispose Pogo che, pur non andando mai al cinema, per ragioni a me ignote, conosceva titoli e trame di tutti i film.

"E se Cappuccetto Rosso fosse la 'vera' sorella di Nicky? Sai, Nicky si era inventata una sorella. Aveva trovato un'alleata in Claudia, una ragazzina che le reggeva il gioco, in cambio di un po' del coraggio di Nicky nell'abbordare i modelli americani."

"Pensa, Lazzaro, in fondo stiamo cercando due persone e tutto ciò che sappiamo di loro sono solo balle."

"Le stesse per di più."

Pogo si era offerto di mettere in moto, di mettere in "auto", i suoi colleghi taxisti. "Se la tipa gira ancora col cappuccetto rosso non è impossibile trovarla. Milano non è poi così grande e con tutti i taxisti mobilitati, forse..."

"Credi che...?"

"Ma certo. Chi non ha letto Cappuccetto Rosso se lo è fatto di sicuro raccontare. Possiamo spargere la voce stasera stessa. Facciamo un salto al Merlino e..."

"Aquila 90?"

"E chi sennò?" Mi immaginai una gigantesca aquila planare su Milano, in caccia. Milano non è grigia. È di tutti i colori. Tra i quali, di sicuro, c'è anche il grigio. Ma Milano non è solo grigia, vista dall'alto è anche gialla, come i taxi che avremmo sguinzagliato. È nera, come la pelle dei "vu' cumprà" mimetizzati, la notte, con la città che li scansa di giorno. È rossa, come un vino dell'Oltrepò e il sangue di chi si scanna per una bottiglia, coi cocci di un'altra bottiglia.

Via Segantini è lunghissima. Non l'ho mai vista di giorno. La notte, però, l'unica luce proviene dal Merlino e Magò. Fa anche rima. Potrebbe essere lo slogan del locale, se il locale avesse bisogno di pubblicità per essere pieno come è pieno sempre. L'umanità, trovando buia e desolata via Segantini, decideva ogni notte di riunirsi al Merlino.

Non andavo volentieri al Merlino. Lo avevo scoperto solo da un paio d'anni e faceva perciò parte del mio presente. Ho sempre preferito il passato al presente. Nel passato avevamo un futuro. Nel presente qualcuno di noi si faceva due anni con la condizionale. Passato uguale futuro. Presente uguale condizionale. No, grazie, non fumo. E, tanto per contraddirmi, mi accesi un sigaro.

Il Merlino era pieno di ubriachi. È strano quanto, da sobri, non si sopportino gli ubriachi. Me lo sarei annotato per la prossima sbronza. I pochi tavolini erano occupati. Il grosso del gruppo bevitori preferiva appoggiarsi al bancone. Ivo Spray sedeva con una biondina coi capelli stopposi. Mentre Pogo intercedeva con Aquila, decisi di occuparmi di Ivo. Non ci eravamo mai piaciuti eccessivamente. Quando eravamo entrambi ubriachi riuscivamo a reggerci, in quanto ognuno non ascoltava i discorsi dell'altro. Da sobri era diverso. Ivo era contemporaneamente logorroico e balbuziente. Il suo argomento di conversazione preferito erano i treni. Ne conosceva orari e abitudini come se fossero animali.

"Aaallle cinque parte iiil Pendolino. Beeeella bestia," stava dicendo alla bionda. Tanto gli occhi di Ivo erano deliranti quanto quelli della sua amica sembravano morti. La ragazza indossava un chiodo di qualche misura più grande e una gonna di qualche misura più piccola, anfibi ai piedi e calze violacee su gambe consistenti quanto un grissino.

"Ciao Ivo. Dovrei parlarti."

"Laaazzaro ti presento..."

"Nicky," biascicò la ragazza svogliata.

"Oh, Cristo!"

"Cccche cazzo hai?"

"Niente, è che il mondo è pieno di Nicky e non ci avevo mai fatto caso."

"Ce l'hai con me?" mi chiese la ragazza che stava scivolando sotto il tavolo con una lentezza oscena più che esasperante. Ivo si sentì in dovere di intervenire.

"Faaaate pace suuubito." Gli occhi folli lampeggiavano autorità.

"Fanculo," gli rispose la ragazza, raddrizzandosi sullo sgabello. Non doveva conoscere Ivo da molto. Con una velocità sorprendente Ivo la colpì alla bocca con un boccale di birra che reggeva in mano. Un baffo di sangue si materializzò sopra le labbra della ragazza. Il boccale era meno integro. Così lei esplose in un urlo e corse in bagno. Nessuno si era mosso, ma il chiacchiericcio e il tintinnare di bicchieri erano cessati di colpo. Fissai Ivo.

"A che ora hai detto che parte il prossimo pendolino?"

"Aaalle cinque. Ppperché?"

"Beh, vai a prendertelo in culo." Mi alzai. Ivo non si era mosso. Si limitava a sorridere. Le dita però stringevano il manico del boccale sino a sbiancare. Ognuno riprese a farsi i fatti suoi.

Raggiunsi in bagno la ragazza che stava vomitando. Non riuscii a trattenere un conato di vomito che centrò il lavandino. Smettemmo contemporaneamente. Lei sanguinava ancora.

"Bisogno d'aiuto?" le chiesi.

"No, e tu?"

"Sempre."

"È inutile che ti preoccupi per me. Conosci Ivo, no?"

"Anche troppo."

"È il mio uomo" soggiunse a mo' di risposta a una domanda che nessuno le aveva fatto.

"Da molto?"

"Da stasera." Un amore da bar. C'erano anche amori da bar, così come c'erano amicizie da bar. Ivo e io eravamo stati sino a quella sera amici da bar. Ma da qualche minuto eravamo diventati nemici da bar.

"Senti, se vuoi che ti accompagni a casa il mio amico Pogo ha un taxi."

"No, grazie. Dormo da Ivo."

"E i tuoi?" doveva essere sui sedici-diciassette anni.

"Sono scappata di casa. Mio padre, quel porco, voleva portarmi a letto." Via il dente, via il dolore? Morire era facile. Lo avevo capito guardando le dita di Ivo intorno al boccale. Vivere era difficile. Cercai qualcosa da dirle.

"Beh, se non altro, se ti violenta Ivo, almeno lui non è tuo padre..."

"Già." Uscimmo dal bagno tutt'e due più malinconici. Ivo si era fatto portare un'altra birra. "Stanotte mi porta a vedere i treni," mi disse la mia ultima Nicky con una specie di sorriso. Gli occhi che erano morti resuscitarono.

Ignorai Ivo e raggiunsi Pogo che confabulava col massiccio Aquila 90. Aquila era la seconda autorità presente al Merlino. Di lì a qualche ora, come avrei scoperto più tardi, sarebbe diventato la prima. Infatti Ivo Spray quella notte, alla Stazione Centrale, venne travolto e maciullato da un treno in arrivo.

Si mobilitarono in molti, ma l'idea, forse, non era un granché brillante. A metà pomeriggio, una decina di Nicky erano state viste dai taxisti mobilitati. Non avevamo tenuto conto del Natale in arrivo. Il centro storico di Milano traboccava di costumi rossi di Babbo Natale. Io stesso avevo conosciuto Ulli proprio così. Ristoranti, negozi di articoli sportivi, la Rinascente e persino qualche accattone privato avevano investito i propri soldi in costumi di Babbo Natale. La solita mania di anticipare i tempi. A me Natale sembrava ancora lontanissimo, ma ai suonatori andini, in corso Vittorio Emanuele, erano già subentrati gli zampognari.

Quand'ero alle medie, davanti alla mia scuola si fermava un omino a vendere castagne. Era veramente un omino, fisicamente minuto, ma con un enorme pomo d'Adamo. Oltre a essere caldarrostaio si professava testimone di Geova, un credo secondo cui dopo l'Apocalisse i meritevoli saranno ricompensati con badilate di castagne. Diffidavo di quell'uomo perché nel cartoccio poche delle castagne capitatemi erano commestibili. Poche si salvavano. Ora, se i prescelti si fossero salvati come si salvavano le sue castagne, vedevo decisamente improbabile la mia adesione ai testimoni di Geova. Iniziai a diffidare dell'ometto coniandomi una nuova regola: non bisognava accettare caramelle dagli sconosciuti e caldarroste dai testimoni di Geova.

Avevo telefonato a Ulli per estorcerle un appuntamento. La stavo aspettando con mezz'ora d'anticipo camminando lungo corso Vittorio Emanuele. Non guardavo le vetrine, guardavo le ragazze ingolfate in cappotti e pellicce sintetiche. Cercavo di immaginare cosa sarebbe rimasto di loro e dei loro cappotti, dopo l'Apocalisse che un venditore di caldarroste mi aveva ricordato. Mi sarebbe piaciuto conoscerle tutte, subito. No. Non stavo pensando al sesso. Pensavo proprio a loro, ai loro nomi, alle loro storie, ai loro cappotti persino. Se le avessi viste in costume da bagno non le avrei riconosciute. Tutto ciò che volevo era che rimanessero un po' lì. Un po' lì. Sembra il nome di un poeta cinese.

Rifiutai un cartoccio di castagne e l'approccio di un dianetico che invitava i passanti a seguirlo in fondo alle scale per compilare un test che avrebbe cambiato la vita in meglio. Il dianetico abbordava la gente con un "Qual è il tuo colore preferito?". "Rosso." "Allora seguimi giù dalle scale. C'è una sorpresa per te."

Visto che non riuscivo a rintracciare Nicky, per puro allenamento cominciai a seguire un cappotto qualsiasi che terminava con tacchi a spillo. Il cappotto, avanzando, incontrò un venditore di caldarroste. "Vuole castagne belle calde?" "No grazie." Il cappotto tirò dritto. Fu però intercettato dal dianetico. "Qual è il tuo colore preferito?" Il cappotto non rispose. Più avanti, all'altezza del cinema Corso, un tossico bloccò il cappotto. "Senti, hai mille lire? Mi servono per fare benzina. Devo andare a Torino a disintossicarmi." Il cappotto aumentò l'andatura. Davanti a Fiorucci il cappotto venne abbordato da un tale che propose "Mi accompagni a prendere un aperitivo?". Il cappotto lo superò sprezzante.

Era un bel cappotto nero con una cintura che, annodata, faceva sgusciare fuori un sedere. A quel punto decisi di provare a me stesso che sarei riuscito a trattenere il cappotto. Gli ero alle spalle. Dissi al cappotto: "Scusa. Hai perso il mio biglietto da visita".

Apriti sesamo, voltati cappotto. Il cappotto si voltò. Era un travestito. Anzi, era il travestito Deborah. Lo conoscevo. Deborah stazionava nel centro e dai tavoli del bar Tre Gazzelle insultava le passanti utero munite. Mi era fondamentalmente simpatico. La figura minuta, le labbra rosse siliconate, gli occhi azzurri fuori dalle orbite, la punta della lingua sbarazzina.

"Ciao Lazzaro, bel maschione."

"Ciao Deborah." La prima volta che mi si era presentata mi aveva confessato che fino ai quindici anni si chiamava Giuseppe. Dal che l'avevo ribattezzata Deborah fu Giuseppe.

A Deborah, di Giuseppe, erano rimaste due cose. Aveva un vocione: questa è la prima cosa. Non sapevo mai cosa dirgli esattamente ogniqualvolta lo incontravo. Era come incontrare un coinquilino in ascensore. Sorrisi, saluti, e poi? Se le avessi parlato del tempo, Deborah avrebbe risposto "Piovono cazzi". Gli (le) piaceva stupire la gente.

Fui salvato dall'arrivo di Ulli di fronte a Fiorucci. Ulli era spettacolosa. Un bosco bianco enorme, fuseaux, stivali di camoscio alla coscia, giacca di nappa nera, camicia di pizzo bianco. L'ultimo grido della moda in Alto Adige. Ulli studiò Deborah, poi si presentò.

"Piacere, Ulli," disse con quel suo accento pangermanico, quasi virile.

"Io sono Debbie," cinguettò Deborah in falsetto. Stava per attaccare. Cercai di rimediare ammiccando agli occhi imbronciati di Ulli. Possono gli occhi essere imbronciati? Quelli di Ulli sì. Avrei dovuto dare spiegazioni in aggiunta a quelle che già si aspettava. Probabilmente stava pensando che avessi tentato di organizzare un numero a tre. Da quando l'avevo incontrata stavo collezionando un record di figuracce. Ubriacone, maleducato, travestitofilo. Povera, piccola, dolce Ulli il cui unico neo consisteva nello strozzare i gatti.

Cappuccetto Rosso passò in quel momento. Senza dire una parola a Ulli e a Deborah corsi nella sua direzione. Si girò sentendosi braccata. Mi vide. E cominciò la fuga tra la folla. Era piccola e agile. Io invece urtavo cappotti. Rovesciai, nell'inseguimento, un caldarrostaio. Cappuccetto Rosso si infilò nella Rinascente. L'aria calda dietro le porte a vetri mi risucchiò. Mi guardai intorno, ma c'erano troppi cappotti. Mi girai verso l'uscita. Un capannello di gente mi stava additando indignata. Vedendomi inseguire Cappuccetto Rosso mi avevano preso per il lupo cattivo. Meglio il ventre caldo della Rinascente che una folla sul punto di inferocirsi. Decisi di restare nel mondo di balocchi e profumi, un mondo ovattato e protettivo come un'incubatrice.

Alzando gli occhi al cielo per cercarvi Dio, la vidi di nuovo. Era in cima a una scala mobile. Seguendola sulla stessa scala non l'avrei mai raggiunta. Una fila di cappotti, maledetti cappotti, attendeva di posare i piedi sugli scalini in salita automatica. Restava l'altra scala mobile. Quella della discesa era miracolosamente semivuota. Sono sempre stato un tipo che va controcorrente, ma non lo avevo mai fatto su una scala mobile. Divorai la discesa in salita. A ogni balzo mancato scendevo di un poco. Con un nuovo salto riguardagnavo terreno. Arrivai al primo piano senza fiato.

Hai trent'anni Lazzaro. Cappuccetto Rosso se ne era andata da un pezzo.

In compenso mi aspettava al piano un omaccione del servizio di sicurezza. Sudavo. Assecondai la corrente e mi arresi lasciandomi trasportare in basso. I clienti – ecco cos'erano, non cappotti – mi fissavano con palese disapprovazione. Dannati porci. Loro non sudavano mai. Abbandonai la caccia. Era come cercare un ago in un porcaio.

Uscii all'aria fredda, cercando di riequilibrare il respiro. Di fronte a Fiorucci impietrite, come dopo aver visto Euriale, Steno e Medusa, mi attendevano Ulli e Deborah.

"Scusate ragazze, ho visto un'amica."

"Ah, mi dai appuntamento e quando vedi passare un'amica la insegui come se reggessi la fiamma olimpica," contestò Ulli.

Deborah civettò: "Lazzaro, te l'ho detto tante volte. Peccato che non mi dai retta: noi siamo meglio".

"È che..."

"Che?"

"Che?"

"Quella ragazza col cappuccio rosso..."

"Sì...?" si informò Ulli. Deborah intervenne: "Ragazzaccio mio, non sapevo che ti piacessero così rachitiche – guardò Ulli – ...o provinciali. Ma se ti interessa quel rospetto, è amica di quel vaccone".

"Quale vaccone?" chiese Ulli ormai ai limiti tra gelosia e indignazione.

"Quale vaccone?" chiesi io, più curioso che altro.

"Ma sì, quel vaccone della tua amica. La rossa, quella che se la tira perché pensa di avercela solo lei. Io non ce l'ho e me ne vanto. Ma sì, quello zoccolone con cui uscivi qualche tempo fa. Ti ho visto io."

"Leona!" gridai stupefatto.

"Leona chi?" chiese Ulli. Baciai Deborah sulle escrescenze che chiamava labbra. Quando il bacio si scisse in due individui dello stesso sesso, ma con tendenze diverse, mi girai verso Ulli. Se ne era andata.

E così, finalmente, potevo incontrarla. Ignoravo il suo vero nome, il suo indirizzo, le sue ragioni, ma avevo qualcosa di più di una pista per ritrovarla: Leona. Leona si attaccava morbosamente a ogni essere umano che le capitasse a tiro. Se Cappuccetto Rosso aveva incontrato Leona, Leona, certo, non se l'era lasciata scappare. Il mio problema attuale consisteva nel riagganciare Leona.

Le telefonai da una cabina di piazza Santo Stefano sperando che non rispondesse la cugina. Rispose la cugina. Riattaccai.

Gironzolai sino a piazza Fontana parlando da solo. Provavo le frasi che avrei detto a Leona per estorcerle un appuntamento. Poi passai a sperimentare le domande che avrei fatto a Cappuccetto Rosso su Nicky. Questo fu di gran lunga più difficile. Che domande si fanno per estirpare la verità a un bugiardo patologico? Probabilmente era necessaria una parola magica del tipo "supercalifragilistiespiralidoso", ma qualcosa di meno noto. La parola di un linguaggio iniziatico. Mi venne in mente mercaptobenzimmidazòlo. Bello no? Pogo mi aveva spiegato che si trattava di un mercaptano il cui sale di zinco è usato nell'industria della gomma e degli elastomeri in genere come disattivante. Pogo era più informato della "Settimana Enigmistica". Io mi dovevo accontentare delle mie settimane enigmatiche che diventavano mesi e anni.

La bomba in piazza Fontana era un altro enigma irrisolto. Non mi avvicinavo mai troppo alla Banca dell'Agricoltura nel timore che esplodesse di nuovo. Feci il giro largo e tornai al telefono. Prima di chiamare Leona, decisi di telefonare all'agenzia di modelli alla quale da tempo non concedevo la mia prestanza in affitto. Rispose Laura la booker.

"Ciao, sono Lazzaro."

"Ehi, Lazzaro. Non ti fai più sentire. C'è un bel casting apposta per te. Sei ancora in tempo. Dovresti presentarti entro le sei alla Cityvideo in via della Braida."

"Di che si tratta?"

"Cercano un manager baffuto per la pubblicità di una fotocopiatrice."

"Laura, mi sono tagliato i baffi."

"Peccato."

"Ma sembro più giovane."

"Lazzaro, le fotocopiatrici se ne fregano se sembri più giovane. Lo spot richiede un manager baffuto."

"Beh, sarà per un'altra volta. Non c'è qualche altro casting oggi pomeriggio?"

"Ci sarebbe, ma è per ragazzi sulla ventina scarsa."

"Grazie lo stesso." Bella mossa. Una volta tanto che, dopo mesi, decidevo di cimentarmi in qualcosa che somigliasse a un lavoro, mi trovavo tagliato fuori dalle fotocopiatrici e dall'anagrafe. Però c'era il sole. Tanto valeva essere ottimisti. "Tutto è per il meglio nel migliore dei mondi possibili" aveva detto Leibniz. E io di Leibniz condividevo la concezione di un ordine del mondo non chiuso e geometrico, ma dinamico, aperto all'invenzione e alla possibilità. Chissà se Leibniz aveva mai fatto il fotomodello. Un lavoro provvisorio come la vita.

Il mio ultimo gettone venne ingoiato dal telefono. Composi il numero di Leona, deciso a non riattaccare chiunque mi avesse risposto. Finalmente qualcuno rispose. Stavolta non era la cugina di Leona. Non era nemmeno Leona. Era qualcosa a cui non ero assolutamente preparato.

"Sono Lazzaro Santandrea, cercavo Leona, ma credo di aver sbagliato numero."

"Oh, no, non hai sbagliato. Questa è casa di Leona. Io sono Nicky, una sua amica. Te la passo subito."

La vita è una festa a sorpresa. La sorpresa consiste nel fatto che ignori quando morirai. Il tempo della vita biologica è comunque una festa continua. In un paese cattolico inizi subito a festeggiare col tuo battesimo. È una festa contro la tua volontà, un surprise party in un ambiente canonico come una canonica. Seguono comunione, cresima, matrimonio, estrema unzione. Ciò per quanto riguarda le feste che ti coinvolgono direttamente. Ci sono anche battesimi, comunioni, cresime, matrimoni, funerali altrui da festeggiare. E poi feste di ogni tipo e colore. Feste pagane, feste alla spina, feste alla coque. Feste di laurea, feste di Laura, feste dei morti. Feste votive, feste volitive come la "marcia su Roma".

Ogni pretesto è buono per diventare occasione di festevolezza. La festa della mamma, la festa dell'uva. La scomparsa di Pasquale Festa Campanile. Il Makara Sankranti induista. Feste fisse. Feste mobili. Feste tristi. Feste gaie. Feste gay. E come se non bastassero quelle che già ci sono, se ne inventano di nuove, per illudersi che la vita sia una festa senza fine, mentre la vita è una festa con la fine. La fine è nota.

Superato il primo momento di imbarazzo nell'aver sentito Cappuccetto Rosso al telefono, mi tranquillizzai. Non aveva riconosciuto la mia voce, come io, del resto, non avevo riconosciuto la sua. Leona al telefono aveva esordito con tono ironico, per poi tornare alla voce bassa e sospirosa.

"Leona, ti è venuto un attacco d'asma?" La sua risata acuta, sguaiata, agghiacciante dopo un sospiro, non le parve una risposta sufficiente. Così aggiunse:

"Non sai riconoscere un orgasmo da un attacco d'asma". Tanto valeva stare al gioco per darle la sensazione che il nostro dialogo non aveva subito interruzioni.

"Una volta ho copulato con un'asmatica. Al momento dell'orgasmo le è venuto un attacco."

"Ti ha sconvolto?"

"Mi ha sconvolto il fatto che abbia avuto un orgasmo. Sai, il novanta per cento delle donne lo simula." Di nuovo la risata isterica della leonessa, stridente come un gesso sulla lavagna.

"Leona, mi piacerebbe vederti."

"Buongustaio. Ma cos'è tutta questa fretta dopo un periodo di silenzio. Non sarai mica stato geloso di quel tuo amico, Pogo, vero? Era cotto e stracotto di me. L'ho dovuto scaricare per forza: era così grossier." Anche Leona dava una propria versione della verità. Stava ancora un po' sulle sue. Mi voleva in ginocchio. Ma anche in ginocchio in mezzo alle sue gambe conoscevo i suoi punti deboli.

"Leona, come sei vestita?"

"Perché?"

"Così. Cercavo di immaginarti."

"Ho un completo in maglia color glicine... – sospirò – ...attillatissimo."

"E sotto?"

"Calze arancioni."
"Mi deludi, ti facevo più il tipo da calze nere."
"Aspetta a giudicare. Non ho ancora finito. Sono a rete, autoreggenti. Non porto biancheria intima." Mi immaginai Leona come un'arancia ammaccata disposta a tutto pur di farsi cogliere. Finsi entusiasmo.
"Uhm, com'è che non indossi le mutadine?" Mi facevo quasi schifo. Leona mi lesse il sospetto nel pensiero.
"Il fatto è che così la maglina aderisce perfettamente alla..."
"Non aggiungere altro. Quando ci vediamo?"
"Adesso non posso. Ho qui della gente. Facciamo domani?" Leona esercitava il suo presunto potere. Con ogni probabilità l'abito color glicine era diligentemente appeso a un attaccapanni delle sue fantasie. Non era escluso che Leona, durante il nostro colloquio, stesse indossando calzoni alla zuava. In ogni caso, dovevo vederla subito, prima che avesse il tempo di "raccontarmi" a Nicky, annoverandomi tra le sue conquiste. Nicky non mi aveva riconosciuto dalla voce, ma se fosse riuscita a identificarmi fisicamente attraverso le descrizioni di Leona, si sarebbe resa irreperibile. Sarebbe fuggita di nuovo.
"Peccato Leona, domani parto. Vado una settimana a Trento. Ho una vecchia zia che mi vuole nominare nel suo testamento e..."
"Ma come? Non mi avevi detto di aver già ereditato da tua zia?"
"Quella era un'altra zia. Le zie del Signore sono infinite."
"D'accordo Lazzaro, vediamoci stasera. Non sarà una cosa molto intima però. Do una festa."
"Per cosa?"
"C'è bisogno di un motivo per dare una festa?"
"In effetti no. È tutta la vita che anch'io sto brigando senza sapere bene per cosa. Per che ora devo passare?"
"Vieni alle nove. Ci sarà un po' di gente, ma vedrai che riusciremo a ritagliarci un po' di privacy." E così, lo scotto per arrivare alla verità, era il sesso. Ci sono anche compromessi meno piacevoli.

Le insegne di una pasticceria siciliana attrassero la mia attenzione. Le vetrine opulente e barocche erano coloratissime. Sculture commestibili di pupi, carretti stracolmi, arance ripiene di crema. La mafia era bandita da quella Sicilia zuccherosa dietro le vetrine. Comprai dei cannoli. Un chiaro simbolo fallico. Leona avrebbe apprezzato. Mi sentivo ridicolo passeggiando col vistoso pacchetto, come mi sento ridicolo quando giro con mazzi di rose. I fiori preferisco mandarli. I dolci mangiarli. Girare con le mani occupate è un po' come avere un braccio ingessato. Se ti fermi a parlare con qualcuno è inevitabile che ti venga chiesto "Come se l'è rotto?", e nel caso di fiori e dolci, la domanda "Per chi saranno?", pur essendo muta, rimane nell'aria. Sono un esibizionista a rate. Mi piace essere osservato solo quando lo decido io.

Alle nove meno un quarto ero in via Gustavo Modena. Arrivare in anticipo sarà da cafoni, ma preferivo studiare il terreno su cui misurarmi con Nicky, prima che lei arrivasse. Sicuramente era tornata a casa, ovunque abitasse, per cambiarsi l'abito. Leona ci teneva a queste cose.

La cameriera si materializzò. Non era la stessa sparuta filippina delle mie precedenti visite in casa Pavesi. Il personale di servizio non doveva reggere a lungo chez Leona. La nuova cameriera era un donnone baffuto di colorito olivastro. Prima che potessi appurarne l'idioma, udii delle urla. La donna baffuta alzò gli occhi al cielo. Preghiera esaudita: le urla cessarono. Leona si manifestò in tutto il proprio discutibile splendore. Indossava un abito da sera nero con ampio spacco. Un po' Gilda, un po' la sua caricatura. Ai piedi scarpe con tacchi a spillo.

"Scusa Lazzaro. Scusa le urla intendo. Mia cugina ha avuto una crisi isterica. Si è chiusa in bagno. Sei arrivato in anticipo o sbaglio?" Mi strizzò l'occhio, poi mi prese per mano. La donna baffuta esibiva un sorriso di pietra. Guardai Leona.

"Vuoi che staniamo tua cugina?"

"Ma no, non c'è bisogno. Le passa. È gelosa, sai? Se c'è qualcuno che la conosce sotto questo aspetto, sei proprio tu. Accompagnami in cucina, vuoi?" disse, indicando con uno sguardo il pacchetto che reggevo in braccio come fosse un bambino da cullare.

La seguii docilmente in cucina. Era stata disegnata su misura da qualche suo amante architetto. Era un'orgia di verde. Il suo amante doveva essere ecologista. Il laminato verde come gli sgabelli davano l'idea di un self-service di lusso. Leona mi strappò il pacchetto dal ventre e, senza aprirlo, lo scaricò con violenza in un portafrutta di ceramica. Poi, con un movimento a metà tra un casqué e una mossa di judo mi rovesciò su un bancone in marmo serizzo. Mi fu addosso. Cominciò ad armeggiare col colletto della mia camicia. La sua lingua iniziò a lavorarmi il collo, dura e tagliente come una sega. Immobile, eccitato come un eunuco, mi limitai a guardare il soffitto rivestito con doghe di alluminio. Leona pilotò le mie mani sul suo sedere e diede il via alla litania di "Vogliochedici, vogliochedici, vogliochedici".

"Stronza" le dissi, non pensando al sesso.

"Vogliochedici, vogliochedici!"

"Puttana."

"Vogliochedici vogliochedici!"

"Vaffanculo". Si drizzò insospettita.

"Vaffanculo non è una parolaccia da letto," protestò.

"Infatti. Siamo su un bancone di marmo." Anche se poco convinta, mi si rituffò addosso. Mio malgrado cominciavo a eccitarmi.

Faccia di pietra, la donna baffuta, irruppe impassibile.

Così parlò: "Signorina, è un po' che sto bussando. Gli ospiti sono arrivati".

Leona, da bomba del sesso qual era convinta di essere, si disinnescò. Mi lasciò lì, come carne cruda sul marmo, e seguì faccia di pietra per raggiungere gli ospiti. Si era ricomposta con tale indifferente disinvoltura da farmi nuovamente dubitare sulla diagnosi di ninfomania.

Socchiusi la porta della cucina, che Leona aveva lasciata aperta per crearmi un punto d'osservazione. Leona stava facendo la perfetta padrona di casa ammiccante. I suoi ospiti – ne avevo solo una fugace visione – venivano fatti accomodare in un'altra stanza.

La vidi. Cappuccetto Rosso si liberò del capo d'abbigliamento con cui l'avevo battezzata e baciò Leona su una guancia. Indossava un abitino di pizzo bianco. Sembrava una vittima sacrificale. Una volta che il corridoio fu libero, osai avventurarmici. Leona si era completamente dimenticata di me, presa com'era dal ben più gratificante impegno di sedurre un'intera comunità.

Sbirciai il suo pubblico. I maschi erano di tutte le taglie e fattezze. Ce n'erano di taurini, di equini, di suini. Le femmine, invece, appartenevano allo stesso prototipo: cavie. Leona sperimentava il proprio successo sul loro fallimento di femmine. Ero inginocchiato accanto a un cassettone, quando un ospite, prima che potessi rialzarmi, mi si parò davanti. Finsi di studiare gli intarsi. Mi guardò e disse: "Bello, vero? L'ho sempre invidiato a Leona. Un cassettone genovese a barca, stile Luigi XVI, in noce intarsiato con legni pregiati. Non capita tutti i giorni". "Uhm" mugugnai senza guardarlo in volto. Si diresse verso il bagno. Conosceva la strada. La porta del bagno era chiusa dall'interno. La cugina di Leona era passata dal pianto isterico al sonno post-isterico. L'appassionato di cassettoni deviò verso il bagno di servizio. Rientrai prudentemente in cucina per orchestrare le mie prossime mosse. Già che c'ero, mi dedicai ai cannoli siciliani.

Finalmente lo stereo produsse dei suoni. Riguadagnai il corridoio e sbirciai. Leona aveva messo dei lenti. Più che un'orgia, trattavasi di una festicciola da prima liceo. Ma Leona non amava le orge. In un carnaio di tette, chiappe, mani, lingue, il suo potere sarebbe stato svilito da corpi altrui. Così, per non confondersi con le cavie, si faceva invitare a ballare. E a ogni cambio di disco trasferiva la lingua in nuove orecchie. Naturalmente i maschi, un'accozzaglia di trentenni vestiti come agenti di cambio, pur essendo offesi dalla lingua insolente, insinuante di Leona, anziché porgere l'altra guancia, porgevano l'altro orecchio.

Nicky era in piedi, di fronte a una tavola imbandita. Il cristallo delle caraffe insanguinate dalla sangria mandava sinistri riflessi sul candore del suo pizzo. Mi avvicinai alle sue spalle. Le chiesi "Vuoi ballare?". Prima che si voltasse del tutto, le cinsi la vita e affondai il viso nei suoi capelli, in modo che non potesse riconoscermi. Sono un pessimo ballerino ma un ottimo pilota di ragazze. Sentendola rigida evitai la conversazione dirigendo la nostra strana coppia verso il corridoio. Quando arrivammo all'altezza del cassettore me la tolsi di dosso e la fissai. Mi vide in faccia. Stava per urlare. Lo avevo previsto. Infatti, in una mano, durante il ballo, avevo prudentemente impugnato un cannolo siciliano. L'alcol non mi aveva ottenebrato i riflessi. Come Nicky aprì al bocca per l'urlo, le infilai il cannolone tra i denti. La pasta e la ricotta le andarono di traverso.

Mentre la nuova Nicky tossiva sino a strozzarsi, la trascinai con me verso una spiegazione.

Scartai i bagni. Quello padronale era ormai feudo della cugina di Leona. Quanto a quello di servizio, essendo l'unico agibile, sarebbe presto diventato meta di qualche mondano incontinente. Rimaneva la cucina, il mio regno provvisorio. Lazzaro Santandrea, la regina della casa. Non appena Nicky seconda smise di tossire le porsi un bicchier d'acqua. Lo rifiutò fissandomi con gli occhi di un animale di fronte al fuoco.

"Lasciami andare o grido." Impugnai minacciosamente un altro cannolo. Ne erano rimasti pochi, ormai. Ero quasi privo di munizioni.

"Non voglio che tu gridi, voglio che tu parli."

"Cosa vuoi da me. Sei pazzo."

"Non fare la vittima innocente. Poco fa, appena mi hai visto, ti stava prendendo un colpo."

"Per forza," replicò "Oggi pomeriggio in centro ho sentito alle mie spalle una specie di galoppata. Mi sono voltata e ti ho visto correre nella mia direzione con gli occhi sbarrati, da maniaco."

Non aveva tutti i torti. Dovevo ammetterlo: lo psicopatico, tra noi, sembravo sicuramente io. Se fossi stato al suo posto e avessi visto alle mie spalle un energumeno correre nella mia direzione, mi sarei certo dato alla fuga. Tutto il mio fervore, tutto il mio istinto della caccia si basava, in fondo, solo su congetture. O, peggio, su sensazioni.

"Non hai tutti i torti... A proposito... come ti chiami?"

"Nicky."

"Sì, lo so. E sei figlia di Joan Collins, vero?" Annuì. Con una manata la rovesciai sul marmo del bancone, che da erotico si era trasformato in obitoriale.

"Preferisci le buone o le cattive?"

"Tu sei pazzo."

"Può darsi. Ma tu sei una bugiarda." Arrossì. Le faceva più paura affrontare il peso delle proprie menzogne di quanto non la spaventassi io. Cambiai tattica.

"Dai, rialzati, e se proprio non vuoi parlare, ascoltami. Probabilmente in questo momento hai paura che, scoprendo la tua vera identità, crolli il castello di bugie di cui sei la principessa. Non preoccuparti, non mi interessi tu. Mi interessa Nicky, quell'altra, la prima titolare delle tue storie. Eravamo amici. Voglio ritrovarla. Mi interessa unicamente sapere quando e dove l'hai vista l'ultima volta. Non voglio indagare su di te, non devi preoccuparti. Le bugie restano comunque. Non perderai proprio nulla. Forse le bugie sono l'unica cosa a restare. A me di Nicky, per esempio, sono rimaste solo bugie. I libri di storia sono pieni di bugie, no? Eppure si studiano a scuola. Le religioni, hanno più balle loro che tutti i tori da monta. Ciononostante i credenti non scarseggiano. Non voglio che tu pensi che raccontandomi di Nicky la tua attuale identità venga compromessa. Come figlia di Joan Collins, oltretutto, sei più attendibile tu di quanto lo fosse Nicky. Ti chiedo solo di aiutarmi a ritrovarla dicendomi ciò che sai."

Le era passata la voglia di gridare. Calcai la mano.

"Pensa, poi, al vantaggio personale: una volta ritrovata Nicky e scoperto chi sia veramente, l'unica Nicky sulla piazza rimarresti tu." La ragazza aprì la bocca per dire qualcosa. Poi ci ripensò e la richiuse. Dovevo rincarare la dose. Ipnotizzarla con le parole per convincerla a raccontarmi ciò che, in fondo, l'avrebbe liberata da quella cucina e dalla mia incombenza.

"Non mi importa niente del fatto che tu abbia trasformato il tuo passato nel senso dei tuoi bisogni. Ti dirò di più, mi sta benissimo. Sei cattolica?"

"Sì." Era stupita dalla domanda. In un modo o nell'altro stavo facendo breccia nella sua attenzione, ero riuscito a interessarla.

"Ti ho chiesto se sei cattolica perché, secondo la dottrina di Sant'Agostino, la menzogna è considerata una colpa lieve. Questo finché la menzogna non pregiudica gli interessi di altre persone. In questo caso, dell'altra Nicky. Sono convinto che le sia successo qualcosa di grave. Sai cosa diceva Gesù Cristo?" Corrugò la fronte e rispose: "In verità, vi dico, uno di voi mi tradirà".

"Beh, anche. Gesù Cristo ha detto un sacco di cose, se è per questo. Come mai ti è venuta in mente proprio questa frase?" Fece spallucce.

"Ho studiato dalle suore." Un tassello di verità nella sua biografia. Sempre che fosse vero.

"No, intendevo cos'ha detto Gesù Cristo a proposito della menzogna?" Mi guardò attenta. Le snocciolai: "Il vostro parlare sia: sì, sì; no, no; il di più è già male". Avevo fatto colpo.

"E tu come fai a saperlo?"

"Mi chiamo Lazzaro. Quando uno si chiama Lazzaro, si sente dire, fin da bambino, 'alzati e cammina' o 'Lazzaro vieni fuori' in continuazione. Così, ti viene voglia di rispondere a tono. Ho saccheggiato i Vangeli per trovarci delle battute. Gli evangelisti avevano il senso della frase. Se ci fosse stato il cinema a quei tempi sarebbero diventati ottimi sceneggiatori. Sì, sarebbero diventati 'qualcuno'." Sentii un fulmine in arrivo e mi corressi. "Sono diventati qualcuno, comunque." Cappuccetto Rosso rise. Una risata normale. Mi aspettavo la follia. C'era solo la menzogna. Era molto più folle la risata di Leona: un lavandino sturato con gli amplificatori.

Ormai Nicky non mi era più ostile. Era il momento del gran finale.

"C'è anche un altro motivo per cui mi ricordo quella frase del Vangelo. Vedi, anch'io sono stato un bugiardo patologico."

"Veramente?"

"No, è una bugia."

"Ma..."

"Scherzo. Certo che è vero. Quando avevo più o meno la tua età, figurati, mi avevano appena espulso dal liceo, ho incontrato una ragazza. Aveva qualche anno meno di me. Sui sedici. Ho già cominciato a mentirti: non l'ho incontrata, l'ho vista per strada e tallonata finché non ho scoperto dove abitava. A questo punto ho atteso un'ora sotto il suo portone. Non appena è uscita ho ripreso a seguirla. Sono bravo a pedinare, sai? Una volta arrivati all'altro capo della città rispetto alla sua abitazione, mi sono deciso a bloccarla: 'Ehi, tu, scusa, abiti per caso in viale Piave al 20?'. Mi ha risposto affermativamente e allora le ho detto: 'Ci siamo incontrati un anno fa in ascensore e non ti ho più dimenticata'. La mia prima bugia con lei."

"Tutto qui?" Nicky sembrava delusa.

"No. Aspetta. La ragazza, si chiamava Diana, mi ha risposto che anche lei si ricordava di avermi visto in ascensore. Mentiva anche lei, capisci? E per due motivi: primo, non mi aveva mai, ovviamente, incontrato in ascensore..."

"E secondo?"

"Non prendeva mai l'ascensore perché abitava al piano rialzato. Per fartela breve cominciammo a vederci. Era un po' giù in quel periodo perché le era appena morto il padre. Bene, le ho detto che anche a me era appena mancata la madre. Mia madre sta tuttora benissimo. Non so perché le ho mentito. Non so neppure perché le ho detto che era morta mia madre, quando avrei potuto asserire che era morto mio padre, cosa tra l'altro vera, anche se avvenuta quando avevo sei anni. Forse ho scelto la madre per una strana equazione: a te, femmina, è morto il padre, a me, maschio, è morta la madre. Da quel momento in poi non ho più smesso di mentirle. A cominciare dal nome. Le ho detto che mi chiamavo Andrea, mi sono aumentato gli anni e inventato una professione: l'entomologo. Sua madre mi invitava a cena ogni sera. Ero entrato nella parte. Diana non aveva nemmeno il mio numero di telefono. Sostenevo di vivere in un residence. Siamo stati insieme quasi due anni. Una sera, però, Diana mi ha chiesto spiegazioni su certe componenti misteriose del mio comportamento."

"E allora?"

"Le ho spiegato che non ero un entomologo. In realtà facevo parte dei servizi segreti."

"Ci ha creduto?"

"Non solo. Lo ha detto a sua madre e anche lei se l'è bevuta."

"Com'è finita?"

"A un certo punto non reggevo più, né lei né le mie menzogne. Le ho fatto telefonare da un mio amico che le ha comunicato che ero deceduto in missione." Ormai l'avevo in pugno. Le diedi il colpo di grazia. "Come ti ripeto, non ho niente contro i bugiardi. Anzi. Sai che esistono gli A.A., gli Alcolisti Anonimi: si riuniscono e ognuno, se vuole, racconta la propria storia. Bisognerebbe creare i B.B., i Bugiardi Bisestili".

"Lo scopo?"

"Garantire alla gente la possibilità di inventarsi una nuova identità ogni quattro anni". Tacqui, a lungo. Finalmente parlò.

"Vuoi sapere di Nicky? Sono anch'io preoccupata per lei. La conosco da tempo..."

"Sai il suo vero nome?"

"Non è forse Nicky?"

"Lascia perdere, come non detto. Vorrei solo sapere dove è andata a finire."

"Negli ultimi tempi frequentava un cinquantenne, un uomo orribile, alto due metri. Nicky mi ha raccontato che lui la tampinava ossessivamente perché ne era innamorato pazzo. È storia di prima dell'estate. Si erano conosciuti all'Open House. Lui è un habitué. In luglio, poco prima della chiusura estiva, Nicky mi ha annunciato raggiante che Olegario, è il nome di quel mostro..."

"Perché l'hai chiamato mostro?"

"L'ho visto, è orribile. Due metri, ti dicevo, e l'aspetto di un gigantesco uccellaccio..." – un uccellaccio? Come Nicky. Due anime gemelle – "È un industriale che lavora nel petrolio. Non è di Milano. Mi pare che sia delle Marche. Gira con macchine da centinaia di milioni e sbatte in faccia a tutti il proprio denaro."

"Mi stavi dicendo che Nicky era raggiante. Perché?"

"Perché Olegario le aveva chiesto di sposarlo. Non so se fosse vero. Con Nicky non si sa mai..."

"Perché con te, invece..." pensai.

"Comunque li vedevo spesso insieme. Poi mi ha annunciato che sarebbe andata a vivere con lui. Nicky è sparita. Sparita con l'estate. Alla riapertura, sono andata a cercarla all'Open House. Di lei non c'era traccia. Ho chiesto spiegazioni a Olegario, che invece era lì. Non solo ha eluso l'argomento, ma mi ha detto di non conoscere nessuna Nicky. Invece li avevo visti insieme. Sembrava impaurito più che imbarazzato."

"Non potevi chiamare casa di Nicky?"

"Mi ha sempre detto di non avere telefono."

"Figurati, usava il tam-tam?"

"No, ma non ho nemmeno mai visto casa sua. Mi chiamava lei. E ci davamo appuntamento in qualche locale."

"Mi dai il tuo numero di telefono?"

"Non ho il telefono."

"E allora, dove ti chiamava?" Mossa sbagliata. Nicky seconda si imporporò. Le avevo promesso che non avrei interferito con le sue bugie. "Lascia perdere. Mi stavi dicendo di Olegario. Sai come si chiama di cognome?"

"No. Nicky ripeteva sempre Olegario qui, Olegario là, ma il cognome non me l'ha mai detto."

"Com'è che conosci Leona?"

"Più o meno come ho conosciuto Nicky. Per caso. L'ho incontrata ieri in corso Vittorio Emanuele. Mi ha più o meno abbordata. L'ho trovata strana." I simili non si cercano, i simili si trovano. "Strana, ma interessante."

Come evocata, Leona irruppe in cucina. Vide Nicky sul bancone ed equivocò. Per lei il ripiano in marmo serizzo equivaleva a un letto.

"Lazzaro... Nicky..." Non si lasciò andare a una scenata. La gelosia ne avrebbe intaccato l'immagine. Uscì. Con la Dupont che avevo zanzato al passeggero di Pogo, scribacchiai il mio numero di telefono.

"Io il telefono ce l'ho. Chiamami ogni tanto. Non vorrei che sparissi anche tu."

"Perché?"

"Sei la seconda socia fondatrice dei Bugiardi Bisestili." Le strizzai l'occhio. Guadagnai l'uscita. Dal salotto la voce di Leona urlava: "Lei è una cretina. Si consideri licenziata".

Incappai in faccia di pietra, dignitosa e indifferente come una pietra tombale.

10.

Proverbio: chi cerca, trova. Innesto tra proverbi: chi cerca, trova e i cocci sono suoi. Adattamento del proverbio alla bisogna: chi cerca, trova e sono cocci suoi. Traduzione di quello che era un proverbio e ora frase di greve saggezza: chi cerca, trova e sono "cazzi suoi". Lo trovai. Lo trovai senza aver veramente cominciato a cercarlo. Era lì. Lungo e inconfondibile. Fui quasi deluso di trovarlo, dell'averlo trovato subito. Eppure Cappuccetto Rosso era stata sincera. Questo, sì, non mi deluse. Ero riuscito a estorcere la verità con un cannolo e una confessione. Olegario si trovava all'Open House. Mi sentii a disagio: lui era un habitué, io non ero abituato. Non ero abituato al fatto di vedermi servita la verità su un piatto d'argento. Se ti servono la verità su un piatto d'argento, la verità non è l'invisibile dono retto dal vassoio. No. La verità non è nemmeno il piatto, il vassoio d'argento. La verità è quel foglietttino, in apparenza negligentemente dimenticato sul piatto d'argento: la verità è il conto. Adesso che mi era a portata di mano non mi sentivo pronto ad affrontarla. Il momento della verità non era sincronizzato al mio orologio. Ma, si sa, i Rolex sgarrano di cinque minuti.

Non appena uscito da casa di Leona, avevo preso la decisione di fare un salto al Bar Magenta. Il taxi si era fermato in via Carducci. Cento metri di via Carducci e, dal Magenta, ti trovi all'Open House. Dimenticato il Magenta, avevo percorso quei cento metri, dicendo a me stesso ad alta voce: "Cristo, se Nicky, o come diavolo si chiama, non mi ha mentito, la soluzione e la ragione della scomparsa della mia Nicky, o come diavolo si chiama, è sempre stata a cento metri da me. Mentre mi stavo ingolfando di birra al Magenta, Nicky ballava a cento metri da me, forse per l'ultima volta". E poi: "Eh no, Lazzaro. Basta colpevolizzare gli sconosciuti.

Credevi che Cappuccetto Rosso fosse, magari, una pazza assassina e lei, con più ragioni, era convinta che il maniaco fossi tu. Probabilmente questo Olegario è un innocuo industrialotto di cattivo gusto che una sera, dopo aver alzato il gomito, ha rimorchiato la vecchia Nicky. Lei si è montata la testa e si è inventata una proposta di matrimonio".

Strano, ma quando cerco di essere razionale, le conclusioni a cui pervengo non mi convincono affatto. Così, avevo lasciato il cappotto alla guardarobiera, disceso le scale e me l'ero trovato davanti. Inconfondibile. Due metri, le spalle come ali di pipistrello, i capelli grigi portati lunghi sulla nuca, una fronte spaziosa come un locale notturno più spazioso dell'Open House, un naso da pterodattilo, sopracciglia folte e nerissime in contrasto con la capigliatura. E gli occhi? Occhi dal taglio orientale. Un orientale mellifluo, però. Erano così donneschi, su un palo d'uomo. Sicuramente si faceva fare gli abiti su misura. Il mio metro e ottantatré mi riduceva a una specie di Nano Bagonghi al confronto. Non l'avevo mai visto prima, altrimenti non l'avrei dimenticato. Indossava un gessato blu, sfoggiava una cravatta in tinta unita, rossa come un ombrello di Moira Orfei, ma l'ombrello, invece, se l'era ingoiato lui, visto che il manico sostituiva il pomo d'Adamo. Mi sentii piccolo, desideroso di abbracciare "la mia mamma". Riacquistai coraggio. "Devo fare qualcosa," mi dissi. Affrontarlo, chiedergli a bruciapelo "Dov'è Nicky?", e poi guardare in alto, verso il suo inaccessibile viso e attendere una risposta. Olegario ora mi dava le spalle. Fissava la sala e la pista da ballo come un rapace.

A Leona la musica non sarebbe piaciuta. La cosa più "lenta", lì dentro, erano le mie reazioni. Olegario cercava prede. Gli picchiettai con due dita la schiena. Si voltò, abbassò lo sguardo fino a incontrare il mio.

"Mi fa accendere, per favore?"

"Non fumo, e poi, guardi, il suo sigaro è già acceso." Il mozzicone dell'Antico Toscano che tenevo pendulo all'angolo della bocca ruggiva di brace.

"Incredibile, pensi che di solito i sigari si spengono quando meno te lo aspetti e invece il mio si è acceso e non me ne sono accorto." Mi studiò attentamente, poi girò le spalle.

La mia non era stata una battuta: ero in uno stato di tale ipnotica tensione che l'accendino, guidato dalla mano, aveva trovato la strada per il sigaro tutto da solo.

Non riuscivo più a resistere. Riaffrontai le scale e raggiunsi il guardaroba incassato davanti all'ingresso. La mano nella tasca mi tremava alla ricerca dello scontrino. "Non è paura. È nervosismo," dissi alla mano. Si tranquillizzò. La guardarobiera, una finta bionda sulla quarantina, truccata, si stupì: "Ma se è stato giù neanche cinque minuti!". Guardai l'orologio e, tornato forte, le risposi: "Stanotte il tempo non vola. Io sì".

Fu quasi strano svegliarsi al mattino senza la bocca impastata. Rispetto ai miei ritmi abituali ero andato a letto presto, completamente sobrio e pieno di buoni propositi. Probabilmente l'uomo svegliatosi nel mio letto, col mio pigiama e il mio aspetto fisico, non ero io. Eppure non stavo male nei panni di quel tizio che si lavò i denti, usò il filo interdentale con perizia chirurgica, non pisciò nel lavandino per fare prima. Quell'estraneo impossessatosi del mio corpo fece persino cinquanta flessioni, venti minuti di pesi e al solito bagno disintossicante preferì una doccia scozzese. Chi era mai quel ragazzone carico di energie che baciò mia madre sulla guancia e si offrì di portare giù il cane? Il quesito non era chi fosse. La domanda era: "Quanto sarebbe durato?". In ogni caso quel giovane uomo respirò a pieni polmoni l'aria mefitica della città autoconvincendosi di trarne giovamento. Aprì, poi, la casella della posta con l'apposita chiave, anziché cercare di estrarre le buste usando un coltello a scatto, eredità del passato, o altre buste più accessibili estratte dalla casella del vicino. "La casella del vicino è sempre più verde", non significa nulla, ma suona bene. Il serafico individuo non accennò nessuna bestemmia accorgendosi che la casella della posta conteneva solo pubblicità e, per di più, i volantini dell'Istituto Dardi e freccette

– tutto per il tiro a segno. L'angelico giovanotto non imprecò nei confronti dell'ascensore occupato, anzi, allegro e un po' fesso come un boy-scout, salì le scale di corsa, incurante del fiatone e della cera. Un santo. Sì, sicuramente un santo, che si ripromise di tornare in palestra, trovarsi un lavoro e, in futuro, una fidanzata brutta ma onesta. Beh, facciamo bella ma onesta. E poi, perché quel "ma": bella e onesta. O, crepi l'avarizia e defunga il perbenismo, bella e disonesta, una pin-up da redimere. Un santo. Già, un santo. E non un santo pignolo e rompiballe. No, proprio un santo che usasse rugiada anziché acqua benedetta. È, tra l'altro, più igienico: nell'acqua benedetta immergono le mani un sacco di zozzoni. Un santo, comunque. Dirò di più, un apostolo. Un santo e un apostolo: Sant'Andrea, per esempio. Santandrea Lazzaro, per servirvi.

Poi, improvvisa, la depressione.

"Sono certo che Olegario sia implicato nella scomparsa di Nicky."

"Lazzaro... ma che ore sono? Che ci fai sveglio a quest'ora?"

"Sono le nove, Pogo, ed è da dieci minuti che ti sto parlando al telefono. Non stavi ascoltando?"

"No, credevo fosse la sveglia e gli ho dato una manata per azzittirla. Mi stavo riaddormentando, ma nel dormiveglia sentivo uno che parlava... parlava."

"Ero io, pirla. Ho beccato Nicky."

"Ah. Allora è tutto a posto."

"No. Non la mia Nicky. L'altra. Cappuccetto Rosso."

"Lazzaro, la storia è già abbastanza incasinata, se poi me la racconti a quest'ora... Ieri sono stato in mansarda da Vito e Doni, mi sono sciroppato cento diapositive su un minareto. Du' palle. Per fortuna c'era della grappa sarda. Un 'abat-jour'."

"Si dice un bijoux."

"Lo so come si dice. Da quant'è che hai perso il senso della frase?"

"Non l'ho perso, Pogo. Il fatto è che... mi serve una ragazza."

"Proprio tu? Figurati. Tu riusciresti a convincere la Madonna di essere il sostituto dello Spirito Santo."

"Ma no, non in quel senso. Non una donna per me, mi serve una ragazza che faccia da esca. È per Olegario. Già, dimenticavo che ti sei perso i primi dieci minuti della puntata. Olegario è un tipo che frequentava Nicky, la mia Nicky, prima che lei sparisse. È un industriale ammanicato col petrolio, a quanto ho capito, che gozzoviglia ogni sera all'Open House. Sai, quel locale per rampanti e falliti in via Carducci."

"Come no, ci trovi di tutto."

"È due metri d'uomo questo Olegario. Tu, col tuo metro e ottantuno, sparisci."

"E tu, col tuo metro e ottantatré?"

"Ho due centimetri d'autonomia rispetto a te. Fissava le ragazze con uno sguardo strano. Non uno sguardo concupiscente. Lo sguardo di chi sta cercando qualcuna di particolare, non in particolare. Voglio procurargliela io. Voglio creare una terza Nicky che lo agganci. Una finta Nicky, naturalmente."

"Hai in mente qualcuno?"

"No. Ci vuole ma con i coglioni."

"E hai pensato a me?"

"Non mi serve un travestito... Mi serve... una puttana. Ecco, mi serve una puttana."

Una puttana. Una ierodula. Una meretrice. Mica facile trovarne del tipo che serviva a me. La città brulicava di travestiti. Deborah, certo, avrei potuto utilizzare Deborah, ma forse a Olegario non piacevano le variazioni sul tema. Io, poi, non avevo mai considerato Deborah fu Giuseppe come un travestito. Travestiti erano i suoi clienti che il giorno, in ufficio, si trasformavano in manichini vestiti da rispettabilità, travestiti da paladini del decoro. E poi la notte... via, con le auto incolonnate al parco, nella fila per accedere a grazie muliebri e a prego mascolini. I clienti di Deborah, in un modo o nell'altro, facevano sempre la fila: in coda alle poste e in coda per il sesso.

Non mi serviva un travestito. Volevo una puttana, una puttana di cui potersi fidare. Esclusi le massaggiatrici inserzioniste. Possibile che non conoscessi neanche una puttana? Macché. Il genere era in ribasso. Non c'erano più le Tullie d'Aragona e le Veroniche Franco a ispirare artisti e letterati rinascimentali. Persino le squillo col telefonino portatile avevano perso ragion d'essere, visto che il suono prodotto dall'apparecchio anziché uno squillo, evocatore di erettili squilli di tromba, ricordava un peto gracchiante e smorzato. Conoscevo ragazze serie, meno serie, allegre e persino burlone, ma non erano professioniste. Tanto valeva ricorrere a un'amica. No, meglio, un'innamorata.

Telefonai a Ulli (era ancora offesa per il bacio a sua sorella e per l'abbraccio al travestito: l'amore è cieco ma la gelosia è tattile). Dopo essermela lavorata un po' le proposi di uscire con me all'Open House. Sembrò entusiasta. Ma quando fui costretto a spiegarle che per farmi un favore avrebbe dovuto adescarmi un probabile mostro alto due metri, riattaccò. Le esche funzionano solo con i pesci. Sarà che sono vermi, e i vermi non si offendono e non hanno paura.

Feci un altro giro di telefonate con risultato analogo. Infine, l'ispirazione: Luana, la pornodiva del Teatrino. Sfogliai il giornale del giorno prima. In cronaca incappai in una notizia che mi tolse ogni residuo di buon umore: "Ivo Lavagna, conosciuto nell'ambiente dell'arte metropolitana come Ivo Spray, è stato travolto da un treno in arrivo alla Stazione Centrale di Milano. Dei testimoni assicurano di aver visto una ragazza poco meno che ventenne, una biondina dai capelli stopposi, spingere intenzionalmente il Lavagna".

Pessima prosa. "La ragazza si è dileguata." E così, la biondina del Merlino e Magò aveva avvelenato con l'odio per il padre la passione per Ivo. Mi immaginai la scena: Ivo in stazione diventa brutale, la ragazza vede il volto del padre sul corpo di Ivo e non ha esitazioni. Addio Ivo. Ciao papà. Che tristezza. Ivo non mi era mai stato particolarmente simpatico, ma finire sotto un treno è una fine da Anna Karenina. Ivo viveva per i treni e per i treni era morto. Ciò che mi atterriva era il pensiero della ragazzina coi capelli stopposi deambulante per Milano, angosciata non tanto dal fatto di avere ucciso, ma di avere ucciso la persona sbagliata.

Passai alla pagina degli spettacoli. Il giornale era del giorno precedente, ma annunciava una "tre giorni" di Luana. Allo spettacolo delle 16,30 c'ero anch'io. Luana, dopo essersi masturbata sul palco con una banana di gomma, aveva commentato: "Chiquita, la banana 10 e gode". Ero in prima fila. Luana mi riconobbe e, scendendo dal palco per ricevere applausi palpabili come palpeggiamenti, mi si sedette in grembo. Indossava la sua divisa di battaglia: stivaloni di plastica nera alla coscia, un corpetto slacciato, guanti di velluto sino all'avambraccio. Cominciò a dimenarsi professionalmente. Gli spettatori che occupavano le sedie vicine alla mia sbavavano d'invidia.

Finsi di baciarle l'orecchio e le dissi: "Ti devo parlare. Quando smonti?".

"Da te? Subito, se vuoi."

"Non intendevo adesso. È una cosa importante. Non hai una pausa?"

"Vieni in camerino tra mezz'ora".

Nell'accedere al camerino di Luana mi imbattei in un paio di donne in accappatoio. Erano le supporter-porno di Luana. Se, viste sul palco, si potevano definire suggestive, viste alla luce, l'effetto era ben diverso. Il sesso era rimasto sul palco. Vidi due esseri di sesso femminile che avevano superato la trentina non senza traumi. Due signore che in un supermarket si sarebbero confuse con le massaie. Un po' volgari, questo sì, ma nei lineamenti, non negli atteggiamenti. Due quasi bellezze ordinarie, che quando staccavano la colonna sonora di gemiti simulati, preferivano ascoltare Claudio Baglioni perché trovavano Vasco Rossi troppo trasgressivo.

"Scusate, dov'è il camerino di Luana?"

"In fondo al corridoio. Hai una sigaretta, per favore?"

"Mi spiace, fumo sigari."

Bussai al camerino di Luana.

"Avanti." Anche lei indossava un accappatoio azzurro di spugna. Nel camerino il classico specchio contornato di lampadine, la fotografia di un cane, il poster del suo spettacolo, un beauty-case rosso Ferrari, una rosa gialla agonizzante in un vasetto.

"Non hai ammiratori che ti mandano mazzi di rose?"

"Rose? Non se ne parla nemmeno. Mi regalano biancheria intima, questo sì. I capi più hard li tengo per lo spettacolo. Il resto lo porto a mia zia che ha una merceria in provincia di Piacenza."

"Ti ricordi di me?"

"Come no. Tu sei Lazzaro, l'amico di quel cavallone di Antonello. Che fine ha fatto?"

"Non lo vedo da un paio di giorni."

"Mi ha promesso mari e monti. Povero cocco. Fanno tutti così. È il richiamo della figa. Prima sono allupati, poi diventano sentimentali. 'Smetti di lavorare. Ghe pensi mì.' Mari e monti. Non hai idea di quanti mari e monti ho ricevuto in cartolina. 'Saluti da Alassio. Gigi' e altre cinquanta firme. Mah. È un lavoro come un altro. Ho iniziato qualche anno fa, volevo fare l'attrice. Capirai, produttori di serie zeta mi dicevano 'Spogliati', altro che provini. Erano scopini. Io, immaginati un po', due anni di lingue dopo il liceo classico e questi che pensavano di intortarmi. È meglio il porno show. Non ci sono ricatti, mi spoglio, fingo di godere e scopo con chi garba a me. Se mi chiedono 'Che fai?', 'Faccio sognare'. Mica male come lavoro, no? Scusami Lazzaro, oggi sono logorroica. Hai detto che volevi parlarmi. Di cosa si tratta?" Mi fidai. Istintivamente mi fidai. Le raccontai ogni cosa di Nicky, i miei sogni, i miei incubi.

"Così, in pratica, dovrei farti da esca?"

"Proprio così. Non mi aspetto che tu accetti, ma ci ho provato."

"Balle. Ti aspetti, eccome, che io accetti. E fai bene, cucciolone. I guai sono il sale della vita."

"D'accordo, grazie. A stanotte." La baciai sulle labbra. Benché nessuno dei due l'avesse previsto, le nostre lingue si cercarono e si trovarono. Luana sorrise dicendomi: "Hai la lingua che sembra un pitone. Non mi hai baciata, mi hai 'pitonata'".

"Pitonata? Pitonare è un verbo bellissimo, Luana. Forse meglio di sifonare." Ero euforico.

"Cos'è questo entusiasmo, Lazzaro? Cos'ho detto di tanto speciale?"

"È che sono contento, Luana. Sarai una pornostar ma, per la madonna, hai il 'senso della frase'."

Rintracciare Alfredo, il poliziotto del Bar Magenta, fu estremamente facile. Ne ignoravo il cognome, ma fu sufficiente un salto al bar nel tardo pomeriggio. I poliziotti in borghese al Bar Magenta sono convinti che nessuno conosca la loro identità. Fanno di tutto per non comportarsi come poliziotti. A nessun altro verrebbe in mente di "non sembrare". Si mischiano agli studenti, ma seminano indizi. Primo fra tutti: non pagano le consumazioni. Sono ragazzi in fondo, e morirebbero dalla voglia di raccontarti che sono poliziotti. Sarebbero disposti persino a pagarsi le birre pur di farti toccare la pistola. E invece la fanfaronata è vietata. Si trattengono. Sono come bambini che a Natale vorrebbero recitare la poesia. Nel frastuono del juke-box, nel tintinnio dei boccali, nelle conversazioni degli universitari, nessuno ascolta la poesia che comunque, in servizio, non potrebbero raccontarti. E allora somatizzano. Il loro "sono un poliziotto", non potendo uscire dalla bocca, cerca, appunto, altri sbocchi, si materializza a intermittenza, come un tatuaggio, sulle loro fronti.

Per avere la certezza di avere individuato un poliziotto in borghese aggirai un probabile candidato. Era un ragazzone barbuto che annoiava due tedesche che avevo già visto. Erano bionde, azzurre e irrimediabilmente lesbiche. Prese di mira da tutti gli sfaccendati che gravitavano al Magenta, accettavano un paio di birre in cambio di un quarto d'ora della loro conversazione. Oltre non si andava. Chi lo sapeva evitava di dissetarle. Il ragazzone barbuto, invece, aveva attaccato bottone.

Raggiungendolo alle spalle gridai: "Mani in alto!". Avevo visto giusto. La mano del ragazzo corse alla fondina nascosta dal giaccone di pelle. Prima che mi sparasse lo tranquillizzai: "Calma, calma, stavo solo scherzando".

Si alzò a fronteggiarmi, rosso come un pomodoro. Le ragazze, perso ogni interesse, vista la mancata sparatoria, tornarono ai saffici teutonici brindisi.

"Sono un amico di Alfredo, il tuo collega poliziotto. Avrei una certa urgenza di rintracciarlo. Puoi metterti in contatto?"

"Ti ha detto lui che sono un poliziotto?"

"E chi sennò? Non prendertela. So tenere un segreto. Senti, chiamalo adesso, se ti è possibile, e digli che Lazzaro Santandrea lo aspetta al Bar Magenta. Ho una soffiata su un certo giro."

"Non puoi dire a me?"

"Nix. È una cosa a cui sta lavorando da tempo. Ti piacerebbe che un collega ti soffiasse un arresto?" Mi ero fatto un nuovo alleato. Decisi di conquistarlo completamente alla mia causa. "E lascia perdere quelle due. Sono lesbiche."

"Veramente?"

"Te lo giuro sul vicequestore."

Mi strinse la mano e si eclissò. Non rimaneva che attendere. Mi sedetti al tavolo delle due ragazze e mi accesi un sigaro. La meno espansiva cominciò a tossire. L'altra, guardandomi storto, sbottò: "Ti spiace smettere di fumare? Ci dà fastidio".

"Was?" risposi.

Scoppiarono a ridere. Spensi il sigaro e mi lasciai offrire una birra. Io non volevo portarle a letto e loro non volevano portare a letto me. Nella microsocietà di quel tavolo eravamo fatti l'uno per le altre.

Un'oretta dopo, Alfredo, sgomitando nel Magenta del sabato sera, giunse al mio tavolo. Greta e Sibille mi salutarono calorosamente, l'arrivo di un altro uomo turbava il nostro equilibrio. Avrei voluto dir loro: "Non preoccupatevi, Alfredo è un omosessuale irrisolto", ma non ne avevo tanta voglia. Purtroppo, le etichette sulle attitudini sessuali sostituiscono le altre caratteristiche nel valutare una persona. Se un omosessuale è uno stronzo, non viene definito uno stronzo, ma un omosessuale; se un eterosessuale è uno stronzo, invece, viene giudicato stronzo e basta. Gli omosessuali, almeno in questo campo, sono più fortunati.

"Lazzaro, finalmente. Ho provato a chiamarti, ma mi hai dato un numero falso. Certo avrei potuto rintracciarti facilmente, ma..." Si tolse il loden mentre cercavo una risposta che mi facesse apparire, a me e a lui, meno verminoso di quanto ero stato.

"Scusami, sono prevenzioni ataviche. Nessuno dà volentieri il proprio numero di telefono a un poliziotto."

"A un gay, volevi dire." Era il nostro segreto. Parlando aveva abbassato gli occhi.

"Figurati. Cosa vuoi che me ne freghi. I miei migliori amici sono omosessuali."

"Citamene cinque."

"Ehm..."

"Tre. Ma senza stare a pensarci."

"Ehm..."

"Due." Il suo conto alla rovescia era amaro come la sua ironia. "Uno."

"Tu."

Rialzò gli occhi e sorrise. "Per citare Bogey: 'Forse oggi noi inauguriamo una bella amicizia'."

Lo misi al corrente della storia di Nicky. "E vedi... saranno pure congetture ma sono convinto di essere sulla pista giusta. Ti fidi dell'istinto, tu?"

"Io sì, ma non so quanto tu ti possa fidare del tuo istinto. Credevi che la piccola mitomane, quella che tu chiami Cappuccetto Rosso, fosse chissà quale mostro e invece mi hai appena detto di aver appurato che è solo una piccola mitomane."

"Tutti possono sbagliare. E poi non ho sbagliato del tutto. Anche lei ha ammesso di avere brutti presentimenti sulla scomparsa di Nicky. Senza di lei, ricorda, non sarei arrivato a Olegario."

"Già, Olegario. Proprio qui ti volevo. Chi ti dice che Olegario non sia un altro Cappuccetto Rosso..."

"Non l'hai visto in faccia."

"E da quando Lazzaro Santandrea giudica una persona dall'apparenza?"

"Touché. Da quando non ha altro che l'apparenza a cui aggrapparsi."

"E se Olegario fosse l'altro anello di una catena infinita? Se Nicky se ne fosse semplicemente andata da Milano a raccontare balle a Ginevra, a Dublino? Perché poi ti interessa tanto? Mi hai confessato di non aver pensato a lei per anni. Forse di non aver mai pensato a lei. Neanche quando l'avevi davanti."

“Ti spiace andare a prendere due birre? Ho bisogno di tempo per imbastire una risposta.” Feci per porgergli del denaro.

“Lascia stare, i poliziotti bevono gratis, sai?” Si alzò e arrivò alla cassa. Una coda per lo scontrino, una coda per prendere da bere. Avevo tempo. Troppo tempo. E da solo non mi trovavo più tanto bene.

Alfredo tornò con due bionde medie. Tuffai il viso nel mio boccale e la schiuma della birra mi impreziosì il naso rotto con una sorta di decorazione natalizia.

“Volevi una risposta? Te la do.” Gli mostrai il portafoglio, un Cartier ammaccato, e la foto che vi tenevo. “Vedi quest’uomo?”

“Chi è? Tuo padre?”

“Di più. Mio padre è morto che ero un bambino. Quest’uomo non me ne ha fatto sentire la mancanza. Era un amico di mio padre che mi ha seguito da vicino. Mi ha ascoltato quando ne avevo bisogno. Mi ha tirato fuori dai guai della mia burrascosa adolescenza. Ha battuto a macchina i racconti che mandavo alle riviste undergound. Ha lavato il mio vomito da ubriaco dalle piastrelle del suo ufficio. Mi ha insegnato a tirare di boxe... – fintai nel vuoto – ...Non ha mai voluto niente in cambio. È morto un anno fa, improvvisamente, lasciandomi in debito. Non posso più restituirgli niente. Credevo fosse immortale. E prima che morisse lui, anch’io credevo di essere immortale. Sai cose dice Chandler di Marlowe? Più o meno così: l’uomo migliore di questo mondo è abbastanza buono per qualsiasi altro mondo. Non sono nemmeno riuscito a piangere, Cristo. Non ho voluto andare al funerale, ho preferito tenerlo in tasca, nel portafoglio, sul culo, se vuoi, quando lo metto nella tasca posteriore dei jeans. Sul culo sì, ma sottoterra no. Si aspettava grandi cose da me. E ho fatto grandi cose, una peggio dell’altra. Visto che, forse, l’ho deluso, almeno non voglio tradirlo. Non posso lasciare che il buio cali su tutti. Tra fare e non fare devo fare. Per lui, per Nicky, per te. Per me. Per tutti. Quando era vivo, potevo anche stare dalla parte sbagliata, tanto c’era lui dalla parte giusta, a difenderla. Adesso che lui non c’è, sono io che devo stare dalla parte giusta. Non appena avrò ritrovato Nicky, cercherò un bambino di sei anni, senza padre, per permettergli il lusso di stare dalla parte sbagliata. Non voglio un figlio, voglio qualcuno che abbia bisogno di me. Nicky forse ne avrebbe avuto." Per una strana circostanza, uno di quei singolari fenomeni che avvengono in pub fumosi, confessionali in cui l'assoluzione è data senza penitenza, era Alfredo ad avere le lacrime agli occhi, non io.

"Lazzaro, io credo di avere bisogno di te."

Tornai cinico per abbassare le serrande sul bazar delle emozioni. "Sei un po' cresciutello per essere adottato. E poi, un figlio frocio..." Riuscii a farlo sorridere.

"In ogni caso, Alfredo, più tardi tenterò con l'esca dell'Open House. Conto di riuscire a sapere, entro stanotte, come si chiama Olegario di cognome e dove abita. Vorrei che tu facessi un controllo. Non parlo della fedina penale, mi servirebbero tutte le informazioni possibili su di lui."

"Consideralo cosa fatta. Vuoi che cerchi di rintracciare anche la tua Cappuccetto Rosso per scoprire come si chiama veramente? Se esce con Leona, basta che io finga di fare un controllo per farmi mostrare i documenti."

"No, assolutamente. Ieri anch'io avrei potuto, con due cannoli, farmi consegnare la sua carta d'indentità, ma lei, adesso, ha bisogno di essere Nicky almeno quanto io ho bisogno di ritrovare Nicky. È un nostro diritto. Quando deciderà di cambiare nome e accetterà il suo, quando io avrò ritrovato Nicky accettandone le conseguenze, allora, solo allora, questa storia sarà finita."

Quando Luana passò a prendermi, ero pronto a tutto, ma non a lei. Si era messa una salopette rossa di maglia lurex con spalline incrociate sulla schiena. Fin qui nulla di strano. Ma all'altezza del seno e del pube la maglia lasciava il posto allo chiffon rivelatore. I capezzoli tendevano il tessuto al punto di sembrare due bottoncini. La trasparenza ti faceva venir voglia di premere, pigiare quei bottoncini per accertarti dell'eventuale arrivo dell'ascensore. Ma non c'era bisogno di nessun ascensore. Il pelo pubico, infine, sembrava pizzo ricamato. Non osai chiederle di voltarsi per vedere che tipo di sudario avesse scelto per il sedere.

Era sontuosamente indecente.

Il cane le scodinzolava intorno abbaiando. Luana si chinò ad accarezzarlo.

"Come si chiama?"

"Buongustaio." L'impulso di pitonarla si trasformò in tenerezza quando Luana, sussurrando paroline dolci all'orecchio del miglior amico dell'uomo, lo ridusse al silenzio. L'abbaiare cessò. Luana parlava agli animali come San Francesco. Più turbato da me che da lei, ruppi l'incanto. "È meglio che andiamo."

Luana si rialzò. Non appena chiusa la porta alle nostre spalle, si levò un abbaio di protesta e di rimpianto.

"Prendiamo la mia auto?"

"Per forza, mi hanno ritirato la patente." La Y10 di Luana sfrecciò verso l'Open House. Luana notò un rigonfiamento nella mia giacca di seta cruda.

"Non sarai mica armato?"

"No, è il cuore che batte più forte perché ci sei tu." Non si fidò. Tastò il rigonfiamento e distolse lo sguardo dalla strada guardandomi con aria interrogativa. Meritava una spiegazione.

"Non ti ho mentito. Almeno non del tutto. Sai cos'ho in tasca?"

"Spara."

"Una bottiglietta di tabasco."

"Tabasco?" Estrassi la bottiglietta. Frenò bruscamente. Poi, dopo avermela strappata di mano, cominciò a leggere l'etichetta posteriore:

"Salsa Tabasco. Ingredienti: aceto di grano, peperoni piccanti, sale. Fabbricato in Usa, McHillenny Company, Avery Island, Louisiana. Poche gocce di salsa tabasco conferiscono un sapore piccante squisito a minestre, intingoli, uova, pesci, crostacei e frutti di mare".

"Non guardarmi così. Non è che di solito mi porto il condimento da casa, ma non ho nemmeno il porto d'armi e Olegario è alto due metri. Sai l'effetto che fa il tabasco agli occhi? È meglio dell'acido. Non crea danni permanenti, ma ti mette fuori combattimento."

“Cos’hai intenzione di fare stasera?”

“Te l’ho detto, voglio che tu mi faccia da esca, ma devo essere pronto a intervenire nel caso succeda qualcosa di spiacevole.”

“Sei strano, sai? Ho conosciuto gente di tutti i tipi, ma nessuno si armava di tabasco.”

“Luana, ci credi se ti dico che nell’altra tasca ho un potentissimo lassativo?”

“Non mi dire. E quello come lo adoperi? Lo spingi su per il culo in caso di pericolo?”

“Ci sei andata vicina.” Luana riprese a guidare. Posteggiò disinvoltamente in via Carducci. “Buona fortuna a noi.”

All’entrata dell’Open House un capannello di gente cercava di convincere il buttadentro a chiudere un occhio sulla propria anonimità.

“Mi dispiace, è una festa a inviti,” stava dicendo il culturista strizzato nello smoking.

“Ce l’hai l’invito?” chiese Luana.

“No, ma ho di meglio: ho te.” In effetti, al nostro passaggio il buttadentro fu ipnotizzato dallo chiffon di Luana che la pelliccia aperta esibiva generosamente.

La guardarobiera mi riconobbe. “Stasera mi fermo più di cinque minuti.”

Le ragazze come Luana non hanno bisogno dell’invito per entrare in un locale. Luana lasciò la pelliccia al guardaroba e, mentre il buttadentro ormai distratto, anziché chiudere un occhio ne spalancava due, un gruppetto di peones senza invito ne approfittò per calarsi nel locale. Il primo imprevisto della serata fu che la festa, oltre a essere privata, era a tema, almeno a giudicare dagli abiti dei presenti: sai, tonache. La si sarebbe detta una festa ispirata a qualche ordine monastico.

Luana, che mi aveva preceduto lungo le ripide scale, urlò. La raggiunsi quasi inciampando e capii la ragione del suo orrore. Il falso monaco che le stava davanti barcollando, non aveva più un viso umano. La faccia era una tana di vesciche. Sotto alcune vesciche aperte si intravedeva una superficie cutanea rossa e umida. Il dorso delle mani era un trionfo di verruche, le unghie friabili, screpolate, con macchie circoscritte di color giallo sporco.

L'uomo tentò di abbracciare Luana. Gli fui addosso. Non feci in tempo a colpirlo che cadde per terra. Non appena cadde, fui sommerso da mani e braccia.

Un colpo al naso e il sangue, il mio. "Adesso basta, basta", il buttadentro si fece largo tra i monaci, spalleggiato da più esili buttafuori. I miei aggressori si dispersero.

"Cazzo, ha vomitato sulla moquette. Era nuova." Non so se fu la parola "vomitato" o la parola "moquette" a riportarmi in me, ma il sudore freddo gelò sino a diventare ghiaccio bollente. I mostri non vomitavano sulla moquette. E poi chi, in presenza di un mostro, si preoccupava della verginità della moquette?

"Glielo avevo detto a questo stronzo di non continuare a bere. È arrivato qui che era già partito." Con una bracciata sollevò il mostro e dicendogli "Hei, ti senti bene?" cominciò a schiaffeggiarlo. Alcune vesciche si dispersero nella sala. Non c'è trucco teatrale che regga a due sventole ben assestate. L'ubriaco farfugliò qualcosa.

Guardai fisso negli occhi il buttafuori più gracile e con voce rabbiosa gli chiesi: "Come cazzo si chiama questa festa?"

"Effetto delle radiazioni del dopo-bomba. Day after party. Perché?"

Mi stavo pulendo il sangue dal naso e uno dei mostri che mi avevano aggredito mi si avvicinò.

"Volevo scusarmi, credevo tu fossi il tipo che se la prende con gli ubriachi. Paolo ha un po' bevuto ma..."

"Paolo?"

"Ma sì, il mio amico..."

"Scusami tu, devo controllare una cosa." Seguii la pista del buttadentro sino alla toilette. Il culturista cercava di rianimare il morto vivente, che in quel momento era effettivamente più morto che vivo. Con un fazzoletto inumidito gli nettava il vomito ormai indistinguibile dal trucco.

"Hai bisogno?" chiese.

"No, anzi, ti do una mano." Col mio fazzoletto contribuii a far tornare umano il volto dell'ubriacone.

Non mi ero sbagliato. Ecco perché ero stato così atterrito dalla sua apparizione. Avevo riconosciuto un incubo. Un incubo non mio. Un incubo di Antonello Caroli attore. Che idiota a non averci pensato prima! Eppure Caroli mi aveva detto di avere incontrato Paolo, il suo Paolo, il responsabile della scomparsa di Lucy, all'Open House. Era sicuramente anche lui un habitué, proprio come Olegario. Il trucco da dopo-bomba ne aveva alterato i lineamenti, ma ora era riconoscibilissimo. Milano è piccola, c'è gente che scompare, come Lucy, come Nicky, ma è sempre di più la gente che si rincontra.

"È meglio che tu vada a prendergli qualcosa da bere per rimettergli a posto lo stomaco. Il caffè col limone è inutile, ha già vomitato abbastanza. Fagli preparare un canarino." Mi ero rivolto al buttadentro rientrato nel suo smoking da sottoposto.

"E lui?" protestò debolmente il ragazzone.

"Non preoccuparti di lui, lo assisto io finché non torni." Non appena il buttadentro uscì dal bagno, pungolai con un piede lo stomaco di Paolo. Era semiincosciente. Il primo calcio nacque timido, un abbozzo di calcio allo scroto. Poi la gragnola di calci ai fianchi. Le mie scarpe grandinarono su di lui con rabbia crescente. Fu come colpire un sacco di patate in cui i tuberi erano stati sostituiti con organi interni. Non riuscii a fare giustizia per Lucy. Riuscii solamente a vendicare me stesso. Il sacco di patate si tramutò in un pneumatico sgonfio e allora, solo allora, smisi di colpire.

Il buttadentro irruppe reggendo un bicchiere da cocktail pieno di canarino. L'aspetto era quello del gin fizz.

"Come sta?"

"Così così."

"Non li sopporto, arrivano qui sbandierando biglietti da cento come se fossero i padroni del mondo e poi te li ritrovi a vomitare come cani."

"Peggio che cani. Nei cani il vomito rappresenta una funzione fisiologica, vomitano per liberare lo stomaco sovraccarico. I bovini vomitano raramente e i cavalli solo se hanno lo stomaco lacerato."

"Sei un esperto di vomito?"

"No, sono Lazzaro Sandandrea, e tu?"

"Giusy."

"Un nome da parrucchiera su un fisico da maciste?" Sorrise. Peccato, avevo voglia di prendere a calci qualcun altro, invece quel sorriso me lo rese simpatico.

"Non potevi farti chiamare Pino?"

"Pino no, è un nome da terroni. Io sono dei mastini del Nord."

Mi tornò antipatico. I mastini del Nord, quei figli di puttana che caricavano di botte extracomunitari e meridionali. Quella, comunque, era la serata della vendetta.

"Ah, sei un mastino del Nord?..."

"Anche tu?" gioì ottuso Giusy.

"Solo un simpatizzante. A proposito: c'è un certo Pasquale Mezzasalma che ha un bar a Quarto Oggiaro, il Bar Pasquale. Questo terrone organizza spedizioni punitive contro i mastini del Nord. Ti interessa?" Giusy fece schioccare le nocche.

"Gli organizzo un servizietto."

"L'ora migliore in cui pescarlo è a metà pomeriggio."

"Grazie dell'informazione."

"De nada."

Così, anche Pasquale Mezzasalma, killer su pattini a rotelle e Babbo Natale pistolero, avrebbe avuto la sua parte.

Luana mi aspettava al bar. Mi districai tra gli zombie e la raggiunsi.

"Sei stato in bagno a lungo."

"C'era un tale che vomitava."

"Che schifo!"

"Anch'io spesso vomito a vuoto, per nervosismo. Sporgere la testa sul water è un'esperienza come un'altra, sai? C'è gente che guarda i bacilli al microscopio, c'è chi guarda le stelle col telescopio e chi si specchia nell'acqua del water."

"Romantico. La luna nel water."

"Luana, lasciatelo dire: hai il senso della frase."

"Immagino sia un complimento. Lasciati dire tu una cosa: il tuo amico Olegario è entrato in questo momento." Seguii lo sguardo di Luana. Olegario svettava in completo grigio scuro. Avevamo una cosa in comune: anche lui non indossava tenute da dopo-bomba. Eppure, essendo un habitué, era stato sicuramente informato della festa a tema.

"Luana, io mi eclisso. Sarò nei paraggi. Agganciaio, lavoratelo e poi vedremo."

Olegario si diresse al bar. Lo schivai di misura. L'arredamento dell'Open House era essenzialmente umano. Il locale era talmente pieno che i clienti di bassa statura facevano da puff, quelli alti fungevano da colonne, le racchie facevano tappezzeria. Osservai Luana rivolgere la parola a Olegario, poi, deciso a lasciarle un quarto d'ora d'autonomia, tornai in bagno. Giusy se n'era andato. Ad assistere Paolo era arrivato uno dei suoi amici zombie.

"Come sta adesso?" mi informai.

Una maschera di pustole rispose: "È la seconda sera consecutiva che finisce così. Deve avere qualche problema". Certo, il suo problema ero io.

"Chi ha avuto l'infelice idea del Day after party?"

"No, è una festa di compleanno. È il festeggiato che ha deciso il tema e fatto stampare gli inviti. Non si è ancora visto, ma è facile da riconoscere: un cristone alto due metri, sulla cinquantina. Uno che bazzica qui tutte le sere." Olegario. Olegario aveva organizzato la serata, ma era pressoché l'unico a non essersi truccato.

"Senti, conoscevi una certa Nicky, una col naso a becco che bazzicava qui tempo fa?"

"Chi? La figlia di Joan Collins? – sogghignò – ...No. Non la si vede da prima dell'estate. È sparita." Già, Nicky era sparita.

Al bar Luana era rimasta sola. Olegario si dimenava in pista sovrastando gli altri ballerini. La raggiunsi immediatamente. Possibile che avesse fatto fiasco?

"E allora com'è andata?"

"Com'è andata? Lo vedi anche tu. Mi ha ignorata. Completamente ignorata."

"Impossibile."

"È quello che dico anch'io. Mi ha fatta sentire professionalmente una nullità."

Lo guardai ballare. Si muoveva, andava a tempo, ma meccanicamente. Se avesse avuto una gigantesca chiave conficcata nella schiena, avrei potuto giurare che qualcuno, girandola, gli avesse dato la carica.

Mi ero sbagliato la notte prima. Olegario era, sì, un'accozzaglia di tratti somatici incompatibili, ma nell'insieme il patchwork umano aveva una sua singolare bellezza. Olegario non era un uomo bello, ma era un bell'uomo. Luana lo aveva avvertito. Ne fui quasi geloso. Poi anch'io subii il suo fascino. Olegario era un uomo oggetto, ma non un oggetto impersonale come un aspirapolvere, né kitsch come un orologio a cucù. Olegario era oggetto in quanto inanimato. Senza anima. Come un portacenere o un vaso da fiori. Lo avresti potuto piazzare in salotto per mostrarlo agli ospiti, immobile come un armadio a muro, ma implacabile come il tempo. Se Olegario era un uomo oggetto, quell'oggetto non poteva essere che una ghigliottina.

"E allora, Luana?"

"Allora cosa? Non mi sono mai sentita più ridicola. Le ho tentate tutte: lo sguardo, il tatto, la parola, la scusa, la bugia. Sono arrivata a chiedergli: di che segno sei?"

"E lui muto?"

"Tutt'altro. Educato ma assente. A proposito, è Sagittario. Gli chiedo: di che segno sei? E lui: Sagittario. Poi muto."

"Come un Pesci."

"Non scherzare. Ho insistito: e l'ascendente? E lui: Vergine. Di nuovo muto a fissare tutti i morti viventi tranne me. Alla fine ho ceduto e come la più becera delle entraîneuse gli chiedo: mi offri da bere? Naturalmente, ha risposto. Mi ha pagato un gin tonic, si è scusato e adesso è lì che balla."

"Grazie lo stesso Luana. Ci abbiamo provato."

"Lazzaro, ti spiacerebbe darmi un bacio? Qui, subito... – sorrise – ...ho bisogno di qualcosa di forte." Ci baciammo. Un bacio veloce, senza passione, un bacio di solidarietà.

"Vedo che ti consoli subito," disse una voce nota. Mi staccai da Luana e fronteggiai Ulli. Si era messa una tuta short di paillette, senza maniche col collo a lupetto, calze nere pesanti e stivali di camoscio.

"Ho passato la serata indecisa se raggiungerti o meno. Ho pensato che, forse, avevi veramente bisogno di me, invece noto che te la fai con le puttane."

"Pornostar, prego," precisò Luana divertita.

"Ulli qualcosa congiura contro di noi. Il nostro primo incontro è stato fantastico. Da allora io mi trovo in circostanze che mi fanno sembrare uno stronzo, e tu mi trovi in circostanze che ti fanno sembrare petulante."

Luana intervenne: "Ulli, non fare così. Tra me e Lazzaro non è successo niente..." – non riuscì a trattenere un "...per ora".

Ulli girò sui tacchi. Feci per raggiungerla, ma la folla fece barriera.

Pregai Luana: "Mi faresti un favore? Intercettala, raccontale quello che vuoi e diventate amiche."

"E come?"

"Per esempio, potreste parlare male di me."

"Come vuoi."

"È meglio che Olegario non ci veda insieme. Ho intenzione di agganciarlo io." Proprio mentre Luana stava per allontanarsi, Olegario tornò al bar. Giusto in tempo per vederci insieme. Si sedette sullo sgabello lasciato libero da Luana. Lo spazio all'Open House non rimaneva libero a lungo.

"Buonasera," gli dissi.

"Ci conosciamo?"

"Ci siamo visti qui ieri sera."

"Già, ricordo. Lei si fa accendere i sigari già accesi, sbaglio?"

"Sono distratto, tutto qui. Ma ho buona memoria. L'ho già vista qualche mese fa. Era in compagnia di una ragazza col naso da uccello," gli fissai il naso. Si irrigidì. Non riuscii a capire se per il riferimento a Nicky o se fosse per il fatto che anche il suo naso non era all'insù.

"Non ricordo. Conosco tanta gente..." Se avesse avuto la coscienza pulita non avrebbe mentito: Nicky era indimenticabile. Mi sentii più forte, più sicuro. Olegario da glaciale era diventato nervoso. La chiave in mezzo alla schiena girava impazzita.

"Si chiamava Nicky, le dice niente il nome?" Non rispose, si limitò a fissarmi. Cambiai tattica. "Ha notato che io e lei, a parte il personale, siamo le uniche persone non mascherate?"

"Anche la sua amica che se n'è appena andata non era in costume."

"A proposito, come mai organizza una festa di compleanno in costume scegliendo il tema della festa, e poi è l'unico che non si adegua?"

"Devo considerarlo un interrogatorio, signor...?"

"Santandrea, Lazzaro Santandrea. No, *per ora* la consideri una conversazione." Stavo giocando col fuoco, ma le fiamme preferivano non lambirmi, almeno *per ora*. La certezza di non essere lontano dal vero era confermata dal protrarsi del nostro assurdo dialogo: Olegario, che non concedeva più che due formalità a un tipo come Luana, si stava trattenendo ad ascoltare un irritante sconosciuto. Aveva comunque evitato di presentarsi.

"Di cosa si occupa, signor Santandrea?"

"Di sorprese. Ha presente le feste a sorpresa? Bene, questa è la sua festa e io sono la sua sorpresa." Forse avevo esagerato. Tornò sicuro, marziale, impettito, e mi sorrise. La ghigliottina era lì, nella sua bocca, all'interno di quel sorriso. Smise di guardarmi e concentrò la sua attenzione sulla pista.

"Conosce il Giappone?" mi chiese a bruciapelo. Olegario si stava preparando al contrattacco. Cambiare argomento improvvisamente equivaleva ad azzerare il punteggio che mi aveva visto favorito.

"Sono stato istruttore di kendo, perché?"

"Le spiace se le racconto una storia?" Il mio vantaggio era definitivamente perduto. Le parole di Olegario uscirono cadenzate, lente. Il tono era quello di chi si rivolge a un alunno tardo di comprendonio, per inculcargli, con paziente disprezzo, concetti elementari, trasparenti. Lo sguardo era distante, volto altrove. In quel momento, la chiave gigantesca nella schiena ruotava con esasperante lentezza, ma con effetti devastanti per il mio equilibrio. Anche fisico. Per sporgermi a guardarlo negli occhi, per poco non scivolai dallo sgabello. Gli occhi femminei sembravano essere di vetro infrangibile. Lo sguardo febbrile si tutelava così, a prova di proiettile.

"Si dice che nel 1153, sul tetto del palazzo imperiale, comparve un Nuye."

"Un Nuye?" Infastidito dall'interruzione e dall'ignoranza, Olegario mi riprese con la coda dell'occhio.

"Sì, un Nuye, un animale mostruoso in quanto ignoto, in quanto diverso dagli altri animali conosciuti. Poiché l'imperatore era malato, questa strana apparizione venne poi collegata con la malattia. Che errore! Nessuno riuscì a distinguere chiaramente l'aspetto del Nuye in quella sua prima apparizione. La certezza che fosse sinonimo di malattia lo rese impopolare, come un sinistro presagio dalle oscure sembianze. Il solo fatto che le apparizioni del Nuye fossero notturne, contribuiva a far sì che la paura del buio, una paura ancestrale, e la mitologia della notte confluissero nella presunta negatività del Nuye. Una notte, il famoso poeta e arciere Yorisama, una volta individuato un Nuye su un tetto, scoccò una delle sue infallibili frecce. La freccia colpì il Nuye e lo uccise. Quando il Nuye piombò a terra, Yorisama gli si avvicinò. Voleva essere il primo a vederlo..."

Pendevo dalle labbra di Olegario. "E allora?"

"Allora il Nuye aveva la testa di scimmia, le zampe di tigre, il corpo di tasso, la coda di serpente e una seconda testa abbozzata all'estremità." Rabbrividii. Olegario aveva vinto anche questa volta. Tentai di tornare strafottente, ma il tono di voce mi tradiva.

"Non ho capito una cosa: in questa storia lei chi è? Il Nuye o l'arciere Yorisama?" Olegario non mi rispose. Si limitò a un formale "Mi scusi" e si diresse verso l'uscita.

Mi lasciò lì solo, malfermo su uno sgabello. Quel giorno ero riuscito a contenermi sul fronte alcolico, ma ora avevo bisogno di qualcosa di forte. Chissà cosa aveva provato l'arciere e poeta Yorisama dopo aver ucciso il Nuye. Soddisfazione per la propria capacità di arciere o disperazione per il fallimento come poeta, nel non aver saputo capire una creatura notturna?

E il Nuye mostruoso era anche letale come il serpente, feroce come la tigre, perseverante come il tasso, curioso come la scimmia che assemblava in sé.

Cominciai a bere sul serio. Quando il locale si svuotò, uscii per ultimo, col portafoglio più leggero e il cuore più pesante. Era ancora notte. Sul davanzale di un balcone di via Carducci, qualcosa che avrebbe anche potuto essere un Nuye mi stava aspettando da ore.

C'era e dormiva. Rannicchiato nel suo sidecar, che aveva posteggiato direttamente dentro casa, se casa si può definire una baracca di lamiera con una stufa e un tavolaccio privo di una gamba.

"Proprio come me" aveva pensato, prima di addormentarsi. Con un maldestro lavoro di falegnameria, maldestro perché compiuto durante la digestione di due litri di vino scadente, era riuscito a fissare la gamba mancante al moncone di legno del tavolo. Era stato particolarmente orgoglioso del proprio operato, al punto di festeggiare con una terza bottiglia.

Gli mancava un occhio, ma nessuna protesi in vetro riempiva l'orbita vuota. Se il tuo occhio ti offende, cavatelo. Già, ma se poi il tuo occhio si scusa pentito, anche se lo perdoni, non lo puoi ospitare più.

"Mutilato di guerra" si presentava nelle osterie per farsi offrire da bere. Ma della guerra non gliene fregava più niente a nessuno e poi, se hai trentasette anni, anche se ne dimostri cinquanta e te ne senti un milione, che guerra puoi aver combattuto, se non ti sei mai mosso di lì.

Il sidecar era un dono delle suore. "Puttane le suore. Puttane tutte le donne. Puttane anche gli uomini. Puttana anche il cane che è morto. Puttana la ragazza mangiucchiata dai pesci. Puttane anche i pesci." C'era e dormiva. Russando alitava del vino che il freddo inclemente gli strappava di bocca per farne vapore. "Puttana anche il freddo." Un plaid lo scaldava, ma non quanto la stufa, ma non quanto il vino. Era un regalo di un'anima pia. "Sempre sia lodato", "Puttana l'anima pia", "Sempre sia puttana".

Un giornale pornografico accuratamente ritagliato aveva fornito i santini che, fissati con lo scotch sulle pareti di lamiera, sembravano ex voto di tette. Le donne, prese tutte intere, non lo avevano mai interessato. Se ti mancano una gamba e un occhio, non pensi al corpo umano come a un unico blocco. Cominci ad apprezzare i particolari, e allora il corpo è un insieme di pezzi, alcuni non fondamentali, come un occhio e una gamba, altri utili, come una mano e un uccello di fronte ai santini di tette. Aveva religiosamente ritagliato le tette e usato il resto dei corpi di carta per pulirsi il culo e soffiarsi il naso.

C'era e dormiva. Sognava. Sognava soldi e tette, insieme. Sulle centomila, nel sogno, anziché quella faccia di culo coi baffi e col pizzo – "Scarafaggio, si chiama, mi pare", "Puttana scarafaggio" – vedeva stampate due tette.

La mano, una mano, forte lo scaraventò fuori dal sidecar, fuori dal sogno. "Puttana" gridò risvegliandosi. La mano si chiuse a pugno e il pugno colpì. "Puttana la mano. Puttana anche il pugno" pensò. La morte acquattata non aveva le tette. Nei fumi dell'alcol la morte aveva solo due mani. Vuote. "No, aspetta" disse alle mani. Ma le mani non aspettarono. Una lo schiacciò al suolo e l'altra raccolse il martello con cui aveva aggiustato la gamba del tavolo. Mano martello colpì i denti guasti. Mano libera trovò i chiodi. Che c'era da fare? Boh. Pisciarsi addosso, gridando parole che i denti spezzati segarono. Intanto albeggiava. Se ne accorse quando, sbattuto sul suo tavolaccio, la gamba già rotta cedette. E un filo di luce dell'alba gli entrò come un chiodo nell'orbita vuota. I chiodi rimasti, prescelti da mano martello, bucarono i polsi e l'unico piede sensibile. Lui svenne così, crocifisso.

C'era e non dormiva. Non dormiva più. Un ultimo colpo e non c'era. Dormiva però. Dormiva per sempre.

11.

Il Nuye mi seguì fino a casa. Barcollavo leggermente, ma con una certa eleganza. Durante la mia permanenza all'Open House una pioggia estiva non era stata informata che eravamo in dicembre. La strada bagnata alle quattro di notte era fresca e poco frequentata come un'adolescente introversa. Io, che conoscevo i suoi segreti, mi potevo permettere di percorrerla anche a passo malfermo. Eravamo, come dire, intimi. Mi sarei goduto la passeggiata se non fosse stato per il Nuye. Lo sentivo balzare di tetto in tetto, seguendomi come un cane randagio. Pedinava un passante aspirando a un padrone. Questa era la versione a cui preferivo credere durante il tragitto. L'altra versione, quella prudentemente sepolta sotto litri di gin tonic, non vedeva il Nuye così disneyano: il Nuye mi stava seguendo per divorarmi, piccolo e vorace cacciatore di ubriachi. Non avevo nemmeno l'arco del prode Yorisama per difendermi. Costeggiai il parco Solari dove un tossico, iniettandosi la dose, depistò l'attenzione del Nuye. Approfittando del diversivo, corsi attraverso il parco e sbucai in via Foppa. L'avevo seminato quel porco! E poi perché porco? Quella scimmia, quel tasso, quella tigre, quel serpente bicefalo. Seminato? Macché. Un Nuye non è un pollo. Avvertii la sua presenza su un tetto di via Montecatini che dava su via Foppa. Mi aveva preceduto. Mi stava aspettando. Una volta arrivato a casa constatai che l'ascensore era guasto. Al quarto piano di scale a piedi, l'alcol smaltito smise di anestetizzarmi. Avvertii il dolore, il dolore per quelli che erano morti, per quelli che sarebbero morti e il dolore al ginocchio di un reumatismo a sorpresa. Prima di andare a letto controllai lo sgabuzzino e l'armadio. Nessuna traccia del Nuye. Come ultima precauzione guardai pure sotto al letto. Bel trentenne maturo, eh! Il Nuye non c'era, probabilmente perché stava albeggiando. In ogni caso, dato che non possedevo orsi di pezza, né arco e frecce, mi addormentai abbracciato alla katana, la spada di kendo. Il fodero era un po' scomodo, ma sempre meglio della lama.

Per prima cosa avvisai Pasquale. Mi feci dare il numero del bar dal Servizio informazioni elenco abbonati della Sip.

"Pronto?"

"Pronto, c'è Pasquale?"

"Chi lo vuole?"

"Nicky" una più una meno...

"Pronto!" Pasquale aveva una vocetta fessa. Probabilmente era diventato così "cattivo" proprio a causa della voce. Da ragazzino lo prendevano tutti in giro e per non sentirsi escluso, aveva preferito aggregarsi ai biliardi e alle calibro nove. Mi fece uno strano effetto correlare quella voce dal pesante accento siculo allo skater col rasoio, al Babbo Natale con la pistola. Ma se Lombroso stesso aveva preso una cantonata coi suoi studi sui lineamenti dei criminali, chi ero io per giudicare un killer dalla voce?

"Pronto, pronto, cù è?" insisteva Pasquale Mezzasalma dal suo bar di Quarto Oggiaro.

"Sono uno che te l'ha giurata, stronzo."

"Cù minchia è?"

"Siamo i mastini del Nord, cagasotto. Oggi pomeriggio veniamo a trovarti al bar per lisciarti il pelo. Fatti trovare con degli amici. Verremo in molti."

"Sugaminchia!" inveì, ma con la vocetta che si ritrovava la sua rabbia non mi fece nessun effetto.

"Ah, Pasqualino, dimenticavo, è meglio che in quella latrina che chiami bar non ci siano clienti di passaggio. Noi rompiamo il culo solo a chi se lo merita."

La seconda telefonata servì a sgravarmi la coscienza dal massacro annunciato che stavo organizzando. Recuperai anche questo numero col provvidenziale "12".

"Pronto?" era una voce che conoscevo.

"Signora Selvino, sono Leone Pavesi, un amico di Gino. Si ricorda di me?"

"Certo. Sta bene? Il Gino è ancora sottosopra dopo il funerale. Sapesse come ha sofferto."

"Lo so signora, lo so."

"Aspetta che ci chiamo il Gino."

"Pronto?"

"Ciao Gino, ci siamo visti a un funerale, ricordi? Bene, ascoltami: sto per salvarti la vita. Di te non me ne frega niente, ma diciamo che lo faccio per tua madre e per Concetta. Oggi pomeriggio sparisci. I tuoi amici mastini del Nord faranno visita al Bar Pasquale. Scorrerà del sangue, credo. Se ti chiamano per arruolarti in questa spedizione punitiva, fai dire a tua madre che non ci sei. Afferrato? Bacioni Gino e ricordati che ti tengo d'occhio."

Così i mastini del Nord e la banda di Pasquale si sarebbero tolti di mezzo l'un l'altro. Non era vendetta, era giustizia. A uno a uno tutti i fetenti coinvolti nel mio trentesimo anno di vita andavano incontro al destino che si erano costruiti con le proprie mani insanguinate. Non c'è bisogno di essere Dio per scatenare fulmini. È sufficiente essere un temporale.

Il temporale arrivò, violento e di non lunga durata, come uno stupro frettoloso. Lampi, tuoni, raffiche di vento e rovesci di pioggia. Sembrava di assistere alla prova generale della fine del mondo.

L'appuntamento con Afredo era per mezzogiorno al Bar Gaj. Il Bar Gaj, sino a due mesi prima, si era chiamato Bar Gambinus, ma il cambio della gestione aveva comportato un nuovo battesimo. In via Fatebenefratelli, poco lontano dalla questura, il Bar Gaj aveva suscitato lo scherno di poliziotti in divisa e in borghese. Me lo stava raccontando il proprietario, un nerboruto cinquantenne di Krapina, in Croazia. Erano le dodici e trenta e di Alfredo neanche l'ombra. Il Bar Gaj era arredato come un bagno di lusso. A Milano era da tempo in circolazione lo stesso micidiale architetto, abilissimo nello spersonalizzare i bar impiastrellandoli di un azzurro fiocco. Fiocco da battesimo. Fiacco fiocco. Un esercito di panini attendeva di essere annientato durante la pausa pranzo. Erano in vetrina, tentatori ma un po' asettici, come prostitute di un quartiere a luci rosse esposte ai passanti.

"Una Guinness."

"I primi tempi, non le dico. Tutti gli omosessuali dei dintorni sono calati qui. Poi le cose sono cambiate ma ho passato tre mesi spaventosi. Io non ho niente contro gli omosessuali, sia chiaro. Me ne frego. Il guaio è che mi disertavano gli impiegati degli uffici. Il terziario arretrato. Dannati piccolo borghesi."

"Ma, scusi, che gliene fregava degli impiegati, se aveva già gli omosessuali. Una clientela vale l'altra, no?"

"Un cavolo. Lei pensa al presente. Io guardo più lontano. Una clientela di omosessuali non è un investimento sicuro."

"Perché?"
"Aids, caro signore. In attesa che scoprano il vaccino, si corre il rischio di vedere la propria clientela decimata." Il cinismo di quell'uomo aveva qualcosa di affascinante.
"Ma allora perché chiamarlo 'Gaj'?"
"Perché sono di Krapina" disse orgoglioso, gonfiando il petto come se fosse una spiegazione.
"E allora?"
"Krapina è la città che ha dato i natali al grande Ljudevit."
"Ah sì? E chi è?"
"E qui la volevo. Ljudevit Gaj, scrittore e uomo politico, il fondatore del 'Novine Horvatske' col suo supplemento letterario 'Danica'. È grazie a lui che è nato l'Illirismo, grazie all'adozione ufficiale della sua ortografia e del dialetto stokavo."
Brindai al grande Ljudevit Gaj. Un altro quarto d'ora di conversazione e avrei rimpianto di non essere capitato nel Gay Bar. Il sesso, per quanto problematico, non rompe i coglioni, li usa.
Si era fatta l'una meno dieci. Alfredo si presentò con quei cinquanta minuti di ritardo che il sopravvento della sua parte femminile comportava.
"Lazzaro, scusami, ma mi hanno trattenuto. Ho tutto quello che mi hai chiesto e anche qualcosina di più. Ci sediamo qui?" Avrei voluto cambiare bar ma la memoria di Ljudevit Gaj meritava un tributo.
"Sediamoci a quel tavolino prima che arrivino gli impiegati." Come evocati dalle mie parole, gli impiegati si palesarono. Irruppero nel locale come un fiume in piena.
"Aggrappati al tavolino Alfredo, o verremo spazzati via."
Erano "impiegati": la furia della pausa pranzo. Incravattati, pettinati, sottopagati, impiegati. Educati, accomunati, incensurati, impiegati. Esseri subappaltati nei paltò, impasticcati di Saila Menta. Creature che tentano un doppio senso con la collega meno brutta, e non si sentono in colpa perché somiglia alla moglie. Forme di vita che si nutrono di panini alla boscaiola o alla Gei Ar, ma sono golosi di polenta. Impiegati. Invasati come olive al ritorno dalle ferie, invaginati nei

loro completi da ufficio, invaniti dagli elogi del capufficio. Impiegati.

"Allora Alfredo, dimmi tutto."

"È un soggetto interessante il tuo Olegario, sai?"

"C'è qualche precedente penale?"

"Calmati. Olegario Bizzi, classe 1943, coniugato con Amelia Venegoni..." Consultò gli appunti. "Una figlia, Daniela, di vent'anni, un figlio venticinquenne, Giulio. Il tuo amico Olegario è un soggetto interessante, come ti dicevo. Temevo di incappare in semplici dati anagrafici, ma una decina d'anni fa la moglie si è suicidata. È stata aperta un'inchiesta, visto il modo in cui ha scelto di morire. Soffriva di nervi. Durante una crisi ha tentato di ammazzare il marito. Sai come?"

"Non tenermi sulle spine."

"Con arco e frecce. Olegario è uno sportivo provetto, è stato un discreto pugile semiprofessionista, spara al poligono e tira con l'arco e con la balestra. La tragedia è avventura nella loro abitazione di allora, una villa di Bareggio. Amelia, dopo avergli scoccato la freccia che lo ha mancato ne ha presa un'altra e, tieniti forte..."

"Non farmi incazzare, continua."

"Se l'è succhiata fino a ingoiarsela."

"Mi stai dicendo che si è suicidata facendo un pompino a una freccia?"

"Il medico ha stabilito così. Del resto i due figli sono stati testimoni dell'accaduto. La freccia le ha lacerato la gola."

"Oh, Cristo."

"Non ho finito. Olegario ha cominciato a lavorare giovanissimo. Aveva ereditato una discreta fortuna, che ha impiegato viaggiando in giro per il mondo. È tornato senza soldi ma pieno di idee. Assunto all'Agip come dirigente, si è creato dei contatti che ha mantenuto una volta rassegnate le dimissioni. Petrolio. È stato coinvolto nello scandalo del petrolio, ma ne è uscito più ricco di prima. Si era sposato questa Amelia Venegoni, psichicamente instabile, ma piena di soldi. La moglie aveva una paresi sin dall'adolescenza. Cito i dati a casaccio. Ma, sai, quando prendo appunti, non riesco a decifrare la mia calligrafia." Sorrise.

"Va' avanti, ti prego."

"D'accordo. Sei anni fa Olegario ha messo in piedi la Ol Oil, un deposito per lo stoccaggio e lo smaltimento dei rifiuti tossiconocivi. Un affare sballato, visto che la licenza non gli è mai stata concessa. Pare che la Regione Veneto volesse una mazzetta piuttosto congrua. Lui si è rifiutato. Così si dice in giro."

"Perché?"

"Deve essere, a modo suo, un uomo onesto."

"O orgoglioso."

"I figli se ne sono andati di casa alla maggiore età e, credo, non abbiano più rapporti con lui. Da quel momento si è trasferito nel suo stabilimento. Vive praticamente lì."

"Lì, dove?"

"A Mona, un paesino dalle parti di Vicenza. Pensa Lazzaro, c'è qualcosa di agghiacciante in un uomo che vive solo in uno stabilimento deserto."

"È vero. È altrettanto strano che un uomo, che ha scelto l'auto-esilio, si macini tutti i giorni Vicenza-Milano e ritorno, solo per andare a ballare. Come fate ad avere informazioni così aggiornate su di lui?"

"Perché un mese fa ha sparato a un ladro che aveva tentato di introdursi nello stabilimento."

"L'ha ucciso?"

"No, solo ferito. Del resto Olegario ha detto che quando si assenta per lavoro, nonostante la presenza del guardiano, un mucchio di sbandati locali, tossici e barboni, trascorrono la notte nel deposito."

"Ti ringrazio."

"No, sono io che ringrazio te. Ma adesso cosa hai intenzione di fare?"

"Non so ancora, ma ti terrò informato."

Gli impiegati erano arrivati al caffè. Insistevano per offrirselo l'un l'altro. I più irriducibili persistevano nel parlare di automobili. Il mormorio era perciò un ibrido fricativo tra "Ferrari" e "cafferino". "C'ha il Ferrari?" "Cafferino?" "Bel Ferrari!" "Cafferino?" "Un Ferrarino?" "Ferrarino cafferino?" Un mantra buddista ripetuto ossessivamente.

"È ora di andarcene," constatò Alfredo.

"Un cafferino?" gli proposi, irrimediabilmente contagiato.

Si erano fatte le due. Passai davanti al palazzo dei giornali di piazza Cavour. Quanto tempo era passato dall'aggressione sull'1. Quante cose erano cambiate nella mia scala di colpevolezze. Carne era ancora in Turchia, Pogo in giro col suo taxi imprecando alla pioggia, Antonello Caroli aveva perso un amico e un tesoro.

Improvvisamente avvertii lo spirito di Natale. Di lì a poche ore i mastini del Nord avrebbero attaccato il Bar Pasquale pronto a riceverli. Ormai era tardi per i pentimenti, ma potevo ancora regalare a qualche poliziotto un buon arresto. Dalla cabina di piazza Cavour chiamai la questura e chiesi di Alfredo.

"Ciao, sono Lazzaro."

"Ma se ci siamo appena lasciati."

"Lo so, ma devo dirti una cosa. Al Bar Pasquale di Quarto Oggiaro, tra un paio d'ore circa, i mastini del Nord si scontreranno con una cricca locale. Puoi guadagnarci una promozione o una medaglia alla memoria. Limitati a raccogliere i cocci..."

"Non so se posso..."

"Non è una guerra civile. Ho dato il via a una guerra tra incivili. Limitati a fare quello che ti ho chiesto. Di', ce l'hai una maglia di lana?"

"Sì, perché?"

"Mettici sopra un giubbotto antiproiettile."

Con un altro gettone chiamai Ulli.

"Sì?"

"Sei Sabine o Ulli? Non ho tempo da perdere."

"Sono Ulli, cosa vuoi ancora?"

"Ulli, ricominciamo tutto da capo. Hai visto Luana quando sei uscita dall'Open House?"

"Sì, mi ha accompagnata a casa in auto. Mi ha parlato di te tutta la sera. Mi ha spiegato che non stavate limonando. Ci ho creduto. Non puoi essere così depravato da limonare con tua cugina di primo grado."

Luana mi aveva fatto un regalo di Natale.

"Vedi che si trattava di un malinteso?"

"Per quanto – ci ripensò – coi cugini..." La interruppi.

"Vestiti, ti porto in un posto in cui non piove."

"Bahamas?"

"Mona."

"Come sei volgare!"

"Ma no, cos'hai capito, è un paese in provincia di Vicenza. Tu metti la macchina, io metto la benzina." Ulli l'avevo conosciuta vestita da Babbo Natale e ora Natale si faceva sempre più vicino. Chissà cosa mi avrebbe messo mia madre sotto l'albero? Nonostante i trent'anni amo ancora i pacchettini, tanti, colorati. Era ora di impiccare Olegario al suo albero di Natale. Era stato un petroliere, dopo tutto, e in gergo petrolifero "l'albero di Natale" è un'incastellatura, dalla quale si dipartono parecchi tubicini che servono a regolare lo sfruttamento del giacimento. Lo so perché me l'ha spiegato Pogo il dritto.

Una volta finita questa storia mi sarei dovuto occupare dei regali di Natale. Per mia madre un abat-jour d'epoca per aspettarmi sveglia, per mia nonna il siero dell'immortalità, per Pogo una sirena della polizia per sveltire il traffico, per Leona un vibratore, per Carne un toast farcito, per Vito un nuovo proiettore per diapositive, per Luana una nuova verginità da perdere subito, per Ulli un abito di mio gusto, per Alfredo delle manette placcate oro. E per me un cucciolo di Nuye. Nella speranza che non sporchi in casa.

Non fu la sparatoria del secolo e, comunque, il secolo stava per finire. Quindi nessuna epica in un centennio dal fiato corto. Violenza, questo sì, come in tutti i secoli precedenti e i secoli che seguiranno. Violenza e tecnica, la tecnica di una Ruger Super Redhawk, calibro 44 Magnum, protagonista incolpevole di quel pomeriggio di sangue. Figlio di Sturm Ruger e Company Inc., nato a Southport Connecticut 06490 Usa, il revolver, bello e indifferente come un fotomodello lobotomizzato, aveva sei colpi. Il funzionamento era a singola e doppia azione. Pesava 1600 grammi. Era alto 150 millimetri per uno spessore di 45. Era lungo 330 millimetri, di cui 190 di canna. Massiccio nel suo acciaio inossidabile, non avrebbe dovuto trovarsi a Quarto Oggiaro quel pomeriggio. Sarebbe stato meglio fosse rimasto a Southport Connecticut 06490 Usa, oppure in un poligono, per quanto, a causa del peso non indifferente, aggravato dal baricentro molto avanzato, Super Redhawk veniva considerato scomodo dai tiratori della domenica che, santificando la festa, non sparavano per uccidere. L'impugnatura, realizzata in gomma, con inserti in legno che avevano pura funzione estetica, in perfetto idillio con la meccanica, risultava particolarmente efficace nell'attenuare, sia pure in parte, il rinculo dell'arma. Molto ben disegnata, risultava pratica sia per le mani piccole da suora, che per le mani grandi da bestemmiatore.

Pasquale Mezzasalma, nonostante la vocetta, aveva mani da bestemmiatore. Pasquale non leggeva né libri né quotidiani. Non lesse nemmeno l'incisione sulla canna: "Before using gun-read warning in instruction manual available free from Sturm Ruger & Co. Inc. Southport Conn. U.S.A.". Lesse, però, negli occhi dei ragazzi entrati nel suo bar la loro condanna a morte.

Indossavano chiodi inglesi, recuperati al Cookie Shop, alle colonne di San Lorenzo, consigliati da una bionda con un bel culo ma coi denti guasti. La ragazza era con loro, feroce come una Erinni. Pasquale, a causa del bancone, non ne vide il culo. Si limitò a guardarle i denti gialli come i capelli. La bionda si rivolse a un armadio a cui il chiodo andava decisamente stretto.

"Giusy, è lui lo schiavo?" Giusy annuì e passò alla ragazza una chiave inglese, inglese come il giubbotto. La bionda accettò quel dono come un'offerta votiva. Sollevò la chiave inglese e, calandola sul bancone, spazzò via patatine e salatini vecchi di qualche mese. Colpendo urlò e nell'urlo la bocca spalancata rivelò i suoi orrori di antro putrido, di grotta fetida. Pasquale Mezzasalma, un metro e settantacinque per cento chili, impugnò il Super Redhawk calibro 44.

Il revolver fronteggiò la chiave inglese incolpevole quanto lui.

Dei due innocenti strumenti adibiti quel giorno alla morte, uno solo parlò. Il proiettile penetrò nell'urlo della ragazza. Un nuovo urlo. Di paura. La bocca della bionda esplose. I casermoni anonimi di Quarto Oggiaro pulsarono come un cuore impazzito, vomitando umanità attirata dall'odore del sangue. I mastini del Nord nello spiazzo davanti al bar inforcarono le moto e sfondarono le vetrate del locale. Gli amici di Pasquale caricarono i centauri. Five o' clock, l'ora del tè. Giusy infilzò uno stomaco con un Ron Gaston con lama in ATS 34 e impugnatura in osso di tricheco. Era un coltello da collezione acquistato alla coltelleria El Moletta in via Larga. Gli era costato un occhio. Gli costò la vita. Il Ruger Super Redhawk abbaiò e morse. Giusy morì senza aver fatto in tempo a pentirsi di un suo lontano primo inutile delitto.

Alle cinque, d'inverno, a Milano, è già buio. Quel giorno il buio fu più cupo del solito. Armi da fuoco e armi da taglio. Non durò a lungo ma sembrò eterno. Ferocia e paura danzavano nell'adrenalina. La polizia arrivò. L'agente di nome Alfredo, maledicendosi per aver atteso troppo prima d'intervenire coi colleghi, si affrettò verso il bar devastato. Sparò a Pasquale Mezzasalma mentre le dita di Pasquale premevano il grilletto liscio e non particolarmente largo. L'agente di nome Alfredo non si era messo il giubbotto antiproiettile. Il Super Redhawk finì a terra tra i cocci di bottiglia e il sangue di Pasquale. Fu proprio il sangue a ossidare la non colpevolezza dell'acciaio inossidabile, a rendere gli eleganti e inutili inserti in legno dell'impugnatura rozzi come il legno di un ceppo per decapitazioni.

La strage degli innocenti non è lontana da Natale. Anche se, di completamente innocenti, tra le vittime di quel giorno, oltre a un poliziotto di nome Alfredo, c'erano una chiave inglese e un revolver che non avrebbe mai dovuto lasciare il Connecticut.

Le vie nel centro storico di Vicenza sono tortuose e porticate. Ulli aveva insistito per passeggiarci. "Come due innamorati" aveva aggiunto, non senza ironia. In auto avevamo stabilito di ricominciare tutto daccapo. Una volta raggiunto questo accordo con reciproca soddisfazione, al momento di ricominciare veramente, di imbastire una conversazione, ci eravamo scoperti apparentemente privi di argomenti. "Comincia tu", "No, dai, comincia tu". Dopo cinque minuti di assoluto silenzio la risata simultanea ci tolse dal numero delle coppie in crisi.

"Non credevo fosse così difficile conoscersi... per la seconda volta."

"È vero Lazzaro. Tu sei un fenomeno nella prima volta. Quando hai solo pochi secondi per interessare una sconosciuta. Poi cedi."

"Lo pensi veramente?" le chiesi preoccupatissimo.

"No, scherzo. Però dipende da quello che una si aspetta da te. In ogni caso non sei noioso, sei una sorpresa continua. Non mi aspettavo che limonassi con mia sorella. Non mi aspettavo che mi attaccassi il telefono in faccia. Non mi aspettavo che avessi una cugina che fa la pornostar."

"Ehi, avevamo detto di ripartire da zero!"

"E perché? Devo esserti sembrata seccante, vero? Comparire nei momenti meno opportuni e fingere di essere seccata."

"Fingere?"

"Non si può rimanere seccati con te a lungo. Sei disarmante. Tireresti fuori l'istinto materno in uno squalo maschio."

"Ulli, ti avevo giudicata male. Ho il sospetto che tu abbia il senso della frase."

"Guardalo, com'è compiaciuto. Fai le fusa, te ne accorgi? Ti piace che si parli con affetto dei tuoi difetti. Te li fa sembrare pregi, rughe d'espressione." Non riuscii a trattenere un sorriso. "Vedi, te l'ho detto che fai le fusa."

Mi rannuvolai.

"Cos'hai adesso?"

Ripensavo al gatto strozzato alla sua festa. "Non vado pazzo per i gatti."

"Perché sono liberi, egoisti come te. Non ami la concorrenza. A te piacciono i cani, giusto? Se avessi la coda la muoverei ogni volta che ti vedo."

"Perché sei felice ogni volta che mi incontri?"

"Per fartelo credere. Ne hai bisogno. È solo così che riesci a dare il meglio di te." Ulli rivelava una saggezza imbarazzante. Ma le ragazze hanno questo vantaggio, lo avevano sempre avuto su di me: loro giocavano con le bambole mentre io giocavo coi soldatini, da piccolo, col risultato che erano già madri prima di entrare nell'adolescenza. Si allenavano accudendo bambole. Io e i miei coetanei, giocando a soldatini, al massimo ci potevamo improvvisare generali, strateghi. Eravamo stati e restavamo generali immaturi. Sempre meglio di generali rincoglioniti, quelli veri, quelli che senza guerra non stanno in pace. Il grande stratega Lazzaro Santandrea stava preparando l'offensiva a Olegario Bizzi, il nemico.

"Ulli accendi la radio."

Volevo assaporare il successo della mia strategia nella battaglia di Quarto Oggiaro. Ulli trovò la stazione e, mentre guidava pensando alle mie fusa o ai cazzi suoi, udii ciò che non avrei voluto udire. La voce irritante di un giornalista radiofonico cercava di mettere della partecipazione nell'annunciare la morte di un poliziotto di nome Alfredo Todisco.

L'avevo mandato al massacro. Idiota come tutti gli strateghi che credono che la guerra sia un videogioco in cui non basta un gettone di cinquecento lire. Il prezzo di quella guerra era stato molto più caro. Con Alfredo era morta l'unica persona a cui avessi parlato della foto nel mio portafoglio. Ero rimasto nuovamente solo. Costrinsi Ulli a frenare. Mi guardò allarmata. Scesi dall'auto e mi diressi verso il ciglio della strada. Vomitai. Vomitai a vuoto. Conati nervosi invece di lacrime. Bell'epitaffio per Alfredo. Ulli era preoccupatissima, ma si teneva a distanza. Sapeva rispettare il vomito e il dolore. Forse non mi conosceva abbastanza da capire che in me si coalizzavano, disposti a tutto. Disposti a ibridarsi pur di tener lontano il rimorso. Quando risalii in macchina, Ulli non mi chiese spiegazioni. Non mi interrogò sugli occhi lucidi. Si limitò a capire che in quel momento mi serviva una guida, non una "guidatrice". Mi guidò per Vicenza fingendosi estasiata dal Torrione di porta Castello, da Palazzo Thiene, dalla chiesa di Santa Corona coi dipinti di Giovanni Bellini e del Veronese. Si entusiasmò alla città del Palladio con la foga esagitata di un giocatore a Las Vegas. Lo faceva per me, per non lasciarmi il tempo di pensare. Quando si accorse che assecondavo le sue coccole sotto forma di visita guidata, propose di andare a bere qualcosa in un locale dal nome eloquente di "Degustazione". Non commentò il mio antologico gozzovigliare saltando dal Gambellara al Durello con intermezzi di Tocai, puntate di Cabernet e di Vespaiolo. Il sistematico mix mi arrossò il viso. Ulli mi guardò.

"Ho fatto la lampada," spiegai. Si era fatto tardi ma non cenammo. Lei si limitò a centellinare il suo Pinot, mentre io, con una bottiglia di Breganze, diedi il colpo di grazia al mio stomaco.

Non ci eravamo portati il cambio di biancheria, ma Ulli insistette per pernottare a Vicenza. Mi condusse, non so come, fuori dall'enoteca e raggiungemmo un albergo. Mi pescò i documenti dal portafoglio e, quando i suoi occhi incontrarono la foto, si fecero, se possibile, più azzurri. Azzurri come il copriletto del lettone matrimoniale in cui sprofondai in un sonno senza sogni.

Mi svegliai al mattino. Ulli si era già rivestita. Il completo pull e fuseaux di lana di cachemire color tortora era insolitamente sobrio. Nessuna concessione al gusto altoatesino con, che so, campanelle dipinte a mano per orecchini o orologi a cucù al polso.

"Bentornato tra noi." Non avevo nessun cerchio alla testa. Nonostante la sbronza mi sentivo benissimo, fresco come una rosa, una rosa schiacciata nelle pagine gialle in ricordo di un amore o di un numero telefonico: mi ero addormentato vestito.

Se il mio corpo si sentiva rinato, qualcosa del giorno prima era rimasto nel mio stazzonato abbigliamento.

"È successo qualcosa?" chiesi a Ulli.

"Hai la patta aperta perché ti sei alzato a far pipì."

"Come lo sai?"

"Ti ho aiutato."

"A reggere il coso?"

"No, ti ho aiutato a prendere la mira."

Se una ragazza che conosci appena ti resta vicina nonostante ti abbia visto ubriaco vomitare e far pipì, significa che l'amore non è una cosa meravigliosa. L'amore è una cosa schifosa. Almeno per lei.

Dopo una doccia gli abiti, anche se "vissuti", non mi fecero più l'effetto accattone, un classico del neorealismo. Di fronte a un'abbondante colazione e a una Ulli salutista, ritemprato, provai nuovamente l'istinto del cacciatore.

"Dobbiamo andare a Mona." Ulli era stata debitamente informata su Olegario subito dopo essermi lavato i denti con la sua lingua.

Ulli si scusò, alzandosi per telefonare a Sabine. Chiesi a un cameriere foruncoloso e inamidato di procurarmi un giornale. Era il momento di affrontare il massacro di Quarto Oggiaro. Il ragazzino arrivò col "Giornale di Vicenza", il quotidiano locale. Lessi il giornale da cima a fondo. Sussultai leggendo il nome di Alfredo e finii col rifugiarmi nelle pagine interne, dove dotte disquisizioni sugli asparagi del Bassanese e sui piselli dei Berici mi distrassero dalle mie responsabilità, facendomi addirittura venire appetito. Appetito che passò non appena incappai nella notizia che riguardava la morte per crocifissione di un barbone invalido. Il giornalista ventilava l'ipotesi di un nuovo caso Ludwig, facendo però rilevare che Barbaro Zanotto, la vittima, qualche tempo prima aveva rinvenuto, nel letto di un fiume inquinato, un cadavere in parte decomposto. Ricordavo la notizia. L'avevo vagliata, insieme alle altre di cronaca nera, quando in ogni cadavere non identificato vedevo la morte di Nicky.

Barbaro Zanotto girava in sidecar battendo la provincia vicentina in cerca di elemosine o di osterie che gli facessero credito. Proprio nell'Agno-guà, nome stupido per un fiume, ma anche Po non scherza, Barbaro, andando a pesca, era incappato in un cadavere femminile.

La crocifissione di un mutilato sembrava un omicidio rituale. L'articolo parlava, senza mezzi termini, dell'alcolismo cronico di Barbaro Zanotto. Per questa ragione veniva fatto il collegamento con gli antichi delitti firmati Ludwig, in cui prostitute, religiosi, tossicodipendenti e omosessuali, categorie ritenute non "ariane" dagli uccisori, si erano tramutate in riserve di caccia.

Quando Ulli tornò al tavolo mi sentii rincuorato. Sorrideva.

"Sabine ti saluta. Vuoi che ci muoviamo subito?" La giornata era particolarmente fredda. Ci stavamo lasciando alle spalle Vicenza per raggiungere Mona. L'aria tagliente non temeva l'ostacolo dei finestrini chiusi. Filtrava, pronta a sedurre, a corrompere il riscaldamento dell'automobile. Dai tesori dell'arte di Vicenza eravamo passati a una natura maltrattata dal gelo, mutilata da una stagione inclemente.

Finalmente a Mona. Mona sembrava deserta. Una piazza, una chiesa, due bar. Viottoli come tentacoli della piazza.

"Siamo in centro," constatò Ulli.

"Mi sa che qui c'è solo il centro!"

"Credi?"

"Già. E dubito che la Ol Oil sia stata edificata nel centro storico." Storico? L'unica cosa storica in quella piazza si muoveva su due malferme gambe, appoggiate a un bastone. Era un omettino, vecchissimo, che probabilmente in vita sua non si era mosso da Mona.

"Ulli, abbassa il finestrino." Ulli eseguì. "Ehi, scusi, scusi." Macché. "Scusi..." gridai a piena voce. Nessuna risposta. L'uomo attraversò la piazza e sparì inghiottito da un viottolo.

Tentammo in un bar. Un vecchio frigo della mia età faceva da arredamento. Trent'anni non sono molti per un uomo, ma i frigoriferi invecchiano prima. Anche un cartellone in metallo elencante gelati Algida era mio coetaneo. I nomi dei gelati risalivano ai primi anni sessanta. Gelati spariti per sempre dal globo terracqueo. I gelati non si estinguono, i gelati si sciolgono. Il resto dell'arredamento era costituito da tre civette su un comò. La mobilia umana comprendeva due avventori e un barista. Tre ottuagenari che sembravano impagliati come le civette sul comò. I clienti portavano al collo un fazzoletto. Doveva essere l'ultima moda. L'ultima prima di accedere a un paradiso perduto, poi ritrovato e nuovamente perduto, al punto che, se volevi ritrovarlo, non ti restavano che la fede o un'inserzione su un quotidiano ad altissima celestiale tiratura. Il barista, dal canto suo, indossava un grembiule candido e liso. Gli avventori, sorreggendosi al bancone, non gli davano confidenza. Il mezzo litro di rosso che si stavano dividendo alle undici del mattino cementava un'amicizia afflitta da osteoporosi.

Sei occhi furono calamitati dall'ingresso di Ulli. Occhi lustri che da lustri e lustri non vedevano una ragazza come Ulli, se non in televisione, la televisione che, come negli anni cinquanta, troneggiava nel bar. Il televisore era spento. Probabilmente lo tenevano spento perché, ogniqualvolta l'apparecchio veniva acceso, un mondo sconosciuto, incomprensibile, si affacciava in quel bar. Un mondo anglofono in cui esistevano computer, floppy disk, Cd, trend. Dio stramaledica gli inglesi. E anche gli americani. Un mondo che era cambiato senza avvisare quel bar dimenticato da Dio e dall'Algida.

"Buongiorno. Cosa prendi Ulli? Un cappuccino? Allora un cappuccino e un rosso." Ulli mi rammentò con gli occhi com'era finita la serata. La risposta dei miei fu più articolata e avrebbe potuto suonare così: "È per guadagnarmi la loro fiducia. Il vino lo riconoscono. Lo beveva anche Gesù. Se ordino un analcolico mi prendono per un finocchio." Lei capì e io ingollai il rosso d'un fiato. I tre uomini mi guardarono con approvazione. Ne ordinai immediatamente un altro. La fiducia era conquistata.

"Scusate, volevo qualche informazione per raggiungere la Ol Oil, il deposito di rifiuti tossici." Uno dei due clienti che stava masticando tabacco ne scaracchiò un grumo a qualche millimetro dal mio mocassino sinistro.

"Porci."

"Chi?"

"Porci." Ripeté con un tono che chiudeva la conversazione. Il barista intervenne, più loquace.

"Porci quelli della Ol Oil. Vogliono riempire la zona di porcarìe. Inquinatori."

"Mi risulta che non abbiano ottenuto il permesso in cinque anni. Dubito che succeda adesso."

"Xe un diaol." È un diavolo.

"Chi?" conoscevo già la risposta.

"Olegario, el paron, il padrone. Vive là dentro tutto solo col Toni. Anca el Toni xe un diaol."

"Chi è Toni-"

"Il guardiano. Era un pugile una volta. Xe un foresto, non è di qui. Xe de Schio."

"È giovane?"

"Sì, ha settant'anni." Avevo sbagliato le mie valutazioni. Quegli uomini avevano superato gli ottanta da un pezzo.

"Perché avete detto che è un diavolo?"

"El copa i gati." Guardai Ulli.

"Deve essere un tuo parente." Ulli non apprezzò. Stavo per chiedere informazioni più dettagliate, quando un silenzio innaturale calò tra i miei già poco ciarlieri interlocutori. I loro sguardi, rivolti all'entrata, non erano più concupiscenti. Stavolta non era entrata Ulli.

"Ciao Toni." Toni era un uomo corpulento, dai capelli completamente bianchi. Indossava un cappotto che era stato, probabilmente, una coperta navajo. Ideale per un hippy anni settanta, improbabile su un peso massimo di settanta anni.

Il nuovo arrivato corrugò la fronte prima di fare la sua ordinazione. Ero convinto che avrebbe ordinato un gatto per mangiarselo vivo.

"Un bianco." In un posto in cui tutti bevevano rosso per socializzare, un uomo così non poteva che ordinare del bianco. Dopo essersi scolato il bianco, Toni rivolse la propria attenzione a Ulli. Seguì il cachemire che aderiva al corpo di Ulli come un guanto. Ma era un guanto di sfida. Ulli sfidava la brutalità di quell'uomo a manifestarsi. Era pronta a reagire, forte del diritto di esibire la propria femminilità senza tema di stupro. Toni non la pensava così. Era il momento di intervenire.

"Lei è Toni, vero? Sono Lazzaro Santandrea, un amico del signor Bizzi. Me lo saluti quando lo vede." Toni distolse lo sguardo da Ulli. Eravamo alti uguali ma lui pesava venti chili di più. Mi valutò come avversario.

"Peso ottanta chili," gli dissi. Mi fissò, sorpreso che leggessi nel pensiero. In realtà i suoi pensieri erano talmente primitivi da essere riconoscibili come dei mammuth in un canile.

"Presenterò," rispose dirigendosi all'uscita. Inforcò una vecchia Guzzi e sparì rombando. Mi ero guadagnato la fiducia dei vecchi al bar. Il tono con cui avevo detto di essere amico di Olegario era stato volutamente provocatorio. Il barista mi fornì tutte le indicazioni necessarie per raggiungere la Ol Oil. Fu molto gentile anche se per lui "Ol Oil" era decisamente impronunciabile.

La Ol Oil si stagliava funerea, perfettamente intonata al cielo di dicembre. La costruzione deserta era inquietante come un cimitero di fresca inaugurazione ansioso di trovare inquilini. La struttura, maestosa e inutile, ostentava una tetra avvenenza. Il suo essere vuota la promuoveva a fortezza in difesa del nulla. Un nulla rapace come un gorgo. Non aveva però artigli d'acqua. Era anonima come un certificato di morte. Ricordava la capannina della Baba Yaga, la strega della tradizione slava, che vive in una costruzione con zampe di gallina circondata da uno steccato costituito da parti di scheletri umani. Come avevo fatto a non pensarci prima? Il naso di Nicky era un naso da uccello. Ma il naso di Olegario era il naso della Baba Yaga dal becco di uccello, con denti e mammelle di pietra per lacerare le vittime e nutrirsene.

"Mi fa paura," disse Ulli.

"Meno male. Credevo di essere il solo. Cosa ci vedi tu di inquietante?"

"Non so spiegartelo. È come se fosse viva. No, anzi, è come se non fosse viva."

"Deciditi."

"Ti amo," disse Ulli, più diciannovenne che mai.

"Sto diventando vecchio." Risposi io.

"Cosa vuol dire?"

"Niente. È il mio modo per dire ti amo. Non credo che riuscirei a dire 'ti amo' senza sentirmi ridicolo. E tu?"

"Io... io mi sono sentita ridicola nel momento stesso in cui l'ho detto."

"Oh Cristo. Lo vedi che hai più coraggio di me. Eppure qui, a rigor di logica, l'eroe dovrei essere io. Io non ho il coraggio di essere ridicolo. Al massimo non ho paura di sembrare ridicolo. Ulli, cazzo, tu sei Giovanna d'Arco, un incendio, e io ti avevo scambiata per la capocchia di un fiammifero."

"Mi hai appena fatto un esempio di quello che chiami 'il senso della frase'?"

"Ulli, sei una rivelazione, capisci 'il senso della frase'."

"Non ti offendi, Lazzaro, se ti dico che stai diventando ripetitivo?"

"Per niente. Quando mi innamoro è come quando sono ubriaco: divento ripetitivo e poi mi passa." Non le specificai che non mi passava solo la ripetitività, ma anche l'innamoramento. Ulli l'aveva sicuramente capito. "Sai perché credo di amarti Ulli? Perché tu mi ricordi un sacco di persone. Aspetta, non offenderti, tra queste persone ci sei anche tu. Mi ricordi te stessa, questa è la verità, solo che sei mimetizzata tra altre mille persone per cui ho provato mille altri sentimenti. Perché funzioni tra di noi non dovevo conoscerti, devo riconoscerti."

"Chi ti ricordo?"

"Non mi ricordo."

"Sei uno stronzo."

"È un dono di natura."

Olegario uscì dalla Ol Oil. Toni doveva averlo avvertito della mia presenza al bar di Mona.

"Eccolo Ulli, suonagli il clacson." Ulli strombazzò. Olegario si accorse di noi. Mi sporsi dal finestrino in modo da rendermi identificabile. Se lui era il mio incubo, io volevo diventare il suo. Gli feci "ciao" con la mano, poi convinsi Ulli a sgommare per andarcene prima che Olegario realizzasse che ero solo un uomo.

All'Open House si festeggiava uno dei fallaci miti degli anni ottanta: i Duran Duran. Il ritmo di *Wild Boys* voleva evocare lo spirito del decennio trascorso, un decennio ancora così vicino che, anziché una seduta spiritica, la serata ricordava il massaggio cardiaco per salvare un moribondo. Non era una commemorazione, ma la respirazione bocca a bocca a dieci anni che avevano finito l'ossigeno prima che potessimo rendercene conto. Gli anni aerobici, che in tutine sgargianti avevano fatto ginnastica sino alle macerie del Muro di Berlino, se ne erano andati. Dopo un decennio di culturismo nessuno aveva intenzione di sporcarsi i bicipiti oliati di kiwi sollevando i calcinacci che si erano illusi di separare i berlinesi. Qualcosa però era rimasto degli anni ottanta. Quel qualcosa era contenuto all'Open House. Non si trattava di un Duran né dell'altro. Era lo yuppie. Firmato dalla testa ai piedi con firme altrui. Firmato come una gamba ingessata. Effimere e solide come uno scarpone da sci non più *à la page*. Era il mio yuppie: Paolo, l'assassino di una Lucy che, essendo morta negli anni settanta, degli anni ottanta non aveva potuto cogliere l'uva, né abbronzarsi alle lampade UVA.

Alla festa di compleanno di Olegario, vedendolo accasciato nel suo vomito di ubriaco, dopo averlo preso a calci, mi ero illuso di aver fatto giustizia. Ma, al ritorno da Mona, di nuovo all'Open House, dove speravo di dare il colpo di grazia ai nervi di Olegario, lo avevo rivisto, tronfio come se nulla fosse accaduto. Una sbornia e del vomito non erano stati sufficienti a intaccarne la reputazione. I miei calci non erano riusciti a sfondargli lo stomaco. Paolo era arrivato al punto di assoldare dei killer perché il fantasma di Lucy non lo rendesse vittima di quelle voci che stroncano le carriere rampanti. Se di un manager dici che è uno spacciatore, nessuno si scandalizza, ma se dello stesso individuo fai circolare una fama iettatoria, quell'uomo è finito, i suoi progetti infranti come uno specchio rotto con consecutivi sette anni di guai. Per annientarlo socialmente dovevo ricorrere a qualcosa che equivalesse alla fama di iettatore. Ce l'avevo in tasca. Non avevo mentito a Luana parlando delle mie armi da *poche*, l'inutile tabasco e il provvidenziale lassativo.

Ulli si trovava a casa sua, in attesa di una mia telefonata che si chiudesse con un bacio con schiocco finale, ma io, all'Open House, stavo per rompere la covata vendicativa per farne fuoriuscire i cuccioli assetati. Assetati di vendetta *of course*. Dal telefono dell'Open House chiamai il deposito di Mona.

"Sì?" rispose la voce di Olegario. Lasciai che assaporasse Simon le Bon, poi riappesi.

Paolo era al bar. Olegario non poteva pretendere di essere l'unico frequentatore dell'Open House a conoscenza di creature bizzarre o immaginarie. Che si tenesse il suo Nuye. Io conoscevo i Duran. No, non gli ex ragazzotti inglesi. Il mio Duran si svegliò dal letargo dei ricordi di letture antiche. Il Duran è un mostro la cui esistenza si fonda su Tommaso di Cantimpré, che ne attribuì ad Aristotele la mitizzazione. Il Duran è feroce, crudele e velocissimo. Quando è inseguito dai cacciatori, rendendosi conto di non poter più fuggire, emette dei getti di sterco maleodorante contro i cani per ritardare il loro cammino.

Mi avvicinai a Paolo. Il suo beverone era quasi intatto sul banco. Mi dava le spalle, ma le dava soprattutto al proprio bicchiere, impegnato com'era a tampinare una ragazza che non si chiamava Lucy. Non appena il barista si distrasse, versai il magnesio solfato nel suo long-drink, poi, eclissandomi, scelsi un angolo da cui godermi la scena. Paolo parlava, parlava, per sovrastare i Duran Duran. Parlare fa venire sete: si scolò metà bicchierone. Riprese a parlare col bicchierone in mano. Non riuscì a finire la conversazione. La scarica diarroica lo tradì. "Conato" viene dal latino, sta per "tentativo". Il mio tentativo di distruggerlo coi suoi conati di vomito era naufragato nel vomito stesso. Ma l'uragano di feci travolse Paolo e la sua reputazione. Non riuscì a scusarsi. E a correre al bagno. Fu sepolto dal proprio sterco. Nessuno avrebbe più voluto avere a che fare con lui. Quella sera l'Open House si accorse, e con l'Open House Milano, e con Milano il mondo, di una verità che io conoscevo da tempo: Paolo era un uomo di merda.

12.

Nella ricca episodica della vita di San Brendano, un santo irlandese, un pesce gigantesco viene scambiato per un'isola. Dal che si capisce l'attendibilità di chi scambia Brendano per un santo.

Benché il mio cognome sia Santandrea, nessuno mi ha mai scambiato per un santo. Un bell'abbinamento Lazzaro Sandandrea: il nome di uno zombie del Vangelo e, per cognome, il nome di battesimo di un apostolo. Santandrea. Quante volte ci avevo pensato da piccolo. "Santandrea", perfetto per uno spot pubblicitario. Il suo Vangelo preferito? "Santandrea, naturalmente!", o meglio "Santandrea, évangéliste pour femmes" e io, più velenoso del "poison" dietro ai lobi o ai polsi di femmine domate. Ma Santandrea, oltre che al profumo, mi faceva pensare ai biglietti da visita. Caratteri in rilievo su di un biglietto color osso. S. Andrea, semplice ma efficace. Niente numero di telefono, a quei tempi non c'erano. Andrea il nome, S. il titolo. Santo anziché Dottor. S. anziché Dott., S. anziché Ing., S. anziché Prof. Molto di gusto. Ma a cosa ti serve essere santo se poi confondi un pesce con un'isola? Confondere un pesce con un'isola... Roba da *Mille e una notte*. E infatti c'è. Roba da *Navigatio Santi Brendani*. E infatti c'è. Roba da *Vita di Lazzaro Santandrea*. E infatti c'è.

Avevo sbagliato quasi tutto. La convinzione iniziale della "mostruosità" di Cappuccetto Rosso era scemata in quanto si era rivelata una scemata. Grazie a lei, però, la pista di Nicky mi aveva condotto a Olegario.

Tutti gli interpreti della mia vita negli ultimi mesi, da comparse erano diventati attori. Alfredo un attore tragico, Leona una caratterista. Nessuno però si era sognato di rispettare il copione originale. Grandi incontri si rivelavano piccole cose. Incontri casuali, e minimi a una prima diagnosi, diventavano grandi incontri, quasi scontri. Tra poco sarebbe arrivato Natale e con lui Babbo Natale. Io, che non avevo più il babbo, potevo almeno contare su Natale. Non ricordo se da piccolo aspettassi Babbo Natale o Gesù Bambino. La cameriera, vicino all'albero di Natale, la sera della vigilia metteva un vassoio di paste e della Coca-Cola per chiunque mi portasse i regali. Suppongo, ripensandoci, fosse Gesù Bambino. Babbo Natale la Coca-Cola la beve solo col rhum.

La mattina di quell'ultimo giorno di caccia, benché non fosse ancora Natale, arrivarono sia Babbo Natale che Gesù Bambino. Il corpo era grasso, da Babbo Natale. La faccia da Gesù Bambino. In braccio reggeva i doni. Sul pianerottolo, in un primo momento, non lo riconobbi. Si era tagliato la barba.

"Lazzaro!"

"Carne...?" Carne era tornato dalla Turchia. "Com'è andata, vecchio ciccione? Ti davo per disperso."

"Vedo che hai preparato l'albero di Natale." Seguii il suo sguardo e scoprii che in un angolo, vicino al trumeau, mia madre aveva addobbato un albero di Natale. Chissà da quanti giorni era lì.

"Beh, allora, com'è andata in Turchia?" Si fece serio.

"Non parlarmene."

"Certo. Come faccio a parlartene io se in Turchia ci sei stato tu?"

"Lazzaro, ho avuto un'esperienza orribile."

"Il digiuno?"

"Peggio. Sono stato sodomizzato." Il tono grave del mio grasso amico mi fece capire che non stava scherzando. Perciò scoppiai a ridere. "C'è poco da ridere. Ero a Keban per fotografare la diga. La sera sono andato a cena con la mia guida, un certo Ismet. Ho alzato decisamente il gomito. Ero così cotto che mi sono addormentato sul divano di Ismet. Il mattino dopo mi sono svegliato coi pantaloni abbassati e Ismet che mi guardava con profonda tenerezza."

"Non ci posso credere."

"Neanch'io. Però avevo un tale bruciore..."

"E Ismet?"

"Niente, non ha detto niente. Si limitava a guardarmi fumando voluttuosamente una sigaretta dopo l'altra..."

"Come un turco: è la prassi."

"Sarà la prassi, ma non ho avuto il coraggio di chiedergli niente. Temevo troppo la sua risposta."

"Mio eroe. Così preferisci restare nel dubbio?"

"Cambiamo discorso. Sai che in Turchia c'è un posto che si chiama Bat-Man?"

"Non cambiamo affatto discorso. Altro che Batman. Ti rendi conto di cosa significa ciò che ti è capitato?"

"È proprio per questo che preferirei non parlarne."

"No, non capisci, non mi sto riferendo alla sodomizzazione. In ognuno di noi c'è un'omosessualità latente.

Tu, poi, hai addirittura un'omosessualità lattante, sei un bambinone che sbircia il pisello degli altri per vedere se ce l'hanno più grosso. Vuoi della bassa psicologia, vuoi della grassa psicologia, vuoi della psicologia da macello? Non consumi la tua omosessualità, la sublimi. Il pene lo trasfiguri in un würstel. Questo è il motivo della tua bulimia. Mangi come un porco perché sei un maiale irrisolto. Il pene è un würstel, il würstel è un pene, crauti e senape lo occultano, ti fanno digerire, accettare, la tua omosessualità." Carne divenne paonazzo.

"Stai scherzando, vero?"

"Sì." mentii. In fondo, era Natale.

"Ti stavo dicendo di Bat-Man..."

"Eh no, Carne, non ricominciamo. Stavo scherzando sulla tua omosessualità latente e sulla tua sodomizzazione per sdrammatizzarla, ma ciò di cui non ti rendi conto sono le conseguenze di quell'atto."

"Lazzaro, calmati, ti vedo eccitato." Vero. La pressione sanguigna era in aumento, simpaticomimetica come adrenalina.

"Sono eccitato perché si sta concludendo un ciclo. Ismet, inculandoti, ti ha fatto un dono, discutibile, ma un dono, lo stesso dono che ho ricevuto io quando, secoli fa, ho picchiato il culo contro lo spigolo del portapiante a casa di Pogo. 'La coscienza del sedere', capisci? È stata la coscienza del sedere a concedermi una nuova occasione di vita. L'osservare le cose da un'altra prospettiva, l'interessarmi a persone di cui mi ero dimenticato. Me le ero lasciate dietro, come il culo. Non ci facevo più caso. Mi limitavo ad andare avanti a forza d'inerzia. Con la coscienza del sedere ho stabilito un contatto con ciò che c'era dietro. Non un approccio nostalgico e inconcludente al passato, ma la coscienza di sedere sul mio sedere in pieno presente, a un bivio tra passato e futuro." Accompagnai Carne in cucina, la sua stanza preferita. Subissò mamma e nonna di quei suoi cerimoniali imbastiti sull'adulazione che lo rendevano, in un giudizio sereno, "simpatico e affettato". Affettato come un prosciutto.

Gli offrii uno spuntino, grissini e mortadella, e riuscii a trascinarlo via distogliendo la sua massiccia attenzione da ripiani su cui erano allineati vasetti di pepe rosa e bottigliette di Worcerstershire Sauce. In camera mia lo aggiornai sulla fine dell'amore di Pogo, su Nicky vecchie e nuove, e sull'imminente faccia a faccia con Olegario.

"Ma sono tutte congetture. E se ti sbagliassi anche questa volta come ti sei sbagliato con Cappuccetto Rosso?"

"No, ne sono certo. Il cammino di Nicky si è concluso a Mona."

"D'accordo, ma non hai uno straccio di prova."

"Carne, io non voglio denunciare Olegario, voglio punirlo, è diverso."

"Sempre così, eh? Sempre pronto a sostituirti a Dio."

"Solo quando Dio è distratto." Non avendo risposte alla mia ultima affermazione, Carne tornò a occuparsi dei suoi grissini. Il nostro silenzio era violato dal frastuono della masticazione di grissini stirati torinesi. La croccantezza del grissino era però mitigata dal cappuccio di mortadella che faceva da silenziatore.

"Voglio andare a Mona oggi stesso. Devo riuscire a introdurmi nella Ol Oil. C'è un solo guardiano, credo sia un osso abbastanza duro, ma con un po' d'aiuto spero di riuscire a creare un diversivo per allontanarlo da lì."

"Perché vuoi entrarci?"

"Avresti dovuto vederla la Ol Oil ieri. Non sembrava un deposito di stoccaggio, era sinistra. Olegario ci vive, è casa sua. La casa è lo specchio di chi ci abita, no? Un uomo che sceglie di vivere in quella specie di cimitero asettico, di sicuro ha a che fare con la morte."

"Ma è violazione di domicilio."

"Dimmi cose che non so. La prima cosa che debbo fare è attirare Olegario fuori di lì. Non è impossibile. Gli ho ronzato sufficientemente intorno per incuriosirlo, preoccuparlo. Ritengo che non rifiuterà un appuntamento, magari all'Open House. Poi, mentre Olegario mi starà cercando, entrerò in casa sua."

"Cosa speri di concludere con una visita?"

"Voglio violare casa sua come lui ha violato la vita altrui."

"E poi?"

"Poi, quando sarò veramente pronto per incontrarlo, interverrà l'AD EXSTIRPANDA."

"Cosa?"

"È una bolla papale che consente l'uso della tortura da parte delle autorità civili nei processi per eresia."

"Ma tu non sei un'autorità civile!"

"Ho forse l'aria di essere un'autorità militare?" I grissini erano terminati. Carne, conscio del proprio sedere, coscienziosamente si alzò, lasciandomi solo.

Non mi aspettavo che chiamasse ma chiamò. Le avevo dato il mio numero di telefono alla festa di Leona, così, senza crederci più di tanto. Invece chiamò. Carne se ne era appena andato che il telefono squillò.

"Pronto?"

"Lazzaro? Lazzaro Santandrea?"

"Sono io."

"Ciao."

"Ciao." Silenzio. Non l'avevo riconosciuta, non sapevo chi fosse, ma la voce era femminile. Anch'io, quando mi ero rotto l'osso del culo, costretto a una segregazione terapeutica, avevo cominciato a chiamare ragazze che non sentivo da anni, con la presunzione di essere riconosciuto da un "ciao". Il mio "ciao" però era esattamente come il "ciao" della voce al telefono, un ciao che si illude di essere sufficiente a evocare un'intimità. Non la riconobbi ma bluffai.

"Come stai?"

"Bene, e tu?" Macché, poteva essere la voce di chiunque. Non volevo, comunque, deludere Chiunque. Avevo bisogno di tempo e di qualche dato buttato lì nella conversazione per ricostruire un nome, un volto, un'identità e qualcosa che avevo diviso con lei.

"Bene, grazie. È da un pezzo che non mi chiami."

"A essere sincera, non ti ho mai chiamato prima. Questa è la prima volta." Capì che non l'avevo riconosciuta nel momento stesso in cui la riconobbi. "Sono Nicky."

In una frazione di secondo emozioni contrastanti si accavallarono. La paura che fosse Nicky, la vecchia

Nicky, a chiamarmi dall'oltretomba diventò sollievo nel riconoscere la nuova Nicky, il Cappuccetto Rosso della mia tardiva infanzia.

"Scusa Nicky ti avevo scambiata per..."

"Un'altra Nicky?"

"No, le Nicky sono inconfondibili. Non mi aspettavo che mi chiamassi... così presto, voglio dire."

"È che... volevo sapere com'è andata. Hai scoperto qualcosa su quell'Olegario?"

"Credo proprio di sì..." L'imbarazzo che avevo provato nella prima conversazione "serena" con una ragazza che avevo colpevolizzato, lasciò spazio alla sicurezza nell'affrontare un argomento noto, qualcosa di cui farmi forte. "...Sto per affrontare Olegario. Stasera stessa, probabilmente. Un mio amico poliziotto ha fatto qualche indagine su di lui. L'ho visto. Mi sono mosso anch'io. Temo che a Nicky sia successo veramente qualcosa di grave. Il corpo di una ragazza non identificata è stato rinvenuto tempo fa dalle parti in cui Olegario ha una fabbrica. Non solo, l'uomo che ha scoperto il cadavere ha fatto una fine orrenda non più tardi dell'altro ieri."

"E allora? Che c'entra Olegario?"

"Quando ho incontrato Olegario ho buttato lì il nome di Nicky e mi sono accorto di averlo turbato. Quell'uomo nasconde sicuramente qualcosa. Voglio costringerlo a raccontarmi la verità."

"Non è meglio se chiami la polizia?"

"Non ancora. Non ho elementi a sufficienza. E poi, te lo posso confessare? Non mi trovo molto a mio agio coi poliziotti. Preferisco risolvere le mie cose da solo. Sento dei rumori, da dove chiami?"

"Sono in un bar."

"Senti, perché non ci vediamo per un aperitivo? Sarebbe, finalmente, il nostro primo incontro 'normale'." Ridacchiò imbarazzata, ma non accampò scuse. Non inventò mattinate di shopping con Joan Collins.

Ci demmo appuntamento in una sala da tè di piazzale Baracca. Mi aspettava di fronte al Tre Marie. Arrivai in ritardo. Da casa mia a piazza Piemonte la camminata fu spedita. Avevo il cuore in gola. Ero emozionato come a un primo appuntamento liceale. Poi, in corso Vercelli, il traffico congestionato degli acquisti natalizi mi rallentò. I passanti non si limitavano a passare nomen omen. Si fermavano davanti alle vetrine come barriere umane. Strada facendo fantasticavo.

"E se mi fossi sbagliato anche in campo sentimentale? Magari sono innamorato di lei anziché di Ulli. Che io sia innamorato è fuori discussione, ma di chi? Certo, rispetto a Ulli, lei è uno scricciolo. Ma, non so perché, al telefono l'ho scoperta diversa. E mi sono scoperto diverso nei suoi confronti. Ho bisogno di essere innamorato. Andando a piedi è essenziale. Copro lunghi tragitti con qualcosa a cui pensare, qualcosa che mi fa sorridere. Schivo l'angoscia per strada, come evito le cacche dei cani sui marciapiedi. Già, ma se mi innamoro di Nicky, come devo chiamarla? 'Nicky per sempre'? Dovrò accettare, per tutta la durata di un amore, di essere il genero di Joan Collins?"

Nicky attendeva davanti alla porta a vetri. Non sapevo se baciarla sulle guance o se stringerle la mano vigorosamente come fra uomini veri. Cristo, se mi ero sbagliato. Nicky indossava il suo usuale montgomery rosso, ma all'interno del locale, quando se lo levò, prima che potessi aiutarla, mi resi conto di quanto quell'indumento fosse un bozzolo. Al nostro primo incontro al White Bear i fuseaux le andavano larghi. Non era cambiata quanto ad attributi fisici. Il seno era sempre appena abbozzato, ma le gambe, esibite in una minigonna della taglia giusta, si rivelarono tornite. Il trucco leggero ma sapiente. Cappuccetto Rosso aveva tirato fuori la bellezza dal cestino della merenda, o, forse, quello che avevo scambiato per un cestino della merenda non era altro che un beauty-case di cui, nei nostri incontri precedenti, non aveva fatto buon uso.

"Perché mi guardi così?" disse preoccupata.

"Scusa, non volevo spaventarti un'altra volta. È solo che ti trovo diversa. È come se avessi cambiato pelle."

"Alludi a questo?" indicò il montgomery rosso.

"Forse. È che con quello addosso ti facevo più infantile. Quanti anni hai?"

"Venti. Ne dimostro di meno, vero? Spero che continui così. Quando sarò vecchia mi farà comodo."

La sala da tè era arredata come il vagone ristorante dell'Orient-Express. Eravamo fuori dal tempo. Un cameriere cerimonioso si occupò dei cappotti. Il nostro tavolo era un tavolino. Mi sentii grosso, un elefante in una cristalleria. L'atmosfera ovattata influiva sui nostri movimenti rallentandoli. Nicky ordinò un'acqua tonica, io optai per un Negroni, lo stesso Negroni per cui avevo baciato l'altra Nicky, secoli prima. La conversazione poteva rivelarsi un terreno minato. Se le avessi permesso di parlarmi di lei, probabilmente mi avrebbe raccontato solo balle. Così le raccontai dettagliatamente gli ultimi sviluppi delle mie indagini.

"Stai attento," concluse.

"Che fine ha fatto Leona?"

"L'altra sera era molto seccata quando te ne sei andato. Non si sentiva al centro dell'attenzione."

"Non capisco come tu sia diventata sua amica."

"Perché? Leona è una persona interessante. Sicuramente non è una ragazza facile..."

"Tutt'altro, è una ragazza 'facilissima'."

"Non in quel senso. Volevo dire che Leona ha un carattere molto 'particolare'. Per capirla bene, a fondo, bisogna mettersi nei suoi panni."

"Tu ci riesci?"

"Ci sto provando."

"Credo che Leona abbia bisogno di un'amica come te. Dubito che abbia mai avuto una sola amica in vita sua. Non ha nemmeno amici, credo. A parte sua cugina, pochi esseri umani riescono a restare attaccati a Leona dopo il cerimoniale del coito."

"Sei cinico."

"Va a momenti. Sono meno cinico di quello che vorrei essere."

"Così, stasera finalmente avrai quello che vuoi. Incastrando Olegario, intendo dire. E poi?"

"Bella domanda. Poi cercherò qualcos'altro da volere. Sai, la mia vittoria sarà anche una sconfitta, perché quando scoprirò che Nicky è veramente morta sarà come se Nicky fosse morta in quel momento."

"È triste. Dovrai seguire qualcun'altra, tipo quella tua amica a cui avevi detto di essere un agente segreto. Segui sempre le ragazze che ti piacciono?"

"No, a volte seguo anche le ragazze che non mi piacciono. Quando ho cominciato a seguire te, non offenderti, non mi piacevi affatto."

"Colpa del montgomery? Non preoccuparti, oggi è l'ultima volta che lo metto."

"È la cosa più vicina a una dichiarazione che abbia mai sentito."

"Già, ma dichiarazione di cosa?"

"Io solitamente trovo ridicole le coppie che si prendono per mano quando passeggiano. Ma, in fondo, non stiamo passeggiando, no?"

Sorrise e appoggiò la mano sulla tovaglia rosa come un petalo o come carta da macellaio. La mano bianca attendeva. Appoggiai la mia mano sulla sua. Era fredda. "O che gelida manima, me la lasci riscaldar?" intonai.

"Volentieri. Sennonché la tua mano è ancora più fredda della mia."

Chiesi il conto. Lasciai una mancia congrua ma il cameriere non mi ringraziò. Si limitò a intascare. Sotto lo sguardo divertito di Nicky, mentre impettito si stava allontanando, gli gridai: "Il resto, per favore, me lo cambi in gettoni telefonici".

Chiamai Olegario da una cabina. Quando rispose riattaccai. Ogni dieci minuti, per un'ora intera, presi a telefonargli. Alle due del pomeriggio Pogo mi raggiunse in taxi in un bar. Si scolò una sgnappa, spense il tassametro e via, verso Mona.

"Bisogna che la pianti con questo lavoro del cazzo. La gente è diventata troppo pirla. Ieri ho caricato uno che mi ha chiesto se poteva fumare. Gli ho detto di sì. 'Sto babbo di minchia tornava da una cena ufficiale al Circolo della stampa. Era insieme a una bella patonza sulla trentina. Lei era in abito da sera, lui in smoking. 'Sto pezzo di piede mi dice di fermarmi per trovargli un tabaccaio aperto. Lo porto in Centrale, scende e mi lascia la patonza in ostaggio. Quando risale mi fa, tutto tronfio: 'Sa, io sono della Cia'. Poi mi offre un sigaro. Accetto e quello attacca: 'Come li conserva i sigari?'. E io: 'I sigari non li conservo, li fumo!'. 'Già,' fa lui, con aria da sberle e di superiorità contemporaneamente 'un profano.' 'Profano una bega, gli dico, io ti scarrozzo in città per guzzarti i sigari e tu mi dai del profano.' Sai cosa mi ha risposto?"

"No."

"Mi fa: 'Usare argilla bagnata o giornali appallottolati e bagnati in sostituzione di un umidificatore deve essere evitato. Tali ripieghi possono inumidire i sigari, ma contengono sostanze organiche che rapidamente provocano muffa, creano odore e possono attirare scarafaggi'."

"E tu?"

"Voleva fare il saputello con me. Io fumo Stop senza filtro, sigari solo occasionalmente. Ma gli ho risposto per le rime: umidità fredda è meglio. È pericoloso far evaporare l'acqua per mezzo del calore dove i sigari sono conservati. Il calore sui 70°F può far nascere vermi, uova di insetti, che possono essere occasionalmente presenti nel tabacco per sigari."

"E lui?" ormai mi stavo divertendo.

"Lui? Tutto impettito mi dice: 'Il forzato ricondizionamento di sigari secchi per mezzo del vapore è decisamente dannoso perché questo allenta la fascia, le fa formare bolle e provoca muffa'. Per fartela breve, continuava col suo tono saccente. La trifola, che secondo me aveva bevuto, si era quasi addormentata. Sai, per me quel cliente era la prima volta. Lei doveva esserci abituata. Arriviamo finalmente a destinazione. Lo aiuto a far scendere la patonza che aveva il senso dell'equilibrio in vacca e, saltinculo alla romana, sai di cosa mi accorgo?"

"Non tenermi sulle spine."

"Quel fesso mi ha bruciato il sedile col suo cazzo di sigaro. Gesticolava, il maiale, parlando. Il mio sedile, mi segui? Morale: gli ho lasciato cadere il mio sigaro acceso nei pantaloni. Aveva la patta aperta quel babbo di minchia."

"Pogo, ti rendi conto? Hai corso il rischio di dar fuoco a un 'membro' del servizio segreto americano?!"

"Mentre lui saltellava con l'affare in mano, ho dato una sbirciatina ai suoi documenti. Aveva la tessera della Cia, sì, ma del Cigar Institute of America, un istituto di New York finanziato dai produttori di sigari."

"Tu sì che hai una vita interessante, Pogo. Se avessi ancora la patente farei il taxista."

Pogo si concentrò sulla guida. Arrivammo a Mona che c'era ancora luce. Gli indicai la strada per raggiungere la Ol Oil. Girammo intorno al complesso un paio di volte. Niente da fare: l'unica via d'accesso era il cancello all'entrata. La luce sembrava non aver fretta di andarsene. In ateo silenzio Pogo e io osservammo i giochi del tramonto sul deposito. Cambiando colore la Ol Oil appariva innocua. Perdeva quell'aria di neutra minaccia che la livida luce di dicembre le conferiva di giorno. Col buio non sembrava più un geometrico corpo annegato. Non è del buio che bisogna temere, ma di chi, nel buio, improvvisamente accende la luce.

"Vuoi restare qui tutta la sera a guardare quel cimitero?"

"Perché lo hai chiamato cimitero?"

"Che domanda. Perché sembra un cimitero. Mi dà l'idea della morte. No, forse mi sbaglio. È peggio." Anche Pogo, come me e come Ulli, avvertiva qualcosa di sbagliato in quell'edificio.

"Pogo continua, vai avanti, lo sai che mi fido del tuo fiuto. Non alludo alle tue capacità deduttive, parlo proprio di istinto." Pogo il dritto, compiaciuto che gli si riconoscesse l'animalità, proseguì.

"Sei mai stato a Venezia?"

"Che c'entra?"

"Beh, 'sto posto mi dà l'idea di un prefabbricato caduto dal cielo nella laguna. L'edificio è nuovo ma affonda, affonda, finché non viene inghiottito dall'acqua. Sta morendo e non lo sa. Non se ne accorge perché un prefabbricato non ha emozioni. Si limita a provocarle." Un brivido. Pogo mi disse "Aspetta un momento" e scese dal taxi. Piantò saldamente i camperos nel suolo fangoso interno all'asfalto e prese a fiutare. L'essere metropolitano non esisteva più. L'architetto che faceva il taxista, lo scombinato ex compagno di scuola lasciò il posto al Pogo animale. Inspirò col naso, per avvertire un presagio. La capacità di intuizione non necessitava di riflessione. Lo osservai affascinato. Restò col naso in aria per un po', poi mi fece cenno di scendere.

"Non senti?"

"Non sento niente a parte il freddo e un'inquietudine fottuta che mi stai comunicando tu."

"Davvero non hai sentito? Comunque ho avvertito qualcosa di peggio del pericolo. C'è qualcosa di, non so come dirti, ...osceno là dentro."

"Osceno?"

"Ma sì, osceno. Ma non osceno come un cazzo in culo. Osceno come un cazzo tagliato a fette."

"Niente da dire sul tuo senso della frase. Ma non puoi negare che mi stai dando un bell'incoraggiamento, vero?, visto che lì ci devo entrare io."

"Se vuoi vengo anch'io."

"Negativo. Mi sarai più utile da fuori. È meglio entrare da solo e avere un rinforzo fuori, che entrare in due e diventare due vittime senza rinforzi."

"Adesso che si fa?"

"Andiamo a farci una sgnappa, ne ho proprio bisogno."

"C'è un bar in questa landa dimenticata da Dio?"

"Già, c'è *un* bar. Uno di numero. La campagna non è un granché ma non dobbiamo passarci la vita". Avevo bisogno di luci e di suoni, fosse pure la luce fioca dell'unico bar di Mona, la cui unica colonna sonora era costituita dai rari lavaggi di bicchieri.

Il bar era inaspettatamente popolato. Oltre al barista e ai suoi due clienti del giorno prima c'era un altro gruppetto di anziani che giocava a briscola. Alle spalle dei giocatori un donnone spiava le carte con partecipazione. Il barista mi riconobbe immediatamente e azzardò una contrazione delle labbra che avrei potuto scambiare per un sorriso. Gli presentai Pogo e offrii un giro di vino.

"C'è un telefono?" Mi indicò un apparecchio a muro. Composi il numero della Ol Oil.

"Pronto?" era Olegario. Gli lasciai dire un altro paio di "pronto" prima di rispondere.

"Olegario, sono Lazzaro Santandrea. Sarebbe opportuno vederci stasera all'Open House. Intorno a mezzanotte, va bene?"

"Benissimo." Non chiese spiegazioni. Anche lui desiderava incontrarmi. Sapeva benissimo il motivo per cui io volevo vederlo.

Giusto per dargli una rinfrescatina alla memoria aggiunsi: "Si tratta di Nicky, naturalmente".

"Naturalmente," rispose. No, non era arrendevole. Quel suo "naturalmente" era determinato, legnoso e tagliente. Non era una parola, era una baionetta. L'idea era stata di spaventarlo e invece mi stavo spaventando io. In quel momento era ancora il più forte. "Olegario, mi piacerebbe che mi spiegasse la storia del Nuye. Deve esserci una morale, vero?" Se non potevo avere l'ultima parola volevo, se non altro, averne più di una. Le parole erano i miei unici proiettili. Rimpiansi di non essermi rivolto a Gippo perché mi procurasse un'arma più rassicurante di tabasco e lassativo. Persino una pistola monocolpo Thompson Contender sarebbe servita alla bisogna. Un colpo solo ma preciso.

"Allora, me la spiega la storia del Nuye?"

"Più tardi. Avrà ciò che cerca."

Restammo per ore nel bar. Riuscii a non cedere alla tentazione e trovare del coraggio artificiale in saldo nei grappini. Toni, il guardiano della Ol Oil, era già passato per il suo ultimo giro di vino. Non correvo, quindi, il rischio di incontrarlo al bar. Col buio calato su Mona la luce fioca del locale rendeva i presenti, me compreso, simili a statuine da presepe. Non c'era però nessun bambino da adorare... Al massimo un trentenne immaturo. L'oscurità era liquida, un mare i cui flutti avevano risparmiato unicamente quel presepe vivente di cui facevo parte, scambiandolo forse per un vascello fantasma, ancorato, per sbaglio, nel Veneto. Pogo era riuscito ad aggiudicarsi un posto al tavolo da briscola. Il donnone adesso sbirciava le sue carte. Quando Pogo avvertiva l'ombra incombente alle spalle, indirizzava una gomitata nel massiccio esemplare femminile. La donna sembrava fosse nata in quel bar nella notte dei tempi e solo restandoci avrebbe conservato l'immortalità. Era l'eterno femminone, un essere primordiale che passa il letargo guardando assonnata gli altri che giocano a briscola. Il mazzo di carte era coetaneo dell'eterno femminone. Le carte erano sì "segnate", ma erano state segnate talmente tante volte che riconoscere un asso nei geroglifici del dorso era impresa impossibile.

Dieci di sera. Due volte più mortali di "las cinco de la tarde".

"Pogo, è ora di andare." Pogo era ormai alticcio. La semisbronza volgeva all'allegro. Durante le interminabili partite la cordialità di Pogo aveva sopperito al silenzioso gelo dei suoi compagni di gioco.

Il Dritto azzardò persino un baciamano all'eterno femminone, prima di uscire a *rimirar le stelle.*

Faceva un freddo cane. Pogo inspirò, poi alzò un indice verso il buco di culo del cielo.

"Sarà, ma questa storia non mi piace un cazzo." Sentenziò. Prima che salissimo in macchina il barista, stagliatosi sulla porta, richiamò la nostra attenzione.

"Cosa vorrà?" chiese Pogo.

"Mah, probabilmente siamo i migliori clienti che abbia mai avuto. Ci vorrà regalare un portachiavi o un'agenda per l'anno nuovo." Raggiunsi il vecchio sulla soglia.

"Andate da Olegario, vero?"

"È così. Perché?"

"Dentro non ho potuto parlare, c'erano troppe orecchie."

"Che importa? A giudicare dall'età saranno tutti sordi."

"È vero, non ci sono più giovani qui a Mona, vanno tutti a lavorare in città. Se ne vanno e fanno bene." Cavò di tasca un logoro portafoglio e mi mostrò una foto. Dunque non ero il solo a girare con foto totemiche. Nella foto una florida ragazza sorrideva. Solo a una seconda occhiata ti rendevi conto che la giovane giunone era afflitta dal morbo di Down. Una graziosa mongoloide. Già, la ragazza era bella nonostante l'handicap. "È mia nipote. Bella vero?"

"Sì." Ammisi imbarazzatissimo. Non capivo dove volesse arrivare.

Quella familiarità, quella confidenza dopo il silenzio mi turbarono.

"Olegario me l'ha rovinata. Era andata a lavorare da lui. Teneva in ordine, cucinava; poche cose, ma per lei era importante. Una sera è tornata a casa, era agitatissima, sembrava spaventata."

"Che le è successo?"

"Non lo so. Non ha più parlato, ha smesso di sorridere, è diventata violenta, senza motivo. L'abbiamo dovuta mandare in un istituto di suore, un manicomio con un altro nome."

"Cristo. E secondo lei c'entra Olegario?"

"Sono sicuro. Per questo vorrei farle un regalo." Dalla tasca del grembiule l'uomo, che era stato un barista ma che ora era un nonno, estrasse un coltello con l'impugnatura in micarta nera. "L'ho comprato a Vicenza, quando Letizia è entrata in istituto. Volevo usarlo io un giorno o l'altro, ma, forse, sono troppo vecchio."

"Grazie, ma come fa a sapere che Olegario è un mio nemico? Ha ascoltato la telefonata? Eppure al telefono non ho detto niente di compromettente."

"Non c'è bisogno di ascoltare. Noi vecchi, qui, siamo tutti sordi, no? Basta capire."

"Grazie."

"No..." sorrise "...grazie a lei."

"Cosa voleva?" mi chiese Pogo.

"Niente. Mi ha fatto un regalo."

"Un portachiavi o un'agenda per l'anno nuovo?"

"Meglio: un motivo in più."

Pogo piantò la macchina di fronte alla Ol Oil. "E adesso?"

"Credo che Toni dorma lì dentro. Non abbiamo una scala e il cancello è troppo alto. L'unico modo per entrare è farsi aprire la porta."

"E sopraffare il vecchio?"

"Non l'hai visto. È una specie di yeti. Ho un'idea migliore: tu bussi al cancello, poi indietreggi e lo lasciamo uscire. Mentre Toni esce, io, che mi sono addossato all'edificio, cerco di sgattaiolare dentro. Intanto tu lo trattieni."

"E questo lo chiami un piano?"

"La fortuna aiuta gli audaci."

"E la sfiga perseguita i piani del cazzo."

"Hai un'idea migliore?"

"Ogni idea è migliore di questa, solo che al momento non mi vengono in mente. Sei sicuro che la fortuna aiuti gli audaci?"

"Così si dice. Non ho mai sentito dire, che so, 'la fortuna aiuta i froci' o 'la fortuna aiuta i sindaci'. Ci deve essere un motivo, no?"

"Se lo dici tu."

La fortuna aiutò gli audaci che apportarono qualche miglioria a un piano pieno di buchi come uno scolapasta. Pogo nel suo bel taxi giallo strombazzò con insistenza. Io, appiattito al muro vicino al cancello, attendevo fiducioso. L'assolo di clacson durò a lungo. Probabilmente Toni era così ubriaco da sognare in un sonno etilico un tamponamento che giustificasse la componente sonora del proprio sogno. Pogo non si diede per vinto. L'urlo del clacson diventò un lamento. Finalmente, dopo un quarto d'ora, Sesamo cigolando si aprì. Ero a pochi centimetri da Toni, ma la sua attenzione era catalizzata dai fari accesi dell'auto di Pogo. Bestemmiando si avviò verso il taxi. Ne approfittai per introdurmi nell'edificio. Mi muovevo alla cieca. Attraversai il cortile di corsa, verso la luce di una palazzina all'interno. Il mio piede incontrava ora terriccio ora una strana pavimentazione. Pestai qualcosa di morbido sperando fosse merda: dicono che porti fortuna. Non era merda. La merda non morde. Era la coda d'un cane. Rimpiansi di non aver pensato di portarmi una pila o del siero antitetanico. I denti aguzzi equivocarono il mio polpaccio per un breakfast. In fondo il cane si era appena svegliato, malgrado gli strombazzamenti davanti al cancello. Urlai. Il cane non voleva saperne di mollare la presa. Un rumore di catena e anche l'altro pastore tedesco si fiondò nella mia direzione. No, non erano pastori tedeschi. La dominante apparteneva a quella razza, ma qualche strano incrocio aveva imparentato la specie con una dinastia di piraña. Mi ripugnava usare il coltello per sgozzare un cane, il dolore però non aveva i miei scrupoli. Con una mano afferrai il collare e con l'altra il coltello. Avvicinai la lama alla gola, poi, con quei repentini mutamenti d'umore che mi caratterizzano, lasciai che le mie dita si serrassero sull'acciaio. La lama divenne impugnatura, l'impugnatura lama. Mentre il secondo cane si faceva avanti ostacolato dalla catena del primo, colpii il naso del mio aggressore usando l'impugnatura come tirapugni. Guaì e mollò la presa. Mi lasciai rotolare lontano, dando l'addio al coltello e a un paio di pantaloni di velluto a coste. Sanguinavo da una mano e da un polpaccio. Il clacson aveva smesso di suonare. Pogo, all'avvicinarsi di Toni, era sgommato via.

Mi rialzai dirigendomi verso la cucina. La porta era aperta. Il locale, vasto e squallido, doveva fungere da alloggio a Toni. Può la camera di un "ubriacone" essere arredata "sobriamente"? Una branda, una bottiglia di vino, una pila di riviste pornografiche, un cucinino, un tavolo, tre sedie, un televisore acceso sintonizzato su un incontro di wrestling. Vincendo la ripugnanza per i germi di Toni mi attaccai alla canna della sua bottiglia. Utilizzai il vino come disinfettante. Se non funzionava per le ferite al polpaccio era utilissimo per le ferite dell'anima.

La televisione è uno strumento diabolico: nonostante i guai in cui mi trovavo mi lasciai ipnotizzare dai due ciccioni seminudi che, sullo schermo, fingevano di odiarsi a morte. In realtà si odiavano a vita. Per contratto. Sapevo di dovermene andare prima che Toni tornasse, ma, non so se per dolore, per stanchezza – escluderei l'interesse per i lottatori – mi abbandonai sul letto sfatto fissando lo schermo. Toni irruppe nel suo nido violato, maestoso e ottuso come un macigno. Mi rialzai mentre caricava. Riuscii a schivare l'impatto e Toni rovinò sul letto. I suoi occhi da squalo ubriaco ricevettero il messaggio di un lento cervello: la preda era agile. Bisognava osservarla con attenzione. La pila accesa di Toni sembrava un attrezzo da culturista. Me la lanciò addosso. La evitai. La pila, pur cadendo al suolo, non volle saperne di spegnersi.

Toni era un ex pugile. Gli era rimasto un bel gioco di gambe. Gli indirizzai un montante sinistro al tronco. Di cuore Toni ne doveva aver poco. La bocca dello stomaco era digrignata. Non mi restava che colpirlo al fegato che, a causa di un etilismo gradasso, era il bersaglio più grosso. Accusò il colpo. Erano lontani i tempi in cui avevo tirato di boxe. Il fiato se ne era andato col primo amore. Del resto il primo amore ti lascia senza fiato. Toni bloccò il mio pugno con il palmo della mano destra. Indietreggiai. Partì con un gancio sinistro al mento. Schivai flettendo il tronco indietro. Anche lui sbuffava, ma ciò non mi era di alcun conforto. Un incontro di boxe a mani nude poteva essere più letale dei cani strappati al sonno.

Lo centrai con un diretto al mento. Non riuscì a bloccarlo con la spalla sinistra. Lo colpii con un gancio destro al tronco, mentre cercava di arrestare il pugno a mezza strada con la mano destra aperta sulla mia spalle. I miei colpi, più che fermarlo, sembravano infastidirlo. Mi chinai a raccogliere la pila. Gliela puntai agli occhi. Se solo un suo pugno mi avesse colpito, le sorti dell'incontro e della mia vita sarebbero state segnate. Toni era imbattibile nel "previsto". Era in grado di incassare i colpi che non riusciva a evitare. "L'imprevisto" non era il suo forte. La pila accesa era un'incognita a cui nessuno gli aveva insegnato come reagire. Concentrato sulla pila, la cui luce agitavo come una lama, non si accorse del mio calcio nei coglioni. Urlai calciandolo con la gamba ferita. Gridò un insulto mentre la scarpa gli arrivava allo scroto. Si accasciò e ne approfittai, usando la sua testa come bersaglio per la pila. Calai la pila ripetutamente lacerandogli il cuoio capelluto, tingendogli di rosso i capelli bianchi. Le energie lo abbandonarono, spegnendogli ogni tentativo di difesa. La pila era ancora accesa.

"Gran pila" pensai, lasciandomelo alle spalle. "Non appena torno a casa me ne compro una uguale." Evitai i cani e raggiunsi il cancello. Dell'auto di Pogo non c'era traccia. Era tempo di tornare alle mie esplorazioni. Il deposito vuoto non riservava sorprese. Incappai in macchinari di cui ignoravo funzioni e funzionamento. Quando raggiunsi la zona uffici constatai che le porte erano chiuse a chiave. A malincuore fui costretto a tornare sul ring senza corde che aveva ospitato il match a mani nude. Frugai nelle tasche di Toni augurandomi che non si riprendesse. Come previsto, possedeva un mazzo di chiavi. Imprecai provandole una a una nella serratura degli uffici. Quando la chiave giusta penetrò nella vagina della porta blindata come un pugnale entra nel fodero, la stanchezza e il dolore mi impedirono di esultare.

Negli uffici non c'era nulla di particolarmente esaltante: telefoni, computer, mobili per ufficio, talmente intonsi che mi sembrava di trovarmi in uno stand della fiera per l'ufficio. Purtroppo mancavano le standiste che, come San Bernardo, mi portassero una fiaschetta rigeneratrice. Chiuso il capitolo uffici, con un'altra chiave guadagnai l'accesso a quello che doveva essere l'appartamento di Olegario. Era arredato come la suite di un Holiday Inn: funzionale e impersonale. Stanze d'albergo diligentemente anonime si succedevano. Un telefono squillò. Chi poteva essere? Non certo io che stuzzicavo Olegario. Frugai nei cassetti cercando qualcosa di personale, la foto della moglie suicida, dei figli, souvenir di Cartagine, qualcosa che desse un passato a Olegario. Niente. Nel guardaroba frugai fra le innumerevoli giacche. Nulla, né una bustina di fiammiferi (già: lui non fumava) né un biglietto da visita. Un ampio locale accoglieva soggiorno e cucina-pranzo: un divano, una poltrona, mobili componibili in legno laccato bianco, un tavolino d'acciaio con sopra "Auto Capital" e "Soldier of Fortune", delle figure in gesso a due teste, un portafotografie vuoto. La cucina era realizzata in legno laccato grigio opaco e noce, piani di lavoro antigraffio e lavello in acciaio. Il frigo semivuoto non mi disse nulla. L'impressione di trovarmi in una fiera del mobile fu confermata dalla camera da letto: un letto con struttura in legno con testata imbottita e rivestita in pelle nera. Olegario non abitava in una casa, alloggiava in diversi stand.

Il telefono squillò di nuovo. Rimanevano ancora due stanze da esplorare. La prima era chiusa a chiave. Tentai di applicare ogni chiave del mio mazzo, ma nessuna combaciava con la serratura. Forse era quella la stanza dei segreti di Olegario. Infine l'ultima stanza. Chiamarla stanza è un po' come chiamare il tendone da circo tenda da camping. Una stanza di cento metri quadrati quasi interamente occupati da quella che, in scala minore, sarebbe stata una vasca da bagno. Così la si poteva chiamare tranquillamente piscina. Cercai l'interruttore della luce con scarso successo. L'unica fonte luminosa era costituita da una plafoniera, posta al centro della stanza, che irradiava luce violetta. Le pareti erano quasi invisibili. Solo la vasca piscina aveva il privilegio di essere guardata. Sentii di nuovo squillare il telefono. L'acqua della vasca era tiepida. Avevo voglia di immergermici e di lasciarmi andare alla deriva. La piscina circolare in marmo blu fu l'ultima cosa che vidi prima di lasciare che la stanchezza accumulata si sciogliesse come sali da bagno ipnotici. Un momento, un momento solo per riposarmi. Impossibile leccarmi le ferite senza essere un contorsionista. Ecco. Un momento. Un momento solo.

Fu l'acqua a svegliarmi. "Mamma" gridai. Poi giù sott'acqua. "Dove sono?" riuscii a chiedermi mentre l'acqua bevuta, gridando mamma, ghermì a tradimento la sua preda. Toccavo. Riemersi. Gli abiti invernali, zavorrandomi, cospiravano contro i miei movimenti. Mamma non era accorsa al mio appello. C'erano però due piedi, dei piedi lunghissimi costretti in scarpe su misura. Dai piedi partivano due tronchi avvolti in flanella grigia, e in cima, oltre il busto, oltre il torace incavato come un nido nella roccia, il volto di Olegario. Con un calcio mi aveva spinto nella vasca. La luce violacea della plafoniera dava strane tonalità alla sua capigliatura. Olegario, ancor più gigantesco visto dall'acqua, sovrastandomi sembrava dicesse: "Questa è la tua statura reale. Io sono Dio". Avvicinai la mano al bordo e il piede di Olegario premette sulle mie dita. Evitai un calcio in faccia immergendomi. Nuotai verso il centro della vasca piscina ostacolato dal giaccone imbottito. La fortuna aiuta gli audaci ma non perdona gli idioti. Bel tipo, Lazzaro Santandrea: l'unico uomo al mondo capace di addormentarsi sul ceppo del suo carnefice.

"Non so sciare, non so giocare a tennis, nuoto così così, ma ho il senso della frase," mi ero sempre detto orgoglioso.

"E che me ne faccio ora del senso della frase? Preferirei saper nuotare meglio di così così." Dovevo essere sicuramente uno spettacolo nell'annaspare nell'acqua di quella stanza semibuia. Ma lo spettacolo più grande lo avevo di fronte. Alto più di due metri, illuminato di violetto e armato, non che ne avesse bisogno. L'arma che aveva scelto era degna di quella scena da inferno dantesco. Una balestra con faretra parallela al flettente. "Avrà quello che cerca," mi aveva detto al telefono. Già, il telefono. Ecco chi aveva continuato a telefonare. Dal cellulare o da un telefono in macchina Olegario, sulla strada per Milano, aveva chiamato Toni. Poi, non sentendolo rispondere, gli era balenato che, se ero stato una volta a Mona, avrei potuto tornarci una seconda. Non avevo nessuna possibilità di reagire. Cercai di avvicinarmi nuovamente al bordo e il calcio, questa volta, mi centrò. Non riuscì a staccarmi la testa perché il mio già precario equilibrio mi salvò la vita. Acqua e dolore. Lasciarsi annegare era quasi una tentazione. Lo spettacolo del mondo in superficie era peggio, molto peggio del fondo di una vasca da megalomane.

L'istinto di conservazione, sebbene di conservazione temporanea, fu più furbo. Tornai a galla. Il tiro della balestra è più potente e più preciso di quello dell'arco. Il nervo dell'arco era teso quanto i miei.

La fortuna aiuta gli audaci? Forse avevo capito male. La fortuna aiuta i froci. La fortuna aiuta i sindaci. Ma io, che non ero né frocio né sindaco, non potevo che appellarmi all'audacia per avere fortuna o qualche altro istante di vita.

"Come credi di cavartela?" gli dissi sputando acqua e denti.

"Da quando ci diamo del tu?" rispose. Anche come assassino era formale, funzionale e asettico come la sua casa.

"Cosa dirai alla polizia?"

"Che ho sorpreso un ladro nel mio stabilimento. L'ho ucciso per difendermi, dopo che aveva quasi massacrato il mio guardiano."

"Come l'altra volta, vero?, quando hai sparato al ladro che ha tentato di introdursi qui?"

"Come fa a saperlo?" insisteva nel darmi del lei, per mantenere le distanze nonostante il mio "tu". Si comportava come quei gentiluomini di campagna che danno del voi ai villici, accettandone in cambio il "tu" con tollerante disprezzo, con pietosa superiorità.

"Lo so perché me l'ha detto un mio amico poliziotto. Hanno informazioni su di te, sai, dal presunto suicidio di tua moglie. Non ti conviene usare una seconda volta la scusa del ladro. È meglio che fai come con Nicky. La ammazzi e dopo un po' ti liberi del cadavere."

"Io non ho ammazzato Nicky." disse con voce meno ferma. Ma al mio tentativo di uscire, impugnò la balestra come Yorisama poeta e arciere aveva usato l'arco per uccidere il Nuye.

"Ah, così non l'hai uccisa, vero?"

"No, io l'amavo. Io non ho mai ucciso. Non avevo mai ucciso prima dell'altra notte."

"L'altra notte?" Cominciava a cedere. Mi stava raccontando cose che non gli avevo chiesto.

"Sì, l'altra notte. Quello sporco ricattatore, quella larva umana, quell'alcolizzato..."

"Quel povero cristo che hai crocefisso?"

"Sa anche questo? Dio, che orrore. Non so cosa mi abbia preso, non mi ero mai spinto così oltre."

"Perché, di solito cosa facevi? Strappavi le ali alle farfalle, povero cocco?" La rabbia prese il sopravvento sulla paura, la curiosità sulla rabbia. "Allora, parla. Hai il privilegio di un confessore laico."

"Io amavo Nicky. Non l'ho uccisa. Mi piacevano anche le sue bugie. Era lì nella vasca, aveva bevuto, l'avevo bendata e avevamo fatto uno dei nostri giochi..." la verità mi passò davanti. Riuscii ad afferrarla per la coda.

"I vostri giochi?"

"Sì, i nostri giochi. Avevo finto di strangolarla, poi le avevo tagliuzzato le braccia con un coltello. Erano i nostri giochi..." Cristo, una storia d'amore sadomaso. "Era la prima volta che lo facevamo qui. Di solito la portavo in albergo... e... poi lei... come mia moglie..." il tono era decisamente incrinato.

"Come tua moglie cosa?"

"Si è uccisa quando ha visto, quando ha capito." Dimenticai di essere in ammollo.

"Visto cosa? Capito cosa?"

"Si è uccisa quando ho acceso la luce." Olegario si allontanò, raggiunse un angolo della stanza e premette un interruttore. La stanza fu inondata di luce. Le pareti esistevano. Erano tappezzate di gigantografie. Le foto rappresentavano soggetti diversi, soggetti ridotti a oggetti, nudi per lo più. C'erano bende, scudisci, catene, pinze all'opera. Sarebbe stato del banale materiale sadomaso, se non fosse stato per i protagonisti delle scene. Ogni tipo di deformità era rappresentata, dalla più innocua alla più scioccante. C'erano donne prive di un arto, nane, gigantesse, tutte ritratte in atteggiamenti che sconfinavano dal dolore al piacere. Una ragazza con una maschera nera e i capezzoli stretti da mollette aveva le cosce così coperte dal ventre da non lasciar vedere nulla se non le ginocchia. Le gambe sembravano cuscini che stessero seppellendo i piedi. Un'altra modella aveva un viso che sembrava della polpa rossa cruda. Il mento gibboso era talmente enorme e storto che doveva esserle stato impossibile muovere le mascelle. In un'altra foto una ragazzina di colore aveva un arto, più suggerito che definito, in soprannumero: un moncone di un terzo braccio. Teratomi e feti in fetu, mostruosità circoscritte a carattere tumorale formate da tessuti embrionali mal differenziati e mal organizzati. Da una donna in un'altra "posa" sbucava l'embrione di una terza testa. Qualche foto era d'epoca, ma alcune, relative a malattie della pelle e a mutilazioni meno vistose; erano state scattate in quella stanza. Lo sfondo della piscina era inequivocabile.

Olegario traeva piacere dal sesso solo se il sesso era compiuto con esseri umani fisiologicamente devianti. Ecco perché non aveva trovato attraente Luana. Questa era la ragione per cui alla festa in proprio onore all'Open House aveva scelto il tema del dopo-bomba. Olegario non trovava sexy minigonne sotto facce d'angelo. Per eccitarlo era necessaria una deformità, sia pure simulata.

Distolsi lo sguardo dalle pareti e riuscii a guardarlo negli occhi.

"Una volta pensavo che l'oggetto a cui eri associabile fosse la ghigliottina. Mi sono sbagliato: sei il fondo di una pattumiera. Sei talmente incrostato di rifiuti che scambi una malformazione per una zona erogena. Non mi fai più paura. Mi fai schifo."

Fu improvviso ma, quando crolla, uno di due metri fa più rumore.

"Anche mia moglie mi ha detto così. Ha cercato di uccidermi con arco e frecce, presi nella stanza qui dietro, quella che lei non è riuscito ad aprire perché non aveva le chiavi. È la stanza in cui tengo la mia collezione di armi. Povera Amelia, credeva che l'avessi sposata per i suoi soldi, mentre l'avevo sposata per la sua paresi. Un giorno è capitata qui a mia insaputa. Mi aveva rubato le chiavi convinta che qui ospitassi un'amante. È tornata in villa a Bareggio. Ero in giardino coi miei figli. Giulio aveva vent'anni, Daniela quindici. Amelia ha raccontato tutto ciò che aveva visto davanti a loro, poi ha tentato di uccidermi con arco e frecce. Le avevo insegnato io il tiro con l'arco. Non se l'è sentita di uccidermi, non ce l'ha fatta. Allora ha preso una freccia e se l'è infilata in gola." Olegario era malfermo sulle gambe, sembrava fosse sul punto di scoppiare a piangere.

"Così si è uccisa, come Nicky, vero? Quando Nicky ha visto le foto, lei che si inventava tutto e si era persino inventata un amore, ha capito perché tu l'amavi. Per il suo naso da uccello preistorico. Ha scoperto di essere desiderata in quanto la ritenevi mostruosa."

"No!" gridò Olegario disperato. "Io non la ritenevo mostruosa. Per me era come un Nuye, un essere bizzarro e bellissimo. Yorisama, dopo aver ucciso il Nuye, pianse per giorni interi."

"Allora è questa la morale: tu sei l'arciere?"

"L'arciere e il poeta. Anche il poeta, capisce? Io vedevo... Io vedo la bellezza nei moncherini, nei sorrisi dei mongoloidi..."

"Come con Letizia? la nipote del barista di Mona che veniva qui a fare le pulizie. No, non vedi la bellezza oltre la deformità, tu vedi la bellezza solo nella deformità. E Nicky?"

"Nicky era un'amica di mia figlia. Mio figlio se n'è andato di casa dopo il suicidio di Amelia. Mia figlia alla maggiore età è andata a vivere da sola. Non mi ha mai rifiutato del tutto come Giulio. Sono anche un buon padre, sa? Ho cercato di non farle mancare niente. Così ho conosciuto Nicky: dava lezioni d'inglese a Daniela. Mi è piaciuta subito. Le ho persino chiesto di sposarmi..." almeno in una cosa Nicky non aveva mentito. "Poi, quella maledetta sera, qui nella vasca, Nicky si è accorta di tutto ciò che avevo cercato di tenerle nascosto. Dopo aver acceso le luci, mentre Nicky guardava le foto, mi sono dovuto assentare perché un clacson suonava al cancello. Era Daniela. Ha scelto proprio quel momento per venirmi a trovare. Così ho lasciato sola Nicky e ho intrattenuto Daniela. Quando sono tornato qui ho visto Nicky sott'acqua. Credevo fingesse. Ho pensato a un gioco iniziato mentre sentiva i miei passi tornare. Invece si è annegata. Ho gridato, pianto, fatto di tutto. Anche Daniela è accorsa. Ha visto le foto e ha assistito al secondo suicidio della sua vita. Anche lei se n'è andata. Non l'ho più vista. Mi ha gridato che Giulio aveva ragione, anche lei non voleva più essere mia figlia. Sono solo, sono terribilmente solo."

"Non eri un assassino fino a quel momento, per lo meno non in senso tecnico. Poi hai crocifisso quel barbone. Ti ricattava, d'accordo, ma perché crocifiggerlo?"

"È anche colpa sua."

"Mia?"

"Sì. Ho conservato per un certo periodo il corpo di Nicky in formalina. La polizia non avrebbe mai creduto a un secondo suicidio. Ero innocente ma, come provarlo? Ho aspettato il momento opportuno e ho gettato a fiume il corpo di Nicky. L'uomo che l'ha trovato, uno stupido alcolizzato, è riuscito a collegarlo a me. Mi conosceva, mi conosceva bene. Era un mutilato che, in quanto tale, scroccava pasti a istituti di beneficenza. Era spesso in contatto con... con..."

"Persone di tuo gusto?"

"Sì. Mi aveva già procurato in passato incontri con donne menomate. A pagamento, naturalmente. Quando ha rinvenuto il cadavere di Nicky si è ricordato, quel dannato beone, di avermi visto scaricare qualcosa a fiume. Ha cominciato a ricattarmi. Quando l'ho incontrata all'Open House, in un primo tempo l'ho scambiata per un altro ricattatore. Esasperato ho lasciato il locale e sono corso in quel tugurio dove il disgraziato abitava. Volevo solo picchiarlo, intimorirlo."

"Lasciami continuare. Hai detto che era mutilato, giusto? Era un uomo, non una donna, ma era mutilato. In un primo tempo volevi solo picchiarlo, poi, però, ci hai preso gusto, ti ha eccitato l'idea di poter portare a compimento uno di quei giochini che con le donne iniziavi soltanto." I ruoli si erano ormai invertiti. Ora il mio 'tu' era di superiorità. Il suo 'lei' di remissiva disperazione. Nonostante fossi ancora in acqua ero molto più alto di lui.

"Non so che mi abbia preso, ero sempre riuscito a controllarmi. È stato un raptus. Vedevo me stesso crocifiggere quell'uomo. Ero come sdoppiato. È stato terribile..." e poi a voce più bassa "...e bellissimo."

Olegario mi porse la mano. L'accettai e, gocciolando, mi lasciai tirar fuori dall'acqua. Non poteva più uccidermi. Raccontandomi tutto ad alta voce era un po' come se lo avesse raccontato a se stesso.

Evitai di guardarlo in faccia. Evitai di guardare le foto.

"È tutto bagnato. Se vuole, di là ci sono i miei abiti."

"No, grazie. Mi andrebbero larghi." Mi stavo avviando alla porta prima che cambiasse idea. Un urlo soffocato mi fece voltare di scatto. Olegario si era appena infilato una freccia in bocca. Fino alla gola.

Le sue ultime parole erano state: "È tutto bagnato. Di là, se vuole, ci sono i miei abiti".

Corsi lontano da quella piscina, sperando, un giorno, di potermela dimenticare. Evitai i cani e, completamente bagnato, mi lasciai la Ol Oil alle spalle. Il taxi di Pogo era di nuovo al mio orizzonte. Lo raggiunsi trafelato. Pogo si era addormentato in macchina, dopo essere tornato ad aspettarmi. Dormiva con un sorriso innocente sulle labbra.

13.

Non morii di polmonite, né annegato nei miei vestiti. Il morso al polpaccio non fu sufficiente a uccidermi e il taglio, che mi ero prodotto impugnando la lama, non riuscì a dissanguarmi. Acqua, denti e lame però penetrarono in una regione sconosciuta all'anatomia: l'anima. E sull'anima infierirono freneticamente come cavallette impazzite. La mia ricerca si era conclusa con la verità che, una volta tanto, collimava con le ragioni dell'istinto. Ciononostante la comunione non riusciva a farmi sorridere. Mi sforzai, questo sì, perché i sorrisi sono le dighe delle lacrime. Però, di fronte allo specchio, i denti, che Olegario mi aveva calciato via, lasciavano un vuoto antiestetico, un vuoto che avrebbe mosso a simpatia solo se collocato nella bocca di un bambino.

Era da un pezzo che non avevo più i denti da latte. Fiumi di birra mi erano sfociati in gola travolgendo la mia dentatura. Niente denti da latte e nemmeno denti del giudizio: nel giorno del giudizio appena trascorso i denti, giudicati colpevoli, erano stati condannati a morte per rimozione. Due denti in meno non sono un prezzo troppo alto, per la verità. I denti si sostituiscono e, con un paio di provvisori, puoi tornare a sorridere. Sorrisi provvisori, naturalmente.

Camminavo nel pomeriggio milanese trascinando una gamba a bocca chiusa. Evitavo persino di starnutire perché, se la mano non avesse tempestivamente coperto la bocca, il vuoto dei denti mancanti sarebbe stato riempito dallo stupore dei bambini innocenti per copione.

"Ehi mamma, guarda, quel signore non ha i denti." La strage degli insolenti.

I miei due denti erano rimasti nella vasca di Olegario. La polizia, prima o poi, se ne sarebbe interessata. Il suicidio di Olegario avrebbe fatto versare lacrime di coccodrillo nei necrologi, e fiumi di supposizioni scritte col computer. Nessuno versava più fiumi d'inchiostro. Al massimo si versava inchiostro nel fiume. Quando non ci si abbandonavano cadaveri. Ero riuscito a evitare spiegazioni al mio esiguo parentado uscendo di casa di buon mattino. Il mattino era diventato pomeriggio mentre attraversavo la città a scopi terapeutici. Le mie camminate ammazzacristiani servivano solitamente come rimedio per il dopo sbornia. Alla stanchezza artificiale degli eccessi, con una maratona riuscivo a sostituire una stanchezza disintossicante perdendo le scorie per strada.

Quel pomeriggio però era diverso. Diverso come la camminata. Le mie camminate abituali mi conducevano a passi frenetici verso nessuna meta in particolare. Quella camminata, invece, zoppicava come il mio umore.

"È tutto finito" dicevo a me stesso cercando di simulare la soddisfazione. Invece no. In ogni fine, anche quella di un incubo, restano i residui di rimpianto. Ogni fine ti svuota. È una piorrea alla bocca dello stomaco. Una diarrea alla coscienza del sedere.

Milano, piena di luci e festoni, attendeva Natale per svuotarsi. Io l'avevo preceduta. Non ero in sintonia con la città. A Natale, comunque, mi sarei messo la cravatta che Caroli aveva lasciato in ostaggio della nostra amicizia. Il nodo, in un primo tempo, mi sarebbe sembrato scorsoio, ma avrei finito con l'abituarmici. In fondo, Antonello era solo un ricattatore scombinato. Non potevo certo erigermi a giudice, dopo aver mandato a morte Alfredo. In mattinata ero stato al suo funerale. Il dolore al polpaccio si era mostrato tempista adattando i miei passi al ritmo con cui seguire il feretro. In quella storia i superstiti meritavano una visita quanto i defunti.

Avrei voluto rintracciare Nicky, di cui forse ero innamorato. Avrei dovuto giustificarmi con Ulli per averla sfrattata senza preavviso dalle mie emozioni. Immaginai un dialogo con Ulli. "Devo dirti una cosa..." Quando, in una storia di sentimenti a due, un membro di quella strana coppia che si chiama amore comunica all'altro che gli deve dire una cosa, il secondo membro può mettersi tranquillamente il cuore in pace: la coppia si è scissa in due individui che hanno prospettive opposte per il presente e nessuna per il futuro. Non mi sentivo di mentire a Ulli. Mi sentivo talmente a terra che un po' di onestà non avrebbe potuto peggiorare la situazione.

In un bar, a bocca socchiusa, ordinai un caffè e un gettone del telefono. Ignorai il caffè e mi diressi al telefono. Nell'intimità con la cornetta potei finalmente aprire la bocca.

"Ciao Ulli, sono Lazzaro. Devo dirti una cosa..."

"Ciao Lazzaro, non sono Ulriche, sono Sabine. Ulli è fuori per lavoro. Devo lasciarle detto qualcosa?"

"No grazie, richiamerò."

"Sicuro che non vuoi che le lasci detto niente? Mi sembrava piuttosto preoccupata."

"No Sabine, grazie, fa lo stesso." Certo che Ulli si era preoccupata per me. Non potevo darle torto. Come stavo per ripagarla? Lei era preoccupata per me anziché per sé. Anch'io ero preoccupato per me. Con Ulli, forse, avevamo in comune solo la fonte delle nostre preoccupazioni.

La conversazione era soltanto rimandata. Zoppicai fuori dal bar con quel senso di frustrazione che ti rimane nel rinviare un appuntamento sgradevole. Il sollievo è soltanto momentaneo. Poi l'incombenza riappare. È una spada, di cui Damocle vuole saggiare la lama sulla tua testa. È un dono non gradito, un mazzo di fiori che puzzano, qualcosa di cui avverti l'odore a distanza, avanzando contro voglia verso la fonte del miasma.

Il senso d'inquietudine non voleva saperne di abbandonarmi. Mi trovavo a metà strada tra ciò che mi ero lasciato alle spalle e quell'informe meta che sapevo di dover raggiungere. La fine. La storia era finita, certo. *The end.* Eppure sentivo di non poter abbandonare la sala, a costo di farmi chiudere nel cinema in attesa della fine *della fine*. Ma la fine non finisce mai. Si prolunga, si dilata e, cambiando forma, ti illude di essere un nuovo inizio. Invece è lei, la fine il cui istinto di sopravvivenza la spinge a lacerare tessuti umani e abiti nuovi con cui speri di ricominciare. La fine infinita aveva ancora le zanne. Io, solo, avevo perso due denti.

Mi ritrovai in via Gustavo Modena, di fronte alla casa di Leona. Un capannello di gente sostava di fronte all'ingresso. Mi avvicinai.

La cugina di Leona, scarmigliata e in preda a una crisi isterica, inveiva nei confronti della custode. La portinaia, una creatura di età indefinibile ma con ciabatte logorate dal tempo, rispondeva per le rime.

"Le ho detto che non posso farla salire. Sì, lo so, lei è la cugina, ma la signorina Pavesi non mi autorizza a darle le chiavi."

"Me ne frego delle autorizzazioni. Sono due giorni che Leona non risponde al telefono. Mi sono consumata le dita attaccata al citofono, e niente... Sono preoccupata, capisce..."

"Cosa vuole che le dica? Non ho il permesso di darle le chiavi. Chieda alla cameriera."

"Non c'è più la cameriera, benedetta donna. Leona l'ha licenziata due giorni fa."

"Senta, è inutile che alzi la mano. Quando ho visto uscire di casa la signorina Pavesi, stava benissimo. Le ripeto che non posso farla salire."

"E allora io chiamo i pompieri, la polizia..."

Esasperata la custode sbottò. "Chiami chi vuole. Sa perché non posso darle le chiavi? Lo vuole sapere veramente? Perché sua cugina non me le ha lasciate. Non si fida, la 'signorina'. Non credo che abbia licenziato la cameriera. Si sarà licenziata da sola pur di non stare a servizio da lei. Non sarebbe la prima volta, vero? Ne sono passate di cameriere, tra filippine, cinesi e Dio sa cosa, ma non hanno resistito a lungo. Vuole che le dica un'altra cosa? Sua cugina è pazza. Se n'è andata? Meglio così. Chiami, chiami pure, chiami i pompieri, la polizia, la protezione animali, ma mi faccia il piacere di non disturbare chi sta lavorando."

Conoscevo, per averle sperimentate, le reazioni emotive della cuginetta. Si avventò sulla portinaia afferrandole la capigliatura incolore. La donna reagì.

"Scimunita," gridò graffiando il volto della ragazza. Questa sì era violenza. Non i pugni di Toni, né i calci di Olegario, l'aggressività scatenata di due corpi che si fondevano nella mortale parodia dell'atto sessuale. Le carezze diventavano graffi, i baci morsi. Leona, anche a distanza, aveva scatenato due leonesse.

"Chiamate un vigile," propose un anziano.

"Chiamalo tu nonno," gli rispose un tossicodipendente ansioso di vedere qualcuno ridotto peggio di quanto fosse lui.

"Vigile, vigile," gridò una donnetta con lo stesso tono di voce con cui avrebbe potuto richiamare l'attenzione di un taxi. Già, un taxi. Leona era sparita, come Lucy, come Nicky. Qualcun'altro, però, non io, si sarebbe interessato della sua scomparsa. La mia parte l'avevo già fatta. Di camminare mi era passata la voglia. Mi allontanai in cerca di un posteggio di taxi.

Mamma e nonna non erano in casa. Benché avessi giurato a me stesso che non sarei più entrato in una vasca da bagno, sia pure di dimensioni ridotte, l'idea di immergermi nella schiuma ebbe il sopravvento. Ci si abitua a tutto. Altrimenti si muore. E quando siamo morti sono gli altri ad abituarsi all'idea della nostra morte.

Restai in ammollo almeno un'ora, alternando acqua calda e fredda. Le ultime energie vennero sopraffatte dalla schiuma che, come una sanguisuga, le strappava dal corpo. Avvolto in un accappatoio di spugna giallo, vinto dalla stanchezza, stavo progettando di sostituirlo con un pigiama, benché fossero solo le cinque e mezza, quando squillò il telefono. Risposi sbadigliando.

"Pronto?"

"Ciao, come stai?"

"Chi parla?"

"Sono Leona." La storia si ripeteva, proprio come all'inizio, quando al citofono non avevo riconosciuto la voce di Leona. Infatti, quel lontano pomeriggio la cuginetta di Leona, prima di colpirmi con le forbici, si era spacciata per lei. Stavolta, però, era diverso.

"Ciao Leona, scusami, non ti avevo riconosciuta."

"Figurati Lazzaro. Come stai?"

"Così così. Dove sei? Sono passato oggi pomeriggio da casa tua ma non c'eri."

"Sì, ho dormito fuori casa. Ti va di vedermi?" La voce fattasi forzatamente sensuale era carica di sottintesi.

"Sono molto stanco."

"Capisco, ma non ti proponevo un incontro in un bar. Potresti venire a trovarmi." Capii che accettando sare andato incontro al mio colpo di grazia, eppure...

"Quanti anni hai Lazzaro? – mi domandai mentalmente – ...trenta... – mi risposi – ...beh, abbiamo fatto trenta, facciamo trentuno," conclusi fra me e me, un me e me fuori di sé. "D'accordo Leona, dammi l'indirizzo, ti raggiungo."

"Sto in un appartamento in via Cavalieri del Santo Sepolcro, zona Brera. Sono al 21."

"Bene. Di chi devo chiedere al portiere?"

"Non c'è il portiere. Citofona al numero 16."

"Ventuno, citofonare sedici. Dammi mezz'ora e arrivo."

"Non mi muovo di qui."

Leona non si sarebbe più mossa di lì.

Una strada silenziosa e arrogante nel suo estraniarsi dal traffico cittadino. Più che una via, un passaggio segreto. Un'oasi elegante e funerea. Isolata, insonorizzata, via Cavalieri del Santo Sepolcro era sia sepolcrale che santa, inviolata come una vergine, rassegnata come una martire. I Cavalieri del Santo Sepolcro erano stati sostituiti da giovani madri eleganti che spingevano carrozzine, usandole da brave rabdomanti, per trovare del verde. Ne contai una, due, tre, quattro... giovani mamme appetitose come baby-sitter. Che fossero baby-sitter? Baby-sitter o mammine? Baby-sitter in baby-doll celate da tailleur severi o mammine in post-maman firmati a nascondere mammelle dissetanti? Il taxi rischiò di investirne una. La giovane donna evitò l'urto per un pelo pubico. Poi si ricompose e tornò altera e provocante a spingere la carrozzina. Pagai la corsa e, superandola per raggiungere il numero civico 21, sbirciai nel veicolo a mano, nella culla mobile. La carrozzina era vuota.

"A che piano?"

"Terzo."

Dal cancello, un viottolo in discesa immerso nel verde. Un verde che le mammine non avevano trovato. Il verde nel cuore di Milano era appannaggio degli inquilini di quello stabile. Nell'atrio, oltre una vetrata di cristallo, un Ercole in marmo strozzava serpenti. Lo scultore aveva volutamente omesso pene e testicoli dal forzuto bambino per non offendere il senso del pudore della moquette. Tre ascensori, il primo fuori servizio, gli altri due occupati. Avevo fretta: scelsi le scale. Al terzo piano un solo appartamento. La targhetta numero 16. In quella specie di residence per miliardari il mio senso della frase valeva zero: le parole erano sostituite dai numeri. I nomi e i cognomi dai codici.

Suonai il campanello. La porta si aprì. Mi aspettavo di trovarmi davanti ciò che vidi, eppure non ero pronto. Avevo riconosciuto la voce al telefono e colmato tutte le lacune, ma non ero pronto. Forse l'orrore è un campo da golf in cui, sul green, anziché le palline, si usano bulbi oculari. Si era messa una parrucca rossa. Indossava una vestaglia di seta nera sotto cui portava uno slippino in pizzo.

"Ciao Lazzaro."

"Ciao Leona," dissi a Nicky. L'altra Leona, quella vera, era accasciata su un letto impero i cui cuscini e le cui coperte trapuntate erano rosso cardinale con decori dorati. La gola tagliata aveva arricchito il rosso cardinale di nuova linfa. Linfa mortale. Nicky non era armata, non ancora.

In tono ostentatamente garrulo mi chiese: "E allora, che ti pare della mia casa?".

Osservai le pareti in stoffa patchwork e carta fatta a mano con inquadrature dorate di tipo egiziano e persiano. Un minigiardino interno, ubicato a vista nel centro del locale, era la versione di Nicky della vasca da bagno di Olegario.

"Bella. Dove hai preso il letto?"

"Era di mia madre."

"Era nella villa di Bareggio?" Nicky fece spallucce. "Sai Leona, se mi avessi dato prima il tuo numero di telefono, non sarebbe stato necessario ucciderla." dissi a Nicky, indicando il corpo della vera Leona Pavesi.

"Vuoi bere qualcosa?" si avvicinò a un mobile bar. Civettava, imitava Leona negli atteggiamenti così come aveva imitato Nicky al White Bear. Era stata la figlia di Joan Collins, ora era pronta a essere una sociologa ninfomane.

"Posso chiamarti..." le dissi avvicinandomi.

"Sììì?" rispose vogliosa.

“Posso chiamarti Daniela.” Lasciò cadere il bicchiere e mi fissò rabbiosa.

“No. Non chiamarmi Daniela. Nessuno mi può chiamare Daniela.”

“Tuo padre è morto. Si è ucciso come si è uccisa tua madre, così come ti sei uccisa tu, in fondo. Così come hai ucciso la Daniela che eri per diventare le Nicky o le Leone che incontravi.”

“Io sono Leona.”

“No, tu sei Daniela, Daniela Bizzi. Eri l’amica di Nicky, vero? Ma al contrario di tuo fratello non hai mai smesso di amare tuo padre, ti eri riavvicinata a lui. Quando hai scoperto che a causa sua Nicky era morta, hai deciso di...”

“Di non essere più sua figlia.” Aveva la stessa lucidità di confessione di Olegario. Era tutta suo padre. “Non volevo più portare il nome che mi ha dato quell’uomo. Quando ho visto Nicky morta ho scelto di essere lei. Non le ho rubato nulla, ho soltanto preso in prestito le sue bugie. Soldi ne avevo, soldi miei, ereditati da mamma. Volevo solo vivere una vita che non esistesse, per non essere più Daniela. Poi sei arrivato tu”. Si stava ripetendo la scena del giorno precedente in modo opposto. Con la confessione, Olegario, da violento, si era trasformato in innocuo. Nicky, al contrario, man mano che parlava, si stava lasciando trascinare da un odio, da una follia latente, troppo a lungo inesplosa.

“Sono arrivato io, e tu hai fatto in modo, indicandomi tuo padre, che scoprissi che Nicky era morta. Perché?”

“Perché volevo che fosse punito, adesso che si sentiva al sicuro. Solo che, se tu avessi scoperto che Nicky era morta, io non avrei più potuto essere Nicky. Nicky, da scomparsa, era come se non fosse mai esistita, ma Nicky, da morta, tornava persona, si riappropriava della propria identità e io non potevo più essere lei. Sarei stata costretta a tornare Daniela, se non avessi trovato qualcun’altra con cui sostituirla.”

“Così hai trovato Leona. Non avevi mai ucciso prima, ma la morte di Nicky ti ha insegnato che solo ai morti si può rubare qualcosa. A Nicky hai rubato le bugie: lei aveva una vita immaginaria. A Leona hai rubato la vita, lei di bugie non ne aveva."

"Questa volta non ha funzionato però. Ho ucciso per niente..." – si strappò la parrucca rossa – "...Non sarò mai Leona. Non lo sarò mai perché ti ho invitato qui. Le bugie, se si rubano, non fanno male. Non si fa male a nessuno. Per rubare una vita ho dovuto strapparla."

"Cristo, è colpa mia."

"Perché Lazzaro?"

"Ieri alla pasticceria Tre Marie me lo avevi detto e io non l'ho capito. Hai detto che per capire Leona bisognava mettersi 'nei suoi panni', e tu stavi per farlo. Stavi per 'diventare' lei mettendoti i 'suoi panni' e uccidendola. Ti eri tolta il montgomery rosso e mi avevi detto 'Oggi è l'ultima volta che lo metto'. Neanche questo ho capito. Stavi per sostituirlo con la lingerie di Leona. A proposito, come l'hai attirata qui?"

"Le ho detto che certi miei amici volevano conoscerla. È stato facile."

"Sai cos'è la cosa terribile in tutto ciò? I morti sono tutti colpa mia. Se io non avessi cercato Nicky e non fossi arrivato a tuo padre la sua follia omicida non sarebbe esplosa. Già, non lo sai. Lui non ha ucciso Nicky, ha massacrato un ricattatore dopo che io lo avevo esasperato. Tuo padre non aveva mai ucciso nessuno, almeno non materialmente. Era un pervertito a cui si potevano attribuire due suicidi, ma non un assassino. E se non avessi scoperto la pista che mi ha portato alla fine di Nicky, tu avresti potuto continuare a essere Nicky per sempre. Io ho dato fuoco a due micce. Senza di me nemmeno Alfredo sarebbe morto."

"Alfredo?"

"Lascia perdere, è solo il terzo morto che ho sulla coscienza. Dovrò chiamare la polizia, sai?"

"No," disse Nicky impaurita. "Non farlo," ribatté Leona languidamente ammiccante. "Te lo impedirò," gridò Daniela estraendo dalla tasca della vestaglia un rasoio che aveva già ucciso.

La colpii al volto con le mie ultime forze. Furono sufficienti.

Un sacco di spiegazioni da dare alla polizia, denti da sostituire, amicizie da salvare. Fortunatamente, quando l'avevo chiamata, Ulli non era in casa. A mezzanotte composi il suo numero. Se non potevo piangere sulla sua spalla, almeno avrei pianto al mio telefono.

"Pronto?"

Rispose assonnata "Lazzaro, dove sei?"

"Sono a casa."

"Meno male. Mi ha detto Sabine che mi dovevi dire una cosa."

"Non dovevo dirti niente, volevo solo svegliarti. Cosa stavi sognando?"

"Ci crederesti se dicessi te?"

"No. Com'ero nel sogno?"

"Bello."

"Quando ti riaddormenti correggi il tuo sogno: mi mancano due denti davanti, zoppico e ho causato la morte di tre..." – pensai anche a Olegario – "...no, forse quattro..." – mi venne in mente Daniela che mi guardava seguendo docile un agente di polizia – "...no, in tutto cinque persone."

"Non ci posso credere."

"Neanch'io. Ci sentiamo domani, forse."

Ulli protestò. "Ma... mi saluti così? Non mi dici niente di carino... una frase..."

"Ti accontenti di questo?... Una frase?..."

"Sì, ti prego," rispose Ulli cucciola.

"Una frase, se ti basta una frase potrei..." Silenzio.

"E allora Lazzaro?" Non mi veniva nessuna frase. Non so sciare, non so giocare a tennis, nuoto così così, ma ho il "senso della frase". Solo che ora le frasi non avevano, non hanno, più senso.

Stampa Grafica Sipiel
Milano, novembre 2000